ZHONGGUO
GUDAI SIXIANG
YUANLIU
PINGJIE

中国古代思想源流评介

郭赤婴 著

北京·旅游教育出版社

序

  本书的主旨,是通过对中国古代思想源流做评介,从一个侧面达成对中国古代思想发展过程的梳理和总结。人们不断地对思想的历史进行回顾与思考,其实是已经变更和发展了的社会生活对传承中的思想及其方法的不断地究诘,是不断发展变化的社会实践对传统思想的丰富和更新。对古代思想源流进行梳理和总结的目的,实质是为了满足现实社会生活的某种需要,同时也是对传承中的思想所作的再造和发展。事实是这样的,中国古代思想的历史就是这样发展过来的。孔夫子说自己是"述而不作,信而好古",这是他在思想文化战线上韬光养晦的策略。孔夫子祖述和阐发西周王朝的政治传统及其思想文化的道统,是为了以此来解决当时社会生活中的现实问题。他分析和总结了当时各家思想的源流,创立了自己的一整套儒家学说,对后来的社会生活产生了极其深刻的影响。孔子对西周传统及道统的态度,被后来的封建统治者及其追随者拿来进行了再造和发展,成为后来官方对待儒学的基本态度和方法。这种态度及其影响直到唯物史观和中国思想文化结合之后依然广泛存在,可见传统的思想文化对社会生活有着难以估量的巨大影响力。

  唯物史观与中国思想文化相结合的过程,就面对着这样的历史传统和现实环境。因此,用唯物史观的科学世界观和方法论来梳理和总结中国传统的哲学思想,其步履艰难甚至出现反复是难以避免的。传统的思想文化对现实的社会生活有着巨大的影响力,现实中的各派势力必然都要染指这一领域。为了更加有效地利用这一领域中的一切来为自己的现实需要服务,各种势力必然要奋力争夺自己在这一领域中的主导权。于是,围绕那些看似抽象乏味的思想观点及命题而不断反复进行的激烈争论,必然成为人们现实生活中不可分割的一部分。对于这样的客观事实,有些人敏感一些,有些人迟钝一些。这是因为人们接受教育的水平及其在思想文化方面的认识水平存在差异。那些将中国传统思想源流和它的政治意识形态属性割裂开来的主张和做法,那些将其打造成纯粹的理性工具并向人们灌输和兜售的主张和做法,那些将其塑造成人们茶余饭后谈资的主张和做法,总之一切再造抽象"国学"的主张和做法,都是片面的和有害的。对于这样的认识,有的人赞成,有的人反对,有的人在观望比较,现在仍然达不成统一的认识。一方面,由于人们对于这些问题的认识有着很大的差异,各种思想之间的争论在所难免。另一方面,由于社会依然存在着人们接受教育的差异及其受制于经济收入差异的事实,而这种差异又可能继续再造并维系着"劳心者治人,劳力者治于人"的传统事实和传统观念,因而继续用唯物史观来指导研究和总结思想的历史,继续唤起大多数人对历史的自觉意识仍是十分艰巨的任务。

　　本书评介了中国古代先哲提出的很多非常了不起的思想观点和方法。它们中间许多影响一直持续到今天。其中有些观点和方法依然带着出胎时的混沌属性,不免产生歧义。虽然有些问题甚至连提出者本人也并没有全部说清楚,但是他们指明了方向,验证了路径,触及到了问题的某层本质,开辟了永续研究的现实领域。这是先哲对后人的最大也是最为切实的帮助。老子是一个重视事物矛盾,善于运用矛盾分析法的人。他说:"反者道之动,弱者道之用。"这是一个很了不起的发现。老子抓住了事物的矛盾,梳理总结了研究问题的矛盾分析法,尽管这只是初步的,但却是他对中国思想发展最伟大的贡献。老子和孔子都受到封建统治者的追捧,这是他们的一处共同点;但老子和孔子的思想来源及依据是有差异的。孔子的思想有"本本主义"的倾向。他的思想是本于古代文献典籍的。《论语》开篇即说"学而时习之,不亦说乎",学和习的对象及内容,无非都是根据古代文献中既成的东西,突出的是行为伦理的色彩。孔子当然也是有发展和创新的,但应把当时的孔子和后来的儒家作出区别。老子是周朝的柱下史,他的思想应有着并不亚于孔子及其儒家的文献依据,但这个思想体系是本于自然的。《老子》开篇强调"道可道,非恒道;名可名,非恒名",突出的是理论思维的色彩。老子的要点在于点破矛盾,怀疑现实;孔子则重在粉饰矛盾,维持现状。中国的统治者是不薄老子而更爱孔子的。他们往往以道家思想为统治思想的隐性依据,而在人前竭力彰显和推崇儒家思想。好比一家人庆祝弄璋之喜,主人自然是喜欢听那些"中状元、招驸马"之类的吉言,而讨厌那些"有生就有死"之类的真话。这里蕴含着一种矛盾的关系:第一,这个人的意见是正确的,然而他的问题不在于正确或不正确,而在于他的说话让人家不高兴——所以责任在于他;第二,他怕人家不高兴而不说,然而问题又不在于人家高兴或不高兴,而在于他的不说话,——所以责任还是在他。这种矛盾关系揭示了中国人生活中的某些习惯和信仰中的某些逻辑。"看菜吃饭"、"量体裁衣"、"到什么山上唱什么歌",这些生活及思想的状态都具有两面性,是包含着矛盾的。人们"走一步看一步",事后如果得意,则被赞誉为具有"先见之明";如果失意,则由自己或别人来懊悔和抱怨"既有今日,何必当初",一直维持到无论如何也走不下去为止。这种劳心者使劳力者疲于应付又无所适从的状态,以及由此滋生的"具体问题具体凑合"的社会心理,体现着一种"和为贵"的和谐关系。这在孔夫子所倡导的等级而有序的社会中是普遍存在的,然而打破这种关系的农民革命战争也是普遍存在的。

中华民族是信奉生活的民族,人们追求过美好的生活,为此而生生不息,虽偏爱吉祥如意,亦不畏艰难困苦,其信仰的底蕴是对具体矛盾作出具体处理,其中体现了一种基于生活现实和生活理性的独特信仰风格,比较接近唯物史观的要求。在中国古代的思想源流中,始终存在着唯物主义和唯心主义、辩证法和形而上学的矛盾,历代的各派思想家围绕这"两个对子",不断地进行着激烈的争论,这是贯穿中国思想史的一条主线。伴随着这条主线,中国人创造出了举世罕见的思想文化成果,影响了亚洲和整个世界。先秦有百家争鸣,其矛盾及争论的内容和方法奠定了中华民族的精神基础,也奠定了中国思想历史过程中矛盾运动的基础。秦汉至隋唐贯穿着儒、道、佛三家正统与异端的矛盾和争论,充实并细化了中华民族及其不同时代、不同群体和不同个体的精神世界,生动展现了中国古代思想发展过程的规律。宋、元、明、清时期的理学与反理学的矛盾和争论,一面是封建专制统治思想的成熟和完善;另一面是民间的自由、民主思想的蕴育和发展;其中既体现了儒、道、佛三教合一服务于专制思想统治的历史趋势,也体现了三家思想和民间思想中的自由、民主成分相融合的生动细节,其中也孕育着唯物史观的思想基因。到了明末清初的历史时期,中国古代的思想发展达到了历史的高峰。西方资本主义势力及其思想意识对中国的入侵,激发了中国传统思想的现代变革,龚自珍、魏源、林则徐、洪秀全、严复、康有为、梁启超等人是这一伟大思想变革的先驱者。孙中山提出的"三民主义"思想体系,抓住了中国思想体系之外的资本主义新世界及其新的发展,弥补了中国传统思想的缺陷,总结出了一套符合中华民族思想特点及其发展规律的新的思想体系,比较系统地回答了当时中国面临的现实问题,是一个伟大的创举。孙中山的思想体系既面临着外部矛盾,也存在着内部矛盾,具有空前的革命性,因为没有唯物史观作指导,其革命是不彻底的。沿着孙中山的方向和路径,正确处理他曾处理过的矛盾,继续把握中国思想的发展规律,必然会走向唯物史观。

2014年我们将纪念"五四运动"95周年,这表明我们离开中国现代史开端的地方已经快有100年了。离得远些,看得准些,我们应当更有条件客观、正确地面对中国的思想历史。我们不仅要正确地梳理和总结中华民族从孔夫子到孙中山的思想文化进程,还要说明中华民族从《周易》走向唯物辩证法的历史基础和逻辑基础。力求通过分析事实中的矛盾,客观地引出正确的结论,这是本书的追求和主旨。是为序。

作者

2013 年 11 月 20 日于望京寓所

目 录

第一章 绪 论 ··· 1
第一节 题解 ··· 1
第二节 中国古代思想源流简说 ································· 3
第三节 中国古代思想的主要特点 ······························· 8
第四节 学习研究中国古代思想的目的和方法 ···················· 10

第二章 春秋以前的思想源流 ···································· 13
第一节 传说与神话 ·· 13
第二节 原始艺术与宗教对中国古代思想发展的影响 ·············· 20
第三节 殷周时期的思想源流 ···································· 25

第三章 先秦显学 ·· 35
第一节 老子的道论思想 ·· 35
第二节 孔子及其开创的儒学思想 ································ 41
第三节 墨子及其开创的墨家思想 ································ 47
第四节 韩非子及其集大成的法家思想 ···························· 54

第四章 先秦诸子思想 ·· 60
第一节 孙武和《孙子兵法》 ···································· 60
第二节 管子学派 ··· 63
第三节 庄子的哲学思想 ·· 66
第四节 孟子的思想 ··· 69
第五节 公孙龙的哲学思想 ······································ 72
第六节 荀子的思想 ··· 74
第七节 《吕氏春秋》 ··· 78

第五章　秦汉时期的思想源流 …… 81
  第一节　秦汉时期社会状况思想源流和汉初的黄老之学 …… 81
  第二节　陆贾和贾谊的思想 …… 84
  第三节　董仲舒的思想 …… 88
  第四节　扬雄的思想 …… 92
  第五节　《淮南子》其书及其基本思想 …… 93
  第六节　桓谭的思想 …… 96
  第七节　《白虎通》的宗教思想 …… 98
  第八节　王充的思想 …… 101

第六章　魏晋南北朝时期的思想源流 …… 105
  第一节　魏晋南北朝时期的社会状况和思想源流简说 …… 105
  第二节　何晏、王弼的"贵无"思想 …… 108
  第三节　阮籍和嵇康的思想 …… 111
  第四节　裴頠的思想 …… 112
  第五节　郭象的思想 …… 114
  第六节　范缜的思想 …… 117
  第七节　欧阳建的"言尽意论" …… 120
  第八节　魏晋南北朝时期的道教思想和佛教思想 …… 122

第七章　隋唐时期的思想源流 …… 126
  第一节　隋唐时期的社会状况和思想源流简说 …… 126
  第二节　韩愈的思想 …… 128
  第三节　隋唐的佛教思想 …… 132
  第四节　柳宗元和刘禹锡的思想 …… 139

第八章　宋元明时期的思想源流 …… 143
  第一节　宋元明时期的社会状况和思想源流简说 …… 143
  第二节　张载和王安石的思想 …… 148
  第三节　二程的思想 …… 151
  第四节　朱熹的思想 …… 155
  第五节　陆九渊的思想 …… 161

第六节　王守仁的思想 …………………………………………… 163
  第七节　王廷相的思想 …………………………………………… 168

第九章　明清之际与清代的思想源流 ……………………………… 171
  第一节　明清之际与清代社会状况和思想源流简说 …………… 171
  第二节　黄宗羲的思想 …………………………………………… 175
  第三节　王夫之的思想 …………………………………………… 179
  第四节　戴震的思想 ……………………………………………… 187

第十章　晚清及近代的思想源流 …………………………………… 190
  第一节　晚清及近代社会状况和思想源流简说 ………………… 190
  第二节　严复的哲学思想 ………………………………………… 194
  第三节　康有为的哲学思想 ……………………………………… 197
  第四节　谭嗣同的哲学思想 ……………………………………… 202
  第五节　章太炎的哲学思想 ……………………………………… 205
  第六节　孙中山的哲学思想 ……………………………………… 209

结　语 ………………………………………………………………… 216

后　记 ………………………………………………………………… 217

第一章 绪 论

第一节 题 解

本书所说的思想,主要是哲学思想,但书名中没用"哲学"而用了"思想"这个说法,主要原因是考虑中国古代没有哲学这个称谓,而且本书所讨论的对象也难以都称之为哲学思想。哲学这个词汇是清末从日语所用汉字中移植过来的,基本套用了西方人赋予它的意义和思路,产生了巨大的影响。哲学是人思考自然和社会对人的根本意义的学问,它的研究对象和途径是把握人的思想及其活动方法。哲学和思想的关系是复杂的。简单说可以概括为两个方面:一方面,思想的范围比哲学的范围要大,哲学是一种思想,更是本来意义上的思想;另一方面,任何思想中都包含哲学思想,任何思想在本质上都是某种哲学思想。这两种情况在中国古代思想的发展过程中是交织在一起的,始终没有清晰地分开。本书在人们习惯使用哲学这个概念的地方也使用了思想这个说法,但并不排斥使用哲学这个概念,这是首先需要交代清楚的。

一、不同思想流派形成的现实基础

思想的根源是社会生活,它是社会生活及历史的反映和折射,同时是这种反映和折射的延续及传承,这就形成了思想的传统。传统思想,是指思想的传承关系及各种思想流派的比较关系。社会生活中的各种关系和矛盾被概括为不同的思想,有了不同流派的传承和比较,统治者择其所欲及所利者修订为官方的意识形态即统治思想,使社会思想的整体传承和各种谱系有了结构和中心。各种思想流派立足其社会根源而有了自己相对于中心的定位,又因与统治思想的差异和距离而发生了相应的是非及利害关系。这些关系折射出传统思想中的阶级斗争、矛盾斗争,也反映出各个流派自身发展的特点。经过近3000年的传承和比较,中国的传统思想已是非常的丰富和深刻了,但其中更充满着复杂的矛盾。一些思想被排斥了,一些思想被再造了,一些思想被消灭了,一些思想被引进了。传统思想从不同的侧面反映着人们的不同需求,各派思想的形式和风格也是争奇斗艳、各不相同:有的鲜明规范、有的含蓄模糊、有的虚无缥缈、有的径情直遂。思想流派的矛盾关系有时掩盖了现实生活的矛盾关系,造成思想和生活的脱节。在广大下层人民群众的一面,迫于现实生活的痛苦和压力,可能产生出对于统治思想的轻视和麻木;在少数上层权贵及精英的一面,出于思想统治的需要和习惯,可能产生出对于下层生活的干预和敌视。真实的社会生活和思想,就分布在这两端之间的不同位置上。这是中国传统思想中围绕"知行"关系而形成不同思想流派的现实基础。

二、古代中国在哲学意义上的思考

在中国,思考间接性和抽象性问题的学问,通常被归为形而上的学问。它形成和直接反映生产与生活问题的区别。这就是所谓的"形而上者之谓道,形而下者之谓器"(《易·系辞上》)。但是,思想的历史并不应被单纯地当作一种思想对思想的把握。不同时代的思想,恰是那个时代的人,在当时的具体环境中具体思考自然和社会对人的根本意义的思想活动及其历史成果。本书所评介的中国古代思想,虽然是从哲学意义上进行把握,主要讨论中国古人思考自然和社会对人的根本意义的思想,但是也涉及反映古人社会生活各个方面的思想。这些思想的内容,反映了中国古代的经济、政治、文化、社会、人口、环境,以及从科技、教育、军事、外交、艺术、宗教、道德、语言直至民俗、游艺、餐饮、养生等各种社会环境和现象的状况、特点及人们对这些问题的认识和认识方法。古代中国在哲学意义上的思想,一方面,渗透在古人对异彩纷呈的社会生活和社会现象的反映和思考之中;另一方面,又是对这些思考所进行的哲学概括和理论升华。人的思想的历史不同于人的直接生活和生产的历史,思想史的研究是间接性的研究。其特点不同于史学研究中的信史,但也要依据真实的物证和材料说话。没有分门别类、丰富细致的思想内容作支撑,要理清中国古人思考自然和社会对人和人生的根本意义的思想,是无法做到的。

三、对传承的"活思想"进行传承的"活把握"

后人对思想的历史及传统的研究和把握,应是一种活的思想进程,即根据现实对历史上发生的思想现象继续进行再究诘及再创造的进程。本书力图做到对传承的"活思想"进行传承的"活把握"。"活思想",是指从历史上传承下来的那些依然具有生命力的思想。这些"活思想"具有古老的形式和特点,却依然能够从一个侧面准确深刻地反映现实生活,并同现实的人对生活的感受及由此升华的新思想,形成鲜明而强烈的对比和呼应。这种矛盾关系蕴含着古代人和现代人在不同的环境和条件下,在面临本质上相同的矛盾和问题时,所作出的反映和选择的异同。"活把握",是指根据现代生活和现代思想的发展,揭示和把握古代生活及古代思想与现代生活及现代思想之间的矛盾关系。运用"活把握"的方法处理问题,对古代人及其思想的评介,并不应该主要着眼于古代人的活动及其"活思想"本身的是非成败,而应该主要根据现代人的活动及其新思想的发展要求,来分析、比较、汲取、发挥那些源于古代思想中的不朽的精髓和不竭的活力。

四、思想产生的根源性与思想过程的创造性

思想是人的思维活动,是精神活动的高级形式。思想的产生,是人发挥头脑功能来整理关于自己所在现实世界的信息的过程。在思想产生的过程中,人们生存所依赖的环境对人的影响和作用,同人们对这个环境的需要和改变,都是现实的。这两个方面的作用对思想的产生同样具有根源性。但是,思想的过程在本质上更是一种创造性的活动过程。随着人的思想的形成及其飞跃,客观环境的自然改变过程日益采用了人化的能动形式。本书高度重视从西方传入中国的哲学思想及其方法,特别关注其中的两个基本概念:一个是黑格尔论述的"反思";一个是马克思强调的"实践"。"反思",是指思想对思想的辩证把握;"实践",是指在解释世界之后对世界的能动改造。这两个概念的具体内容和理论指向是相通的,正确把握"反思"和"实践"相反相成的内容和指向,是评介中国古代思想源流的方法论基础。

第二节 中国古代思想源流简说

中国是世界文明古国,中国的思想和文化博大精深、源远流长。中国古代思想的发展有着3000年的历史,经历了独特的发展过程。中国古代思想的发展及其成果,不仅有益于凝聚中华民族,而且对世界有着较大的贡献。环比世界来看,这个思想的发展过程及其作用和贡献也是罕见的。

从思想发展的过程看,中国历史上那些思想发展的重要时期,那些有代表性的思想流派及其思想家,无不是被相应的社会历史时期所决定,是这些社会历史时期的特有产物。这些重要的思想发展时期、重要的思想流派及其重要的思想家,无不打上其各自所处社会历史时代的烙印。这些思想流派、思想家及其思想对后来的

社会历史产生的巨大影响,形成了传统思想和传统文化。传统思想的内容及其形式对后世现实社会的影响,同时也折射出产生它们的历史时代对后世现实社会生活的影响,而现实社会生活在与传统思想的相互作用之中,又不断充实和发展着传统思想。

如果要概括中国社会历史的主要阶段,中国有文字记载的历史大体经历了殷商和西周时期、春秋战国时期、秦及两汉时期、魏晋南北朝时期、隋唐时期、宋元明时期、清代的前期和中期、清代后期和近代时期等不同的历史时期。和这些历史时期相对应,中国的传统思想大体经历了先秦诸子之学、两汉经学、魏晋玄学、南北朝及隋唐的佛学、宋明理学、清代朴学、近代新学等的重要发展时期和阶段。在思想发展的不同时期,各个思想流派及其思想家创造性地开展了各自的工作,概括提炼了各自时代的精华,总结了既往的思想历史,推进了中国传统思想的发展;同时也使唯物论与唯心论、辩证法与形而上学的思想斗争具备了新的内容和形式,达到了新的水平。这样来概括和总结中国思想史,是符合社会发展规律的,也是符合思想发展规律的。

一、先秦诸子之学发展时期

先秦时期,天人关系问题是一切思想领域中争论的核心问题。中国古代的神话传说几乎都是围绕天人关系展开的。天和人的矛盾是贯穿这些故事和传说的主线。盘古开天地引出了天和人的关系;女娲炼石补天是为了拯救人;牛郎织女男耕女织、相亲相爱却触犯了天条;而三皇五帝的传说和谱系暗示着"王承天意"和"君权神授"的说教;各自从自己的角度阐述了天和人的关系。殷商时期,奴隶主阶级意识形态的基础是天命论。其中还有大量的鬼神思想,以此维系着对思想的控制。到了西周时期,统治阶级所宣扬的天命思想有所调整和发展,内容和形式也更加充实、精致了。周推翻商时说:"非我小国敢弋殷命,惟天不畀",连"革命"也罩上了天命的外衣,可见天命论的巨大影响。随着生产发展、技术进步及阶级矛盾的推动,出现了反对天命论的无神论思想,"阴阳"、"五行"等新思想有了影响,丰富了思想的内容。东周时期,随着社会生产方式的变革,发生了奴隶制向封建制的过渡,在思想意识领域中出现了"百家争鸣"。"百家"是说大大小小的思想流派众多,甚至难以计数。"百家"中主要的思想流派有儒、墨、道、法、名、农、阴阳、纵横、小说、杂家等10家。其中前7家的思想都具有哲学精神和风格。这7家中的儒、墨、道、法4家,后来成为对中国和世界产生了巨大影响的思想流派,被称为诸子百家中的"显学"。影响最大的是儒家,矛盾最多且最深的也是儒家;孔子主张"畏天命",荀子主张"制天命而用之",反映了儒家内部的思想斗争。

二、两汉经学发展时期

秦汉时期,中国建立并巩固了大一统的国家,中央集权的封建政治对意识形态和统治思想提出了明确的要求。秦以法家思想治国,汉初以道家的黄老思想治国,时间都不长。秦政的失败不能简单归于法家思想的失败,同样,"罢黜百家、独尊儒术"也不能武断地证明黄老之学没有价值。其实,作为汉代统治思想的经学是吸收了法家和黄老的思想精华而再创的儒学。经学内部存在着今文学派和古文学派的矛盾斗争。今文学派的代表是董仲舒。董仲舒这一派提出和完善的"天人感应"、"王承天意"的神学目的论,受到了后来封建统治者的追捧,成了封建思想的正统。东汉时期,王充重新诠释了道家"天道自然无为"的理论,提出了元气自然论,把唯物主义思想提高到了一个新的阶段。元气自然论的思想代表了两汉时期批判经学的谶纬和神学的最高水平,在中国传统思想中树立起一面光辉的旗帜。

三、魏晋玄学及隋唐佛学发展时期

魏晋南北朝时期,大一统的封建政治受到了冲击,皇权主导下的门阀士族地主取得了统治权。魏晋时期,何晏、王弼创建了玄学的思想体系,宣扬"以无为本",通过有无、体用、本末等玄学命题来适应门阀士族政治统治的思想需求,同时也普遍提高了中国思想的思辨水平。在玄学内部,裴頠(wěi)反对"以无为本",是主张"崇有"的另一学派。玄学的发展及其对传统儒家和道家思想的冲击和融合,不仅充实、更新了统治思想,它所创立的超越经验的理论体系和话语体系及其对中国知识分子的影响,也为佛教在中国的立足、生根和发展创造了理论的条件。到了南北朝时期,北方先后出现了几个少数民族政权,和南方的汉族封建政权形成对峙。南北朝时期,佛教在中国有了快速的发展。佛教在中国不可遏制的发展势头,使中国成为世界佛教的第二发源地。这一时期,无论是在南方还是在北方,一些皇帝和大臣带头信奉佛教,并使佛教成为那里的国教。但是,南方和北方的思想,特别是佛教思想的发展还是有差异的。佛教对中国传统思想的冲击和融合,引发了新一轮关于形神关系的思想大讨论。范缜写了《神灭论》,提出了"形神相即"、"形质神用"的光辉思想,批驳了人死灵魂不灭的观点,普及了"人死如灯灭"的朴素科学思想,在中国思想史上续写了光辉的一页。

隋唐时期,中国封建社会达到了其发展的顶点,开始向后期转化。与这一历史趋势相适应,统治者在君权神授的基础上,确立了融合儒、道、佛三家思想的路线,以加强对人民的思想控制。隋唐时期,中国再次出现了大一统的封建王权,适应巩固中央集权的政治需要,出现了科举制度。科举制同时给社会中下层人士开放了进入上层统治阶层的道路,对结束门阀士族的统治,更新和巩固封建官僚政治,起了积极作用。这一时期,佛教抓住了千载难逢的发展机遇期,实现了其中国化的历史蜕变,不仅更加深入地融入了统治阶级的意识形态,而且更加全面地渗入了中国各族人民的社会生活和精神生活。"因果报应"、"生死轮回"等思想和儒家"生死有命、富贵在天"的思想不断实现融合,这种思想的融合适应了中国封建社会后期出现的等级结构进一步合并减少,社会单位进一步分化缩小,组织结构进一步扁平化的历史趋势。随着佛教影响的不断扩大,儒与佛、儒与道、佛与道之间的斗争也逐渐激烈。儒、道、佛三家的思想斗争是封建意识形态内部的斗争,是在统治者面前争夺正统地位和影响力的斗争。三家思想的内部也充斥着矛盾和斗争。佛教的发展中融入了权利的分配与再分配的斗争,由此出现了从门派到宗派的演变。道教的派别古已有之,此时依据各自同李氏王权的远近亲疏,又有了新的分化和演变。儒家内部围绕如何处理同佛道两家的关系,也分出了不同的思想派别。韩愈和李翱是师徒关系,韩愈反佛不惜性命,李翱却是尊佛的。柳宗元和刘禹锡是唐代朴素唯物论一派的思想代表。他们分别提出的"天与人交相胜"、"还相用"的思想,是基本一致的;但是,刘禹锡是反佛的,而柳宗元却与佛教思想和平共处。这反映出儒、道、佛"三教合一"历史大趋势中的具体过程和具体矛盾。

四、宋明清理学发展时期

北宋结束了五代十国的割据,国家又归于统一,但北宋的疆域和军事实力是不能和隋唐相比的。到了南宋时期,国家更是长期处于偏安的懦弱状态。宋明两朝,官僚地主代替门阀士族执掌着国家的资源和权利,中央集权得到进一步加强,专制王权对于思想统一的历史需求更趋于迫切和强烈。宋明理学的出现,正是这一历史趋势的反映。宋明时期,中国的社会经济发展超过了隋唐,科学技术居于当时世界的领先水平。但是,宋明时期中国经济、社会、文化发展的巨大成就,和当时国家在历史上的疆域、实力及影响相比,形成了巨大的反差。这种巨大反差反映在思想方面,集中表现为理学内部的矛盾。理学的历史充分证明了这种思想体系的长于治内、弱于御外、扼杀活力的本质,除元代前期和清代前期的短暂时期外,几乎概括并影响了中国封建社会后期的全过程。宋明理学有着很强的学术性,出现了一大批治学严谨,富于创造性的思辨精神且成果丰厚的大思想家,对后世知识分子产生了巨大的影响。周敦颐、程颢和程颐、朱熹、陆九渊、王阳明等人,继承传统的唯心主义,吸收并改造了佛教的思想元素,建立了宋明理学。宋明理学是中国封建社会中最完备的唯心主义思想体系,同时也最集中、最鲜明地反映了中国封建社会后期的社会矛盾和思想矛盾。理学从思想上设定了社会不同人群的界限,据此加强了对社会思想的管控,有其巨大成功的一面,同时也推进了中国封建社会后期社会矛盾的演化,并推进了理学和反理学的思想斗争。理学内部也是充满分歧和矛盾的,有时斗争还很激烈。陆九渊、王阳明创立了心学,在理学内部独树一帜。他们反对二程和朱熹的理论。二程、朱熹的一派和陆、王的一派不断进行思想斗争。也有人站在朴素唯物论的立场上反对理学。如,张载、王廷相就反对理学唯心主义的基本观点;明末清初的方以智、黄宗羲、顾炎武、颜元旗帜鲜明地批驳了理学的某些思想;清朝中期的戴震,更是对理学整体进行了空前激烈的批判。特别是王夫之,从概括中国唯物论和唯心论思想斗争的历史高度,全面、系统地批判了理学的思想体系,在将中国朴素唯物论思想推向高峰的同时,也对批判唯心主义思想及其理学思想进行了历史总结。

　　清代前期的巩固和发展是值得肯定的。但在此之后,中国封建社会后期的种种弊端在社会的各个领域全面地蔓延开来,并迅速影响到社会各个层面的思想意识。封建社会的灭亡已展现出不可遏制的趋势。清朝的皇帝和大臣们认真地总结历史,使封建社会的各项基本制度臻于完善,管理手段空前完备和有效。基于程、朱理学实行的思想控制更是有如天马行空、水银泻地一般无所不及。大清王朝的统治水平超越了任何一个封建王朝。正当清朝统治者欲集古今之大成,建万世之基业的时候,却突然要面对亘古未见之强敌入侵,及整个封建社会即将全面垮塌的问题。理学具有长于治内、弱于对外,长于治人、弱于树人的本质。明朝末年,理学有效遏制了明朝君臣士子和汉族百姓的思想,无论是面对李自成、张献忠的造反,还是面对大清的八旗铁骑,这套思想都是软弱无力的。200余年之后,大清王朝依然用同一套宋明理学来管控自己臣民的思想;在大清王朝及封建社会面临生死存亡的历史关头,理学再一次充分展现了自己的本质,同样有效地遏制了王朝各界各层的"活思想"。来自理学内部的思想反叛和自救活动虽是强有力的,但却已无法挽救封建社会及其封建思想将死的命运。

五、近代新学发展时期

　　"鸦片战争"至"五四运动"之间的80年时间是中国的近代史。它既是古代历史的终结,又是现代历史的发端,是一个关键的转折时期,本书将其纳入讨论范围。龚自珍、魏源、林则徐、曾国藩、翁同和、张之洞等地主阶级思想家的努力及失败,释放了封建思想体系最后的余光。洪秀全和太平天国农民革命运动的兴起及失败，暴露了旧式农民革命及其指导思想的根本缺陷。随着西方资本主义及帝国主义对中国的入侵，中国逐步沦为半殖民地半封建社会，出现了新的生产方式和新的阶级关系，这也为中国的思想界注入了新的生机。严复、康有为、梁启超、谭嗣同、邹容、孙中山等中国近代的先进人物，倡导资产阶级的"新学"、"西学"，反对封建主义的"旧学"、"中学"，开启了思想解放的闸门，使中国的思想界出现了新的生机和活力，在反帝反封建的革命中发挥了积极作用。但是，由于中国资产阶级在经济、政治、思想等方面的软弱，他们不能独自战胜外部侵略势力、封建势力及其思想影响。历史在呼唤着新的阶级、新的思想和新的革命实践运动。关于马克思主义在中国的传播、新民主主义革命运动，以及中国社会由此进入全新的历史时期，不是本书要论述的问题，这里不作展开论述。

第三节　中国古代思想的主要特点

中国古代思想及哲学是在中国产生和发展起来的，中国社会的特点决定了它们的特点。中国与世界各个民族、国家及地区的差异和关系，则丰富和发展了这些特点。中国社会的特点主要表现在这样几个方面：第一，奴隶制度不典型；封建制度发展得相当充分和完善。第二，封建大一统的国家结构形成时间早，持续时间长；多民族的国家经历过多次的分裂和统一，总的趋势是逐步走向更加广泛、更加巩固和更加包含多样化的统一。第三，近代资本主义发展不充分，没有形成成熟的资产阶级和强大的工人阶级，但是资产阶级及其生活方式和思想意识具有强大的影响力。中国社会的这些特点也相应地决定了中国传统思想的基本特点。

一、封建社会的思想意识具有典型性

封建制度的典型性决定了中国封建社会的思想意识具有典型性。这种典型性突出表现为封建社会的思想重视以血缘为纽带的家庭关系及以此为基础的社会规范。中国的封建统治思想融合了东周以前宗法制奴隶社会的道德思想传统，作为其核心思想的儒家思想就是融合西周礼制思想的典范。中国封建社会的思想意识重视对前朝统治思想及其统治手段的妥协和继承，具有对一切危及封建统治的思想实行党同伐异的理论风格，但缺乏革命性和批判性的思想传统。

二、以儒家思想作为统治思想的基础和主干

儒家思想在先秦时期是诸子百家中的一家,地位并不显赫,影响却很突出。儒家与道家、法家、墨家一样被尊为"显学",凭的是自身的内容和特点。秦汉之后,适应宗法制封建社会的需要,统治阶级才将儒家思想尊为统治思想。儒家地位超越诸子百家,主要原因是儒家思想的功能和特点,对于封建统治阶级的意识形态需求有着更高于其他思想流派的契合度和满意度。汉代的儒家思想已经融入了道、法、墨等各家的思想,后来又经历过经学、玄学、理学的干预和改变,充实进了道家和佛家的思想。从思想形式的角度看,独尊儒术是将百家争鸣纳入了儒家的思想规范,便于统治者的干预和控制。

三、贯穿唯物论与唯心论、辩证法与形而上学的矛盾和斗争

这种矛盾和斗争被简称为"两个对子",远在殷商时期,中国就发生了无神论同有神论的斗争。其中就蕴含着"两个对子"的萌芽。百家争鸣时期,"两个对子"从内容到形式均已相当成熟和完备。其中各个不同方面也有了自己更加丰富的内容和特点。经过在封建社会漫长而充分的发展,中国传统思想中的唯物主义和辩证法思想达到了相当高的水平。其反面的唯心论和形而上学也具有丰富的内容和富于个性化的形式。

四、高度重视社会伦理实践及其道德建设

中国古代的思想家认为,人的本质属性就是人的道德属性。这种属性在人的伦理实践关系中表现出来。他们不仅把道德问题看作人际关系的基础和关键,同时也把这个问题看作天与人、自然与人力、天道与人道的关系中最为重要的内容。无论是在"天人合一"的前提下,还是在"天人相分"的前提下,天人关系总是通过社会伦理道德的问题反映出来。同样,伦理道德的问题也终究会归结为天人关系的本质。社会的伦理实践和道德规范就是天人关系的中介;规范人与人之间的道德关系就是调整天人关系,反之亦然。

五、具有开放性、包容性和融通性

中国古代思想是一个复杂的意识系统。思想的复杂性是社会复杂性的抽象表现。一方面,经过漫长的历史演化,中国不同的地域及不同的氏族、部族和民族逐渐演变成为统一的国家和统一的民族,文化和思想也逐渐趋于统一。另一方面,每

一地域及其相应的人群又都在自觉保护和发展自己的思想和文化。在百家争鸣时代，就有三晋文化、齐鲁文化、荆楚文化等不同的思想文化形态，相互之间既有斗争也有融合。虽经秦的焚书及汉的独尊儒术，但在相对统一的思想中依然存在着不同思想之间的相互碰撞和融合，并且在中国本土思想与外来思想之间，也存在这种碰撞和融合。在思想发展过程中，有过印度佛教和中国本土思想的碰撞和融合，产生了中国佛教；有过基督教和中国本土思想的碰撞和融合，促进了当代中国"自治、自养、自传"的基督教；现在还在进行的马克思主义思想和中国本土思想的碰撞与结合，产生了毛泽东思想等马克思主义与中国具体实际相结合的思想体系。在中国古代思想实现现代转变及再次走向世界的过程中，这种思想将不断展现它的开放、包容和融通的特色，并因此而不断收获发展的成果。

第四节　学习研究中国古代思想的目的和方法

认识历史和认识国情，是当代青年的重要任务，是青年人健康成长的重要前提。国情有着丰富的内容，认识国情也要认识很多方面的内容，但对青年一代来说，则主要是认识和掌握社会生活及思想政治两个方面的内容。学习历史，特别是学习自己民族思想的历史，是青年人特别是大学生熟悉生活与政治的有效途径。通过分析和梳理中国古代思想的发展过程，学习和认识不同历史时期的思想流派、重要的代表人物及其重要的思想，可以从思想家的所思、所想中认识那时的社会问题和矛盾。同时，通过这些思想家和他们提出的那些思想，可以间接地感受那时人们的生活和思想，了解他们在人生中的幸福追求和不幸遭遇。这样的学习对于当代中国青年具有重要意义。

一、学习研究中国古代思想的目的

历史的经验值得注意，一旦忽视或放松了对青年一代进行历史和国情的教育，民族虚无主义和历史虚无主义、崇洋媚外和食古不化的思想就会乘虚而入，就会不同程度地引发思想的混乱，甚至造成政治观点方面的偏差。要防止发生这样的问题，就要帮助广大青年人特别是大学生认识中国的历史和国情，就要引导他们学习和研究一些中国古代思想史。

第一，学习和研究中国古代思想史，发挥其对学习和掌握马克思主义理论和方法的重要支撑作用。要运用马克思主义来剖析中国古代思想，批判其所带封建性的、神学迷信的糟粕,吸取其所带民主性的、富于批判精神和思辨色彩的精华,实现古为今用的目标。帮助学习者培养爱国、重德、兼容、自强、理性、务实等优秀传统精神,使之有益于他们的健康成长。

第二,学习和研究中国古代思想史,帮助学习者重点掌握其中带有规律性的问题,认识那些体现在具体问题中带有规律性的问题。一方面,系统而简要地掌握古代思想家如何思考和回答宇宙及人生的根本问题,如何在文化和思想方面对中华民族和全人类作出了巨大贡献。另一方面,通过分析对比,加深认识什么是中国的封建社会和封建思想,进而有针对性地对比和认识资本主义、社会主义及马克思主义的相关问题。

第三,学习和研究中国古代思想史,更好地培养和提高理论思维的能力,更好地做人和做事。随着经济社会的发展变化,特别是互联网全面进入人们的日常生活之后,人们的交往方式、生活方式和思想方式正在发生着重大改变。青年人中的许多人感觉生活负担加重、生活节奏加快、精神压力加大,因而自觉或不自觉地忽视了理论思维。一些人观察和思考问题易受现象制约,学习和工作易于急功近利,眼界狭窄,思想、行为、言论亦限于各种小圈子。因此,要引导青年看看古代先哲如何认识和把握宇宙及人生的问题,吸取古人在理论思维方面成功与失败的经验教训,借鉴古人关于如何做人、做事的理论和实践,培养和提高自己的理论思维能力,更好地完善自我、服务社会。

二、学习中国古代思想的方法

学习中国古代思想史的方法,既是有章可循又是因人而异的。简单来说,就是在坚持理论联系实际基本方法的基础上统筹兼顾以下几个关系:

第一,必须处理好正确的观点、方法和可靠的历史资料的关系。任何学习和研究都必须从充分占有相关的资料开始,学习和研究中国古代思想史也不例外。在充分占有中国古代思想史历史资料的基础上,坚持用唯物史观的科学世界观、方法论来认真鉴别和分析这些资料,经过去伪存真和去粗取精而达到由表及里,即从现象达到本质的思考,切忌脱离事实的主观臆造。在学习时间有限的情况下,要抓住基本的、主要的事实作为分析的理论依据,切忌没有重点的面面俱到。

第二,必须坚持历史主义的观点。唯物史观要求我们,分析问题要把问题放置在一定的历史范围之内,那种离开一定的历史条件而进行的普适性或普世性的价值分析,是根本错误的。任何具体问题中都包含有普遍性的规定,这是没有疑义的。但是任何普遍性都不能离开特殊性,这也是没有疑义的。在学习和研究过程中,要把问题放置在其所发生的具体历史条件中去思考和研究,不能以今天的要求或标准来衡量和评价古代的人物和思想,苛求、矮化或拔高古人,使之现代化的倾向,都是错误的。

第三,必须坚持具体问题具体分析的方法。中国古代思想就其所发生和持续的时间,是中国奴隶社会和封建社会这两个阶级社会,产生在阶级条件下的各种思想必然都带有阶级的烙印,因此要坚持阶级分析的方法。中国古代思想史中的问题都带有阶级性,这并不是说这些问题中只有阶级性。把带有阶级性问题的阶级性抹杀掉,反对用阶级分析的方法进行分析处理,这是一种主观主义和唯心主义的方法;而把带有阶级性问题中的其他丰富内容抹杀掉,把阶级分析的方法简单化、公式化,用阶级分析来代替具体问题具体分析,这是一种形而上学的方法。主观唯心和形而上学两者都是违背唯物史观的错误方法,都是要不得的。正确的方法是实事求是的方法,根据事情本身的性质和特点,统筹兼顾阶级分析和具体分析,坚持用客观、辩证、历史、具体的方法看待和把握各种问题。

第二章　春秋以前的思想源流

第一节　传说与神话

远古时期,是指有确切文字记载的历史之前的时期。那时的一些传说在民间传承下来了,其中保留了上古的某些信息。传说在传承的过程中不断经历放大拔高式的加工和再创造,逐渐演变成为神话,慢慢又有了文字的版本。神话传说不能作为真实可信的历史材料使用,不能形成对研究古代思想的直接支撑。但是古代的各种传说对研究古代思想具有间接的对照和支撑意义。中国古代的神话传说大多经历过一个由简单而到复杂的过程。随着传说的形式从代代口口相传进入依托相对固定的文字典籍的口头传说,即文人所谓的"入籍"。神话传说中的主人公一旦入籍,总要被再造为满足后世需要的人格神。他们被不断赋予广大精微的神力,同时被愈益拔高为道德伦理的楷模;前者在于弥补缺点提升法力而达成尊崇全能的神祇,后者在于彰显优点、标榜道德而引领跟从效仿的百姓。

一、女娲和盘古的传说及其对思想发展的影响

女娲的传说中保留着原始的母系社会的遗痕。从产生的时间看,女娲传说要早于盘古传说。女娲传说的"入籍"也比盘古的更早,屈原在《天问》中就提出了关于"女娲有体,孰制匠之"的疑问。盘古传说的文字记述,最早见于三国时徐整所著《三五历纪》。其后,署名任昉所撰的《述异记》,比较详细地记述了盘古身体化为天地万物的故事,这已是南北朝时的事情了。因此有人以盘古"入籍"晚为理由,怀疑、否定盘古传说具有比文字记述时间更长久的历史,这是一个值得研究的问题。

《说文》中记述:"女娲,古之神怪女,化育万物者也。"据《淮南子》及东汉应劭《风俗通义》等书的记述,女娲的传说主要包括两部分事迹,一是补天,二是造人。女娲"炼五色石,以补苍天",有着巨大的神力。但女娲发挥其神力的前提是已经

先有了天。天不是由女娲所创造的,而是自然存在的。后来天出现了一些问题,产生了比较严重的后果,于是女娲挺身而出,运用手段解决了问题,扭转了事态。女娲传说"入籍"后的文字形式是这样的:"往古之时,四极废,九州裂。天不兼覆,地不周载。火爁焱而不灭,水浩洋而不息。猛兽食颛民,鸷鸟攫老弱。于是,女娲炼五色石以补苍天,""苍天补,四极正;淫水涸,冀州平;狡虫死,颛民生;背方州,抱圆天。"从中可见,在女娲补天之前,世上已经有了"颛民",女娲的补天不仅匡正了天地的位序,也拯救了黎民的危难。不同神话传说的交叉,描绘了更深层的故事线索。女娲补天,是因为"共工与颛顼争为帝,怒而触不周之山,天柱折,地维绝。天倾西北,故日月星辰移焉;地不满东南,故水潦尘埃归焉",由此看来,女娲实际是拯救了一场由人祸引发的天灾。但是在上述传说中,女神法力所及,是"炼五色石以补苍天,断鳌足以立四极;杀黑龙以济冀州;积芦灰以止淫水。"(《淮南子·大荒西经》)这只是解决人同自然的矛盾,并未涉及解决人世间的矛盾问题。女娲是个有着"仁者爱人"高尚情怀的女神。她不关心谁来为帝的事情,也不站在争夺双方的任意一方,却专注于化解由双方惨烈争斗引出的破坏性后果。但是,补苍天、除恶兽、止淫水,这些成就也不能解决共工和颛顼谁为帝的问题。这个传说中蕴含着后世中国的神话、神权、宗教影响的一般特征。它们作为现实政治势力的附庸,可以发挥辅助解决人类社会矛盾及其后果的功能和效用,但并不作为独立的社会势力,自主地发挥解决社会矛盾的功能和效用。

在女娲传说中,人们似乎还只是从自己同周围世界的直接关系来体验和提出问题,并没有追问到天地的起源问题。但是女娲的另一个事迹却回应了人从哪里来的问题。"天地开辟,未有人民,女娲抟黄土做人。剧务,力不暇供,乃引绳于泥中,举以为人。故富贵者,黄土人;贫贱者,引縆人也。"这段传说"入籍"后的文字记述,生动形象,言简意赅,原来女娲不仅造出了人,而且还在人们中间分出了高低贵贱的等级。女神按照自己的体貌特征创造出了人,而且不仅造出了男人和女人,还分出了富人和穷人,制定了男女婚配的规则,她使神的法力笼罩上了人格的光环。女娲的传说,及其从口传心授发展为文字记述的过程,印证了这样的道理,人格神才是具有社会意义的神。社会需要神具有什么样的法力,神就会具有什么样的法力;同样,社会需要神具有什么样的道德,神就会具有什么样的道德。

盘古的传说也主要包括两部分事迹,一是开天辟地、化生万物;二是化生人类。女性神灵做过的事情,男性神灵又做了一遍,从而实现了男神对女神的覆盖和超越。这种覆盖和超越从一个侧面反映了人类历史从母系社会向父系社会过渡的历史状况。

盘古的传说讲述了一个完整的自然生态演化系统。起初"天地混沌如鸡子,盘古生其中。万八千岁,天地开辟,阳清为天,阴浊为地,盘古在其中,一日九变。神于天,圣于地。天日高一丈,地日厚一丈,盘古日长一丈。如此万八千岁,天数极高,地数极深,盘古极长。故天去地九万里。"盘古死后,"气成风云,声为雷霆,左眼为日,右眼为月,四肢五体为四极五岳,血液为江河,筋脉为地里,肌肉为田土,发为星辰,皮肤为草木,齿骨为金石,精髓为珠玉,汗流为雨泽,身之诸虫,因风所感,化为黎甿。"这个传说有很丰富的思想寓意。可以说,这是中国版的创世纪,或是宇宙大爆炸学说的人文故事版。

盘古传说具有十分积极的思想意义。第一,它把世界当作一个自然化生的,同时又是一个由人创造的过程。天地本是自生的,只是在未经盘古作用的时候处于"浑如鸡子"的自然状态,盘古自身也生长于这个混沌状态之中。盘古及其传说是人类及其本质力量的最初表现形式。盘古以自己的力量打破了自然界这种"混沌"的状态,开始了一个由人来自觉进行的改天换地的历史进程。盘古的"神于天,圣于地",是对人们改天换地的活动及其成果的概括。人生在天地之间,日日成长发展。他们对天地的改造达到了什么程度,他们的本质力量也就发挥到了什么程度。在盘古的传说中,已经开启了万物同源、天人合一的思想。

第二,这个过程既包含着渐进性的变化,也有着爆发式的变化。宇宙的混沌状态是在一个短暂迅疾的过程中就被打破了的。盘古"开天辟地"的活动,是在极短时间过程中发生的突变。另一方面,盘古"一日九变","如此万八千岁",在积累中发生了"天数极高,地数极深,盘古极长,故天去地九万里",而盘古顶天立地居于其中的结果,又是一个非常漫长的渐变过程。盘古"开天辟地"的行动被描述为一个既包含渐进又包含突变的过程,是具有辩证法特征的系统性描述。

第三,盘古不仅开天辟地,而且还创造了人。他是人的始祖。盘古死后,"身之诸虫,因风所感,化为黎甿。"黎甿,指的正是人民。盘古的造人与女娲的造人不同。女娲是用泥土造人,而泥土是人自身之外的物质。不仅如此,女娲造人并未付出生命的代价,她似乎通过一种用柳条甩泥土的游戏而创造出了人。盘古则用了自己的生命和身体才化生出了人。他死之后,人类才慢慢从他的身体中化生出来。这种经过据死创生、旧死新生的辩证转化而创造出人的故事,形象地反映了早期人类社会生活必然经历无法回避的艰难和牺牲。二者相比,女娲造人的传说恣意飞扬着一种举重若轻的游戏情怀,而盘古造人的传说则渗透、焕发着一种生命对生命的付出和牺牲。如果说,盘古"开天辟地"表现出他有着"神于天"的巨大物质力量,那么他为化生人类而作出的自我牺牲,则表现出他还有着"圣于地"的巨大道德力量。盘古是中国最早的"野蛮其体魄"、"文明其精神"（毛泽东《体育之研究》）的神话代表人物，这个形象及其所开拓的意境，带给后人绵延深广的影响。女娲和盘古的传说集中对应了早期中国人思维活动中的两件大事：一件是关于自然界如何产生及其本质是怎样的；另一件是关于人本身如何产生及其本质是怎样的。人们对于这两件大事的思考和把握，贯穿了整个中国古代思想发展历程，且影响至今。

二、牛郎织女的传说及其对思想发展的影响

牛郎织女的传说，讲述的是一个美丽而凄婉的爱情故事。很久以前，青年农民牛郎与一头老牛相依为命。他并不知道那是一条从天宫下界的神牛。一天，老牛告知牛郎织女将到人间戏水的信息，并嘱咐他到水边等待并要收起织女的衣裳。牛郎遵嘱行事，留住了织女。二人互相倾慕并结为夫妻，一起在人世间过着男耕女织的生活，后来又有了一双儿女。可是一家人的好景不长，此事在天宫败露，王母娘娘闻听后极为震怒，派天兵天将把织女抓了回去。牛郎和一双儿女仰望苍天孤立无援。老牛临死之前告知牛郎应对此难的办法。牛郎遵嘱披上牛皮，踏上牛蹄，得了白日升天的神力，便带着儿女上天去追妻子。快要追上的时候，王母娘娘拔出头簪一划，一条天河便把织女同牛郎及他们的儿女分隔在两岸。两个有情人从此只能隔河相望，忍受着分别的痛苦。后来，王母娘娘困扰于各种原因，开恩允许他们夫妻二人每年七月七日相见一次。于是当天晚上无数喜鹊飞到天河上面搭起一座鹊桥，牛郎织女便在桥上相聚。这就是民间故事里说的鹊桥仙和天河配。故事留给人们无限的遐想，但我们也可以从中得到许多反映古代农业生产、农村状况和农民生活的思想素材。

牛郎织女的传说中没有盘古开天辟地那样的神力和大功，没有女娲炼石补天那样的大德、大功和大爱，牛郎织女的向往，只是通过自己的努力来维持一种自给自足的生活。但这对夫妻和盘古、女娲存在共同之处，因为他们也创造了人。和盘古、女娲的单性造人不同，牛郎和织女是通过两性结合而创造出了自己的后人。神话传说记录和反映了真实的生活，农业社会生产、生活的真实过程构成了故事的情节，并决定了其中的逻辑。

我们不妨把牛郎织女的传说同《圣经》中亚当夏娃的传说做一番比较，由此可以看出，中国和西方在早期传说中反映同类或相近问题时的思想文化差异。

第一，在牛郎织女的传说中，贯穿始终的无疑是爱情这条主线，这似乎是和亚当夏娃的爱情并无二致。但是，这两个故事却有着完全不同的前提。亚当夏娃的故事起点是两个人赤裸裸地直面上帝，就像一对孪生的兄妹相依为命地孕育在母

亲的腹中。上帝用泥土创造了亚当,又从亚当的肋下分出来一小部分创造了夏娃。上帝在创造夏娃的过程中似乎表现出了明显高于创造亚当的效率,也可能因此留下了夏娃乃至女人的缺陷,因为毕竟创造夏娃使用的材料明显少于亚当。亚当夏娃不从事生产活动,牛郎织女却是从某种已经具备的生活环境和生产条件中产生的。不仅牛郎织女是这样,就是盘古和女娲也同样面对某种既有的客观环境和条件。

第二,上帝造亚当和夏娃的过程,和女娲捏泥而成人及用柳条蘸着泥浆抛甩出人类不同。女娲造人的传说,特别是它"入籍"之后的文字版本,蕴含着穷人和富人差异的由来,但并未直接涉及男人和女人差异的由来。亚当和夏娃被上帝造出来,格外突出了他们性别的差异,似乎只有这样才能以此为基础而描述纯粹的性爱。牛郎和织女的夫妻关系并没有以纯粹的性爱为纽带。他们的性别角色似乎更突出了男人和女人在生产中的社会分工。他们那种男耕女织的夫妻生活更近于后来中国人所说的"过日子"。丝制品在传说中的黄帝时代就已经有了。嫘祖就是养蚕制丝的高手。古代中国的纺织技术很早就进入成熟阶段,丝绸之路就是以此为基础的。同样,牛耕的技术及其广泛应用应当是同金属技术特别是铁器技术的成熟相联系。中国在夏、商时期已经出现了成熟的青铜技术。对各类金属制品的思想概括就是中国古代五行思想中的"金"。"金"是中国古代思想独有的本元概念。希腊哲学家恩培多克勒提出了世界是由"土、气、水、火"构成的"四根说",其中没有"金"。古代印度和佛教有"四大皆空"的思想,"四大",指的是"地、火、水、风"四种要素,其中也没有"金"。观念中的情况要由生活中的情况来说明,可惜的是,中国古代思想中没有对金属和丝绸等产品进行系统的思想概括。

第三,牛郎织女的婚姻带有中国世俗礼教文化的烙印。传说中的女娲在造人和补天之后,又为人们制定了婚姻的礼俗,好让人们不断地自己繁衍下去。女娲在做完了这件事情之后,就放手而去,从此脱离了人间的婚姻事。在西方,神和世俗婚姻的关系要多一些。上帝在本不情愿的心态下赋予亚当夏娃以智慧,这二人也因此被赶出了伊甸园。但亚当夏娃的婚姻却和上帝的意志及影响分不开。这对男女差不多是由上帝指婚的。因此,他们希望自己的婚姻得到上帝的祝福也是自然的事情。这种文化的传承自然也影响了西方的婚姻礼俗。中国人的婚姻礼俗中蕴含着期望得到天地和家族祝福而享有幸福的愿望。中国人的合卺之礼要拜天地、拜高堂,还要夫妻对拜,但并不特别期望得到神的祝福。拜天地在这里体现着尊崇性别差异,其含义就是顺应乾坤自然之道,并非尊崇天地神祇的地位和影响。这里蕴含着一个矛盾,夫妻关系在形式上是平等的,所以才要夫妻对拜。但夫妻平等的内容不过是指双方的相互依存,即夫妻中的一方不能脱离对方而单独存在。夫妻的对拜要在拜过天地和家长之后再拜,这就已经确立了以敬天法祖为核心内容的尊卑关系。在很长时间里,女人嫁到夫家,只能遵从适应并逐渐融入夫家的生活习俗和传承谱系。拿织女来说,她来自神仙界,地位是很高的,但她一旦嫁给了牛郎,也要过丈夫家里的生活,和人间一切为人妻的女人并无两样。在女郎织女的传说中,最后拆散牛郎织女这对夫妻的是织女的娘家神仙,这是一件耐人寻味的事情。听故事的人们大多会将悲剧的根源指向门第的差异,却少有为此而感叹人神的隔阂。

三、三皇五帝的传说及其对思想发展的影响

三皇五帝的传说,反映了远古社会统治者的事迹和传承的谱系。其中有些内容反映了当时社会的真实状况,有些内容则在传说过程中发生了改变,和当时社会的实际状况存在距离。根据《史记》的描述,三皇,是指天皇、地皇、泰皇。三皇还有几种不同的版本,但大体可以分为两种情况。有人认为泰皇其实就是人皇,因而把三皇列为天皇、地皇、人皇,以三皇来对应天、地、人的关系及其传承,这是第一种情况。第二种情况,是将三皇视为远古时期的三个帝王,不同的是,分别从盘古氏、有巢氏、燧人氏、伏羲氏、女娲氏、神农氏和轩辕氏等远古部族领袖中选出不同的人物排列为三皇。在上述古代传说的领袖中,入选三皇范围比较集中的组合是燧人氏、伏羲氏和神农氏。因而,人们通常所说的三皇也就是指的这三位古代社会的氏族首领。这种情况既反映了传说中的三位代表人物在中华远古文明的创立和发展中有着重大的贡献和影响,也反映了后世人们对这种贡献和影响的认可。和中国远古时代其他传说类似,这些传说在从口头传说向文字记述过渡的时候,逐步融入或吸收了反映后来社会发展的内容和认识,由此逐渐形成了接续远古、教化世人、启示后代的传统。三皇五帝的传说,既是反映政治传统的传说,也是反映社会传统、道德传统和文化传统的传说。

五帝的传说,也存在不同的版本。《大戴礼记》和《史记》将黄帝、颛顼、帝喾、尧、舜列为五帝,《大戴礼记》中也是这样的排序。《战国策》排序的五帝是庖牺(伏羲)氏、神农氏、黄帝、尧、舜。《吕氏春秋》的排序是太昊、炎帝、黄帝、少昊、颛顼。《尚书》的排序是黄帝、少昊、颛顼、帝喾、尧,而《资治通鉴外纪》的排序则是少昊、颛顼、帝喾、尧、舜。此外还有黄帝为轩辕氏、青帝为伏羲氏、赤帝(炎帝)为神农氏、白帝为少昊氏、黑帝(五方上帝)为颛顼氏的说法。这当中,《尚书》在传承中虽已是不同版本的混合物,但因其具有为后世帝王所赋予的经书的至尊地位,所以这

个版本被尊奉为五帝说法的正统。

按照《史记》的记述,五帝,是指黄帝、颛顼、帝喾、尧、舜。《史记》对五帝的情况和传承的谱系作了比较详细的描述。五帝是远古传说中相继为帝的五个部落首领。他们所活动的历史时期,远古先民在改造环境、治理洪水、发展农业、观测天文、制定历法、丰富艺术、制定礼仪等多方面有了巨大的进步。在这个过程中,黄帝、颛顼、帝喾、尧、舜等人均发挥了重要作用,因而成为这一时期社会进步与发展的重要代表。根据《史记》的记载,我们可以知道五帝的传承谱系。黄帝名轩辕,他的正妃嫘祖生了长子玄嚣和次子昌意。黄帝死后,次子昌意的儿子颛顼继承了帝位。颛顼之后又由玄嚣的孙子帝喾继承了帝位。之后是由帝喾的儿子放勋继承了帝位,这就是尧。尧之后继承帝位的是舜,舜不是尧的后代,尧看重舜的德行,就把自己的帝位禅让给了舜。舜虽然不是尧的后代,却是黄帝的后代。舜的父亲是瞽叟,瞽叟的父亲是句望,句望的父亲是敬康,敬康的父亲是穷蝉,而穷蝉的父亲正是颛顼,由此可知舜是颛顼帝的第七世孙。

对五帝的传说和记述作一番比较深入细致的分析后,可以发现其中隐匿着一些在中国思想传承中备受推崇并被不断发展的内容。

第一,五帝的传说和记述推崇和向往立德、立功、立言的追求和事业(《左传·襄公二十四年》),这三个方面的规定成为后来中国人衡量圣贤与不朽的基础标准。传说中的三皇五帝作为中国先民在改变生存环境的实践中开天辟地,建立丰功伟绩的杰出代表,其立功是不必多说的。传说非常重视立德的记述,它为"立德"赋予了三个方面的内涵。一是建立一套适合当时社会生活需要的制度体系,并使之逐步丰富和完善。二是在推行这套制度的过程中率先垂范,为世人做出榜样,受到人们的拥戴和效仿。三是选择了合适的继承人,保证了制度的传承和发展。传说中立言的情况,是通过后人所著的书籍传承下来的,就是经历了所谓"入籍"的润色。因而这样的传承过程也应被看作是一个不断经历再创造的过程。在这个传承的谱系中,伏羲创立了"先天八卦"的体系;《内径》以黄帝冠名,采用的形式是记录黄帝和臣子的对话;而《尚书》则记录了以五帝冠名的更多言论。

第二,五帝的传说已经大略勾勒出中国古代围绕财产、权利和伦理文化的传承谱系而发生的三个最基本的关系,即法统、血统、道统的关系。五帝的传说比较详细地描述了古代社会如何依据血统为主、道统补充的方式来安排政治法统的传承,其中蕴含着后来专制政治制度传承的基本规则。这些传说在演变过程中,逐渐明确并突出了血统和嫡长子继承制对传承法统的根本要求。先秦典籍《战国策》和《吕氏春秋》所记述的五帝的传承谱系,都保存着没有直系血缘关系者之间的传承关系,和后来经过充实和润色的《尚书》所记述的谱系对比可以看出,《尚书》的记述更加突出了传承者之间的血统关系,特别是其中不间断的直系血统关系。《尚书》的记述和《史记》也不同,二者虽然描述了传承者之间的血统关系及直系血统关系,但《尚书》比较《史记》,不仅用少昊弥补了黄帝之后由孙辈继承帝位的问题,而且更加突出了少昊作为黄帝继承人的嫡长子特殊地位。《尚书》中的这些内容显然是有着深层用意的,也是诸如《战国策》、《吕氏春秋》和《史记》这样具有某种自由思想风格的书籍所达不到的。当血统的远近亲疏在后来的政治权利传承中愈益成为重要的政治需要时,哪种版本最突出这种血统关系,哪种版本就最能满足统治者的需要。《尚书》中关于五帝的排序之所以后来能够居于正统地位,是因为它才能发挥正统者所需要的作用。五帝的传说也很重视道德及其道统对于法统的重要作用。在《大戴礼记》和《史记》的版本中,黄帝的长子玄嚣和次子昌意都未能继承帝位,应该是由于血统之外的原因。帝喾的长子挚继承了帝位,但是做得不好,于是由他的弟弟尧接替了帝位。尧不满意儿子丹朱的德行,所以不同意他继承帝位。这些传说中蕴含着帝位继承中以血统为本、以道统为门的关系,有经有权,是很有生命力的。还应该看到,在古代社会中,氏族本就是以血缘关系来维系的,因而推举首领不可能脱离这种血缘的背景。但是,随着领袖权力、地位的日益突出,即统治者和被统治者的分离和对立,相同或相近的血缘关系,在不同的社会关系和地位中间日益分化,氏族由此逐渐分出不同的姓氏,帝位传承过程中的血统关系和氏族的血缘关系就有了完全不同的意义。黄帝有25个儿子,其中有自己姓氏的有14人,已经有了明显的差等。25人中和帝位相关的只有玄嚣和昌意这两个支脉,其余的人及其后代便慢慢演绎出"君子之泽五世而斩"的命运(《孟子·离娄下》)。

第二节 原始艺术与宗教对中国古代思想发展的影响

艺术和宗教是比政治、法律及哲学思想更早发生的意识形态,但它们同样是对人的社会生活及社会关系的反映。中国是世界上少数几个有着超过5000年悠久历史的国家之一。其文化传承的主体和主线始终是中华民族及其自立和自主的创造,这个过程一直持续到了现代。这种情况在世界几个文明古国中是罕见的。

一、原始艺术

艺术是思想对生活的形象反映,任何艺术都具有解析及评判社会生活的思想性。就艺术的生成条件及过程来说,它是创作者以科学技术为基础,以思想意识为前导的情感升华及其个性抒发。中华民族的祖先在殷商以前就创造出了光辉灿烂的古代艺术。距今约18000年前的山顶洞人掌握了使用火的技术。他们能够在直径3.3毫米的骨针上面钻挖出精细的针眼,用之缝制兽皮衣服。他们已经具有了比较系统的审美观念,能够用石料、骨料、牙料制作出各种色泽斑斓、工艺精巧的装饰物。其所制造的石珠不仅五颜六色,而且圆润平滑。新石器时代,中国古代先民就掌握了制造石器的高超技能。湖北邱城出土的石犁上钻3孔,石刀上钻5孔,南京北阴阳营出土的石刀上的钻孔竟多达7个(王伯敏.中国绘画通史.北京:生活、读书、新知三联书店,2008,P.7.)在石器上面钻孔,可使单体石器通过孔洞的捆绑而连接成更加复杂和多功能的整体。石器上面钻透的孔洞越多,和捆绑物的接触面积就越大,效果就越好。人类要在打造出的石器上钻孔,需要更为复杂先进的工具,就要想方设法把它们制造出来。这样,人们就在制造工具的生产过程中形成了思想和工具的相互促进。不断提高石质工具的技术水平,尤其是提高那些为制造石器而率先制造的工具的水平,促进了整体制造业水平的提升。与此同时,人们的眼界和思维水平也得到了促进和提升。钻孔打洞、切割打磨的技术也被广泛地运用到玉器加工方面。在石器上钻孔,生动地反映出中国古代先民的思想处在不断探究和飞跃的过程之中。考古资料证实,中国在新石器时期已经掌握了令人难以想象的制玉工艺,创造出了精美华贵的玉石作品。除石器和玉器外,骨器和陶器的创造和使用也达到了很高的水平。这些情况表明,那时的人们在生产中已经有了相当细致的分工,且建立于分工基础上的生产具有了相当的规模。和这种生产及分工的发展相适应,人们的生活内容日益丰富、充实,生活水平不断提高。人们的闲暇时间也随之增加。在古代中国,许多雕琢精美的玉器被制造出来主要是表现部族的图腾,是一种具有原始宗教情怀的精神表现物。玉器被广泛地用之于生活,反映了那时人们的社会状况和思想状况。

由于生产效率的提升,使一部分人率先得到了闲暇,从而使它们已经有可能自觉地诘问和设想如何把握人的素质,进而改变人的问题。反映这种情的艺术及抽象思维活动的内容及种类也自然随之丰富、充实,且水平不断提高。艺术是技术的另一种运用和发展,反之亦然。在艺术和技术的互动过程中,艺术的产生和发展更直接依赖由于技术进步而释放的闲暇时间。闲暇使游艺得以产生和发展。而新工具及新武器的出现往往使退役的工具和武器成为游艺的道具。1976年,山西省阳高县许家窑村旧石器时期文化遗址发掘出1500多个石球,总计十余吨。这些石球的重量从90~2000克不等,制作年代距今已超过10万年。考古学家认为这些石球是原始先民狩猎或自卫的工具。随着弓箭的发明及广泛使用,石球作为工具和武器的地位便逐渐动摇,逐渐演变为人们的玩具。人们曾在距今7000年前西安半坡村母系社会村落遗址中,从一个三四岁的小孩的墓葬里发掘出随葬的3个石球。显然,那是这个孩子生前的玩具(蔡丰明.中国游戏史.上海:上海文艺出版社,1997,P.2.)随着人们劳动生产率的提高及闲暇时间的增多,原始的游戏、舞蹈、音乐、绘画、雕塑、诗歌等艺术形式便逐渐从生产过程中分化出来,逐步成为人们表达思想感情、展示思维活动的物质载体。艺术形成一方面,丰富了人们的生产和生活方式,也改变着人本身;另一方面,这些基于生产发展而产生出来的活动,丰富和深化了人的思维活动,推动着人对自身需要的自我意识,从而不断转化为对生产的要求,又反过来促进着生产的发展。

原始绘画是最早成型的艺术形式。那时的人们在石器、玉器、陶器上绘制出精美的纹饰和图案,以表现自己的生活场景,表达自己的思想感情及愿望追求。有些画面不仅绘制在工具及生活用具上,还绘制或雕琢在岩石和大地上。1973年出土于青海省上孙家寨的彩色舞蹈图案陶盆,是新石器时期马家窑文化的遗物。那上面生动地绘制了一群活泼欢快的男性舞者。这些人的发饰风格相同,并排列阵,手手相牵,动作整齐,表现着相同的舞蹈语言。画面中的场景生动直观地反映出当时有着相同的生活和追求,思想感情比较接近的同一族群内部人们的生活状况。舞蹈是劳动生产之余的活动,是闲暇及游艺的产物,但舞蹈也是生产活动的延续和发挥。人类早期舞蹈中很多是直接表现狩猎、农耕、纺织等生产活动的对象和内容,也有表现人本身的生殖活动的。其形体动作很多正是进行生产、生活活动时的本来状态。后来比较复杂的舞蹈,是在这些动作的基础上发展出更能表现感情和精神的舞蹈语汇,丰富了美的内涵。就上孙家寨出土的舞蹈画面来看,内容很可能是表现原始生殖习俗的。面对自然和面对生殖是古人思维活动的两大对象和两大主题。人绵延不断地生产生活于天地万物之间而不断诘问于自然,人绵延不断地生殖繁衍自身而又不断诘问自身,这样的问题始终是艺术和哲学所需要回答的问题。

原始舞蹈是对当时社会生活的直接艺术表现。古代绘画中表现的舞蹈,则是对原始舞蹈艺术形式的艺术再造。这两种艺术形式的交互融合,反映了作者的艺术思想和审美追求。画面上的所有舞者无拘无束、奔放洒脱,可以想见那时人们在族群内部没有社会地位方面的经济差异和政治对立。他们无所忌惮地表达着自己的思想感情和意愿追求,没有中华民族后世那么多无奈的忌讳。用今天的术语来说,一个原始的舞蹈场景被浓缩于一个原始的陶器画面上,将物质文化遗产和非物质文化遗产熔冶于一炉,成就了一个可与盘古开天、女娲造人、三皇五帝、牛郎织女等古代传说相得益彰的艺术参照物,不仅具有艺术史的研究价值,而且具有思想史的研究价值。

二、原始宗教对中国古代思想发展的影响

宗教发生的直接原因来自两个方面的影响:第一个方面,是人针对环境及其对生活的影响进行的感受和思考;第二个方面,是人对自身不可避免的生与死的感受和思考。中国人把这类事情称为"近取诸身,远取诸物"(《易·系辞下》)。

先来说第一个方面,人对日月星辰的神化与崇拜,以及由此拓展开来的人对于天象、气象乃至环境、动物、植物的神化与崇拜,源于他们在生产和生活中逐步感受到上述对象和自己相比所具有的优势。早期人类的生活艰难,居无定所,而天上的日月星辰却总是有规律地出现和隐没,这是人们所羡慕和向往的。于是人们开始敬天、敬太阳。埃及人对天空女神努特的崇拜,就是在这样的条件中发生的。对上天和太阳的关注和尊崇是相互联系的。因为天空中最直接影响人类生活和最为引人注目的就是太阳。后来,太阳也逐渐被人格化了。在中国的古代传说中,太阳是有善恶属性的。"十日传说"中就反映了人们对这种善与恶的判别。帝俊的妻子羲和生下了10个太阳(《山海经·大荒南经》),后来10个太阳乱了秩序,危害到人。尧帝命令后羿去射杀它们(《淮南子·本经训》)。这些传说中的神和神、人和神的矛盾,实际上反映的是人和人的矛盾。对天和太阳的迷信及祭祀逐步演变为服务于帝王统治的活动。此外还有多个月亮的传说。帝俊的另一个妻子常羲就生下了12个月亮(《山海经·大荒南经》)。10日和12月的传说,可能和古代的计时和历法相关,但都被赋予了人格的色彩。后来,相继出现了雨神、风神、雷神、电神、云神、火神、泽神、虹神、雪神、山神、地神、河神、水神等众神,还出现了农神。神和神的职能慢慢从天上降到地下,神的性别也有了区分,意义融会贯通于人的生产和生活。龙、凤、麟、龟等动物神的出现,伴随着原始的图腾崇拜。这反映了古人随着生产和生活的进步,逐步拓展和深化了对各种自然物的认识。各种自然力量在古人的心理和意识中可能以扭曲的方式得到反映,是人类思维进步不可缺失的历史阶段和认识形式。神的形象又和动物及植物相联系,雨神、雷神、泽神联系着龙的传说,风神联系着神禽、神兽及月神的传说,丰富了神的形象、神的性格和神的世界。神之间的交往又加入了等级关系和矛盾斗争,需要由"帝"及其所统领的一套神的系统来进行统治和管理,神的世界又进一步折射出人类世界的现实。这些内容后来渐渐融进了中国的道教文化。

再来说第二个方面,人对生殖的崇拜和对丧葬的寄托也是宗教发生和演变过程中的重要内容。生殖崇拜是原始社会普遍流行的一种类似宗教仪式的习俗。古代社会生产工具不发达,人口是最直接的生产力。人丁兴旺是事业发达、生活幸福的基本保障。期盼人口增加是产生生殖崇拜的直接原因。生殖崇拜的主要活动是赞美和向往生物界的繁殖能力。主要形式,是崇拜包括生殖器、乳房、臀部等与生殖直接相关的器官。《老子》中有"谷神不死,是为玄牝,玄牝之门,是为天地根,绵绵若存,用之不勤"(《道德经》第六章)的记述。玄牝的本意,就是女性的生殖器官。古人既看到女人生产的玄妙和美满,又看到这种生产的艰难、痛苦和危险,不能完全理解和把握,于是以生殖崇拜来寄托和表达自己祝福亲人及趋利避害的愿望。早期神话中的伟大母亲多有处女,女娲团土做人不说了,商祖简狄吞了玄鸟卵而生契,周祖姜嫄踩上巨人脚印而生弃,都是处女做母亲,《圣经》中的圣母玛丽亚也是一位处女。这是母系氏族社会"只知有母、不知有父"的另类写照。后来还有了专门司掌生殖的神。古希腊和古罗马的生殖神是普里阿帕斯,其形象很夸张地展现雄性生殖器官。这是人们发现男性在生育中的作用之后的事情。农业社会中人们把男女双方在生育过程中的分工,形象地比喻为种子和土地。在中国,人们在生殖崇拜中比较中庸,比较尊崇土地,这里的生殖神是送子娘娘。

有生就有死,生老病死是人情之常、理数之常。对丧葬的重视及由此产生的丧葬仪式,是与古人产生某种灵魂不死的观念相关的。考古发掘证实,山顶洞人埋葬死人已经有了自己的规矩和习俗。他们给逝者带上各种石制、骨制、牙制的随葬品,并在四围撒上红色的铁矿石粉粒;这种丧葬文化说明,他们已经有了某种灵魂不死的观念。灵魂不死的观念是最早的宗教思维内容,丧葬活动中随葬品的出现则是最早的宗教活动形式。古人面对不可抗拒的死亡,内心是很茫然的。他们不懂得人的精神活动要依赖于人的机体活动,受到梦的影响,会认为人死之后灵魂继续活动,因而灵魂本身是独立存在并且是不死的(《马克思恩格斯选集》(第4卷).北京:人民出版社,1972,P.219.)那时的人们与其说是畏惧死亡,其实是更加畏惧人死亡后灵魂不能安息,畏惧亡灵还会回来干扰生者的生活。今天的人们从感情上说可能会希望灵魂不死,而早期的人却是从精神上敬畏灵魂不死。围绕灵魂不死及灵魂对外部世界的关系问题而展开的宗教活动,还会发生鬼神崇拜和祖先崇拜。借助原始的宗教活动形式,人类思维实现了一次质的飞跃。对于生命周期较短,活动范围较小的古人来说,相信灵魂可以离开身体在更广大的时间和空间中活动,无疑能激发他们的进一步想象,并反过来使他们不断拓展自己的现实眼界。

对神的崇拜及占卜和巫术,是原始宗教活动的主要形式。占卜和巫术起源于对生产和生活的观察和相关的经验积累。中国古代有"巫医不分"的说法，孔子讲过："人而无恒，不可以做巫医。"(《论语·子路》)可见，不仅巫术和医术有着相通的起源，而且说明无论做医还是做巫都需要持久认真的态度。现代人多持这样的观点：医是科学的，巫是不科学的；其实科学是从巫医不分的状态中分离出来了。如果以不科学的态度对待"医"，"医"也可能是有害的；而以科学的态度对待看"巫"，"巫"也可以是无害的。古人得了病，无法可想，求助于巫医。巫医有救人的愿望，却不知道救人的方法，于是胡乱对付些方法，如，吃药、针灸、推拿等，有些竟然见了好的效果，于是继续使用下去，而那些具有心理暗示的方法也并未完全排除，二者交织在一起，致使古代中国医和巫的分离总是不彻底。中医的哲学是关于"没有治不了的病"和"没有死不了的人"的对立统一，所以病人只要一息尚存，它便能有办法。其中除了科学，似乎总有些巫的味道，但由此生发的愿景是病人及其家属所需要的。原始宗教也有这种意味。它们也在描述愿景。这些愿景从一个侧面不断推动着人们的原始思维活动及其实践活动。随着占卜活动的发展和成熟，预测未来日益成为生活的需要和习惯，占星、占骨、占动植物，以及预卜吉凶的活动有了比较系统的发展。当人们把这种占卜活动和自己对于气象、建筑、耕作、狩猎、饮食、医疗、教育、旅行、祭祀、战争的预测联系起来的时候，占卜的形式也就日益被活生生的实践活动所冲破，而向着活生生的思维活动转化。起初，客观世界和人的精神世界的规律是通过占卜的形式被把握的，但是随着生产和生活的进步，思维活动及其形式本身的成熟，必然冲破占卜活动的束缚。而占卜活动长年积累下来的某些逻辑形式和规则，也为思维进一步的发展提供了适宜的养分。《周易》就是这种情况的典型代表。我们将在本章的第三节专门论述。

第三节 殷周时期的思想源流

中国的奴隶制，大体从公元前21世纪的夏代起，经过殷商，到西周进入鼎盛阶段，以后逐渐衰败，至春秋战国之交而逐渐淡出历史，为封建社会所取代。中国是在铁器尚未出现，商品经济尚未发展，以氏族公社的血缘关系为纽带，借助农牧业及手工业生产的发展而进入奴隶制社会的。这种奴隶制社会具有浓厚的宗族色彩。反映这种社会性质和状况的思想意识，也有其相应的内容和形式。

一、殷周时期的社会状况

中国古代殷周时期究竟是什么样的社会性质？这个问题一直存在争议,至今未有一个公认的结论。一种观点认为,殷周时期的中国社会性质是封建制的,这个封建制,是指建立诸侯封国,实行采邑制度,而不同于秦以后的封建社会。另一种观点认为,这一时期中国的社会性质是奴隶制的。本书赞同这一时期中国社会的性质是奴隶制的观点,但不否认建诸侯封国和实行采邑制度是中国奴隶制度的基本社会形式。

古代中国已是一个幅员辽阔、部族林立的国度。华夏民族的形成,是以各个氏族部落发展不平衡为基础的民族融合和凝聚的过程。"禹之时,天下万国;至于汤,而三千余国"(《吕氏春秋·国民》)。氏族部落数量的减少,正是社会融合与凝聚的结果。部族首领的权利随着剩余产品的增加而扩大,需要并可以对部族普通成员实行强制性的管理和统治;强大部族对弱小部族的战争和掠夺,使战俘有可能转化为奴隶;统治阶级通过血缘纽带而分封构建众多的诸侯国,成为实行宗族统治的基础。军队有了国家常备军的建制和规模,刑法和监狱的系统逐步完备和发达,官吏和官制日益繁多。

这些情况在商王朝时期已经成为普遍现象。盘庚迁殷后,商又称殷。武丁实行嫡长子继承制,进一步完善了奴隶制基础上的宗法制,加强了宗族统治的政治基础。古代传说中的"禅让"从此成为现实政治传承秩序的反面,成为政治阴谋的遮羞布。关于三皇五帝传说中的血缘继承谱系,到商王朝时期有了切实的对应。殷商时期的人尤其是其统治者十分迷信,重视敬奉鬼神。他们思想文化中保留了较多的原始宗教的内容。公元前12世纪末,商王朝国力衰败,周武王抓住商王朝军队的主力在对东夷作战的机会,起兵攻击其首都朝歌,灭了商朝,建立了周朝,史称西周。中国的奴隶制在西周进入全盛时期。西周统治者仍然利用宗族关系实行统治,但他们吸取了商王朝失败的教训,对统治阶级的行为有所约束。周礼提出了"以德配天"、"敬天法祖"的主张,用"祖先崇拜"取代了商王朝的"鬼神崇拜",通过祖先崇拜,以强化以宗族和血缘为纽带的政治统治。按照周礼,周天子既是全国的最高统治者,又是全族的最大宗族长。他利用宗族血缘纽带,按父权家长制的辈分分田制禄官分职,确立以宗族血统关系来"受民受疆土"。甚至对被征服的殷族,也让大小宗族长"率其宗氏",实行宗族统治。这样,家规支撑国法,族权巩固王权,血缘关系渗透到统治与被统治、征服与被征服的关系中间,掩盖并缓和了社会矛盾,从而使西周王朝的统治得以长久。公元前8世纪,周平王迁都洛阳,史称东周。东周前期(公元前770年—前476年)是为春秋,后期(公元前475年—前221年)是为战国。到了春秋晚期和战国初期,铁器和牛耕开始广泛采用,农业生产力大为提高,引起土地所有制由完全为奴隶主占有变为部分为新兴地主阶级和农民阶级占有,封建生产关系开始萌芽。新兴地主阶级利用奴隶和平民的力量,与奴隶主贵族进行激烈的政治斗争,运用夺取的权力不断巩固和发展封建的生产关系,促使奴隶主占有制日益瓦解,推动了中国社会由奴隶制向封建制的过渡。

二、殷周时期思想源流简说

在我国宗族奴隶制社会中,反映宗法制度和宗法思想的"礼",成为思想把握的中心和思想斗争的焦点。尊礼与反礼的政治斗争,往往反映为尊天命与反天命、法先王与法后王等一系列哲学斗争。这样,围绕宗法传统展开了古今、礼法之争与天人、名实之辩,萌发了无神论与有神论、唯物论与唯心论、辩证法与形而上学的斗争;而天与人、神与民、和与同、一与两、因与革、古与今等哲学问题的争论,也在特定的宗法传统的基础上逐步展开,表现出了中国古代哲学的鲜明特色。在奴隶社会中,奴隶主除使用暴力外,还利用宗教进行统治。夏朝的统治者就制造"有夏服(受)天命"(《尚书·召诰》)神话来巩固统治;禹还"致孝乎鬼神"(《论语·泰伯》),利用鬼神迷信进行统治。商朝统治者则宣称"帝立子生商"(《诗经·商颂》),商王是"天子",百姓绝对不能违抗。殷墟甲骨文中有关用宗教加强统治的记载比比皆是。如,"帝令其雨""帝其降堇(谨)""伐邛方,帝受我又""王封建邑,帝若(诺)"等等。总之,风雨变化、年成好坏、战争胜负、筑城吉凶等,都由上帝的意志决定,人的一切言行都要请示上帝。西周统治者还用宗教为自己灭商的合理性作论证:"非我小国,敢弋殷命,惟天不畀。"(《尚书·多士》)迫于社会下层人民的力量,统治者不得不对"天"作出某些修正。如,周公提出"天惟时求民主"(《尚书·多方》)、"民之所欲,天必从之"(《左传》引《尚书·泰誓》)、"天视自我民视,天听自我民听"(《孟子》引《泰誓》),甚至提出要"以德配天",只有"保民"才能"享天之命"(《尚书·多方》)的论断。随着社会矛盾的激化,出现了反对奴隶主贵族的思想。《诗圣》中的《硕鼠》、《伐檀》、《节南山》等篇章,对统治者进行了愤怒的诅咒。随着地上奴隶主权威的动摇,其折射出的"上帝"的权威也开始动摇,出现了反对上帝的无神论思想。《诗经》中"上帝板板,下民卒瘅"(《大雅·板》)、"不弔昊天,乱靡有定"(《小雅·节南山》)之类的诅咒比比皆是,甚至把"天"骂作"蟊贼蟊疾"(《大雅·瞻卬》)。《左传》中明确提出了重民轻神思想,诸如"夫民,神之主也,是以圣王先成民而后致力于神"(《左传·桓公六年》),"天道远,人道迩,非所及"(《左传·昭公十八年》),"国将兴,听于民,将亡,听于神"(《左传·庄公三十二年》),甚至直截了当地提出神"依人而行"(同上)、"吉凶由人"等观点(《左传·僖公十六年》)。这种无神论思想既打击了宗教神学,也为朴素唯物主义思想的提出开辟了道路。

随着生产斗争和科学技术的发展,朴素唯物主义思想开始萌芽。这在《国语》《左传》中有明显的反映。周幽王二年(公元前782年),陕西发生地震,伯阳父用阴阳二气相互排斥和消长的原理解释地震的原因。他说:"阳伏而不能出,阴迫而不能烝,于是有地震。"(《国语·周语》)周太史史伯提出了"和实生物,同则不继",断言"先王以土与金、木、水、火杂以成百物"(《国语·郑语》),提出了金、木、水、火、土"五行"是构成世界万物的基本元素。《尚书·洪范》对"五行"及其特性作了说明。解释《尚书》的《尚书大传》则断言:"五行"构成世界万物基本元素的思想,早在公元前12—前11世纪周武王伐纣时,已成为一般"士卒"的常识。指出:"武王伐纣,至于离郊,停止宿夜。"士卒皆欢乐达旦,前歌后舞,假子上下,咸曰:"孜孜无怠。水火者,百姓之所饮食也;金木者,百姓之所兴生也;土者,万物之所资生,是为人用。"上述思想,尽管还很粗糙,但它坚持从自然界本身去说明自然界,显然是唯物主义的。这比古希腊第一个哲学家泰勒斯断言水是世界万物的本原要早5个世纪。比断言地、水、风、火"四大"是世界万物本原的印度顺世派要早6~7个世纪。

与朴素唯物主义思想萌芽的同时,出现了朴素辩证法思想的萌芽。《诗经》中已有"高岸为谷,深谷为陵"、"天命靡常"的发展变化观点。《周易》在神秘主义外衣下包含着阴阳对立、物极必反的朴素辩证法思想。春秋时齐国大夫晏婴说:"君所谓可,而有否焉,臣献其否,以成其可。君所谓否,而有可焉,臣献其可,以去其否。"(《左传·昭公二十年》)把"可"与"否"两种对立的意见,看作是相济相成的。春秋时晋国太史史墨提出"物生有两"、"各有妃耦"的观点,认为"两"与"耦"即对立面是能够转化的。由此出发,他断言"社稷无常奉,君臣无常位"。这是"自古以然"的"天之道"(《左传·昭公三十二年》)。《孙子兵法》中,关于以奇正相生、奇正转化为核心的军事辩证法思想,不仅在当时极其可贵,至今仍有现实意义。这些辩证法思想,尽管是朴素的,但其中矛盾对立和转化的思想,已接触到自然和社会发展规律的问题,对理论思维及其方法论的发展产生了巨大影响。

总之,我国宗族奴隶制社会的哲学思想,随着生产斗争、科学实验、阶级斗争的发展,经历了从自发宗教到人为宗教的天命又论,经过诗人的怀疑,产生出反天命的无神论思想,进而从宗教中分离出作为理性思维的哲学,发展成为阴阳、五行的朴素唯物主义思想和辩证法思想,中经史伯的"和实生物"(《国语·郑语》)、史墨的"物生有两"(《左传·昭公三十二年》),直至孔子和儒家的"过犹不及"(《论语·先进》)、"执两用中"(《礼记·中庸》)、老子的"反者道之动"(《道德经》第四十章)的矛盾转化论。这种认识的前进运动,正是我国宗族奴隶制由形成、兴盛、衰落,并由奴隶制向封建制转化的历史进程在意识形态领域中的反映。

三、《易》的思想

《易》是一部记录和解析中国古代占卜思想及方法的书。其著作年代大约在西周中期,也有人认为应在殷周之际,但不是一部个人完成的著作,是经过多人之手编纂而成的。它的成书有着一个漫长的过程,经历了广泛、丰厚、深湛的历史积淀,在形式与内容、现实与历史、功能与精髓、迷信与科学、官方与民间等多方面的矛盾斗争中不断地超越占卜的局限,最后形成了深刻、丰富、开放的思想体系,是阐述中国古代辩证思想的奇书。需要说明,关于八卦、《易》的创造者、系辞、爻辞,以及《易传》的作者、成书的年代,一直存在争论,说法不一。关于历史事实的争论总是离不开观点和方法的争论。《系辞下》说:"古者包牺(即伏羲)氏之王天下也。仰则观象于天,俯则观法于地,观鸟兽之文,与地之宜,近取诸身,远取诸物,于是始作八卦,以通神明之德,以类万物之情。"又说:"易之兴也,其于中古乎。作易者其有忧患乎。"《说卦》说:"昔者圣人之作易也,幽赞于神明而生蓍。参天两地而倚数,观变于阴阳而立卦。"这几段文字,比较清楚地勾勒出作者创立《易》的缘由和用意,说明了八卦对应的对象、内容及其操作中天人合一的基本思想。但这些论述中也有不可信之处,八卦中的占筮方法应该很早就出现了,但这种占筮方法原本的内容和目的,与《周易》在长期演变中逐渐发展和成熟的完整体系,及其内容的整体性、方法的辩证性明显存在时间上的差异,不可能是某个圣人一人一时创造出来的。有人说《十翼》是孔子之作,这是很可疑的。如果在老子和孔子之前,有人已经作出了"形而上者之谓道,形而下者之谓器"的哲学概括,那么,老子的道论和孔子的仁学与之相比都显得零散和不成体系,思想的历史将会重写;然而事实并非如此。《十翼》的成熟应为战国时期或者更晚。《易传》将《易》的整体内容说成由远古的神圣发明创造,是为了增加它的神秘感,以此来扩大其影响。

《易》的出现和成熟,标志着中国古代思想系统地升华到理论思维的层面,影响中国近3000年。《易》又被称为《周易》、《易经》,居六经之首。"周"有三重含义:一是指西周的时代、社会和王政,即以"周"冠名,说明成书的时代;二是指《周易》理论体系的整体性、系统性、开放性,有周遍、周全、无所不包及井然有序的意思;三是指这一理论体系的变化和发展,即它们始终处于周流、变迁的状态。"易"也有三种含义:一是不易;二是变易;三是简易。如果借助现代的哲学术语作一简捷的说明:"不易",是指事物及人的客观规律、活动规律;"变易",是指事物、对象的发展及人自觉作出的能动跟进;"简易",是指人的实践和理论活动的一致及适宜的状态。易的这三种含义也揭示了"然"、"所以然"和"所当然"的辩证关系。"周"和"易"两方面的规定具有相容互补性,基本概括了《易经》一书的基本观点和基本方法。《易经》包括《经》和《传》两个部分。《经》,由卦图和卦辞、爻辞构成。《易传》由《象》上下、《象》上下、《文言》、《系辞》上下、《说卦》、《序卦》、《杂卦》等十篇构成,也称《十翼》。《易》模拟、把握宇宙的逻辑起点是阴阳两仪、卦爻象象等矛盾关系,其体系宏大简明。在《易》的体系中,人要把握的对象是天地万物,简称为"物";人的自身活动简称为"务",隐匿于万事万物之中的规律叫作"道"。其中为人把握的叫作"数","物"及"道"对人及人的活动的作用及影响叫作"象",与人的合理需要相顺的"务"就是"吉",相逆的"务"就是"凶"。要用有限和有效的符号表现无限的宇宙和充满变化的"物"和"务",就创造出了表示阳性事物的符号"—",和表示阴性事物的符号"--",按照一定规律组合起来就是卦,以达到"卦爻象象之义备而天地万物之情见"(朱熹.周易本义·周易序)的体系目标。

《易》的卦图是由阳爻—和阴爻--组合而成的。根据《已经》的规则,阳爻—和阴爻--从单独的爻,经过自身重叠组合及交叉重叠组合就合成了四象。四象分别同一个阳爻或阴爻组合就合成了三个爻,每三个爻组成一个单卦,即少成卦图。单卦有八个:☰、☱、☲、☳、☴、☵、☶、☷,即乾、兑、离、震、巽、坎、艮、坤。将两个单卦重叠起来就是重卦,即大成卦图,可得六十四卦。这就是《易传》所说的"易有太极,是生两仪,两仪生四象,四象生八卦,八卦定吉凶,吉凶生大业。"由阳爻和阴爻到二者的重合,由单卦到重卦,再由六十四卦和三百八十四个爻构成一个庞大的占卜系统,是一个由简单到复杂的过程,它既反映了《易》成卦的逻辑进程,也反映了古人占卜历史演变的真实过程。

在一个重卦中,居于下面的单卦称为内卦,也叫下卦,居于上面的单卦称为外卦,也叫上卦。大成卦图从"乾"☰卦开始,到"未济"☲卦终结,共64卦。每卦先列卦形,次列卦名,再列卦辞。如☰为其卦形,乾为其卦名,元亨利贞为其卦辞。爻是卦的符号,每卦有"六爻",共计384爻。每爻又有爻辞,由于乾卦和坤卦地位特殊,比较他卦多一爻辞,所以64卦共有386个爻辞。每一爻或阳或阴,其质的规定不同,"六爻"之中,阳爻称九,阴爻称六,取后天成数中九最大、六最小之意。6个爻分别居于不同的位置,有量的差异。"六爻"由下向上排序,第一称为"初",第六称为"上",中间为二、三、四、五。每一爻都是质和量的统一,排位第一的爻若为阴爻,即为"初六",排位第六的爻若为阳爻,即为上九,而排位第二的爻若为阳爻,即为九二,以此类推。试以震和未济两卦为例,震由☳卦重叠而成,其构成即为初九、六二、六三、九四、六五、上六;未济由☵和☲重叠而成,其构成为初六、九二、六三、九四、六五、上九。正是这套有序的系统撑起了《易》中的六十四个卦辞和三百八十六个爻辞。

使用这套系统进行卜筮,给了掌管这项活动的巫觋、卜史以极大的方便和自由。这种自由具有两重性。第一,它扩大了运用这套系统来推断吉凶的人们的发言权。运用六十四卦的不同兆象,结合不同的占卜领域及求解的问题,分别规定吉凶祸福,应对一般情况是足以适用的。但是,随着社会进步及求卜者的知识水平和判断能力的提高,单是对照六十四卦来断吉凶可能会使占卜者陷入自相矛盾,面临困难和尴尬的境地。倘使每一卦都富于变化,进而每一爻也富于变化,可以使占卜者获得充分的回旋余地,使他们能够通过引入新的条件来解释占卜中的矛盾和问题。例如,师卦,由下卦☵和上卦☷重叠组合而成,卦辞是"师贞,丈人吉,无咎。"是吉卦。但爻辞里却列出了几种相反的可能:"初六,师出以律,否藏凶。"即"兵出必以律,不然,其师虽壮亦凶。""六三,师或舆尸,凶。"即"战败卒死,载尸而还,是凶也。""六五,田有禽,利执言,无咎,长子师师,弟子舆尸,贞凶。"即"长子为主将,而次子丧其军,是用其亲以致败绩也,是凶也。"(高亨.周易古经今注.北京:中华书局,1984,3,P.180.)一个吉卦的六个爻辞中有三个列出了与吉相反的可能,参天两地,吉凶各半,大大丰富了占卜者随心所欲和无往而不胜的条件。

第二,它符合客观辩证法和人的理论思维规律。坚持事物的运动变化,是《易》一书的基本观点。《易》为通过占卜达到预测天时、人事吉凶变化的目的,着重研究了事物运动变化的规律。事物都是具有两面性的,其发展过程包含着多种不确定性。《系辞下》说:《易》之"为道也屡迁,变动不居,周流六虚,上下无常,刚柔相易,不可为典要,唯变所适。""六虚",指阴阳六爻的地位。每卦各有六爻,因其往来变动不定,故称爻位为虚位。"爻"字本身就有"变动不居"、"阴阳不测"的意思:"爻者言乎变者也"(《易·系辞上》)。"爻"又有效法之义,即效法自然界的变化无穷,"爻也者效天下之动者也"(《易·系辞下》)。在各卦的爻位中,改动其中的一爻或数爻,便变成了另一卦,意义完全不同,牵一爻而动全卦,"动则变化"是卦的基本特征。这样,由卦辞集中说明事物过程的整体性、普遍性、必然性,由爻辞尽可能广泛地说明其典型性、特殊性和各种偶然性,以典型性、特殊性、偶然性来补充对整体性、普遍性、必然性的说明。例如,前面所引师卦的卦辞和爻辞,就是在通过说明可能成为现实性的偶然性,来加深对必然性的说明。这就是隐藏在《易经》中《经》和《传》、卦辞和爻辞之间的辩证关系。在这种认识和思想的影响和作用下,依据《易》而对事物作出的预测,就可能在一定范围及程度上符合客观实际。更重要的是,《易》中关于事物不断变化的思想,从根源上说是对客观事物及其规律的概括和总结,是以朴素唯物主义的世界观和方法论为基础的。《易传》中含有从事物本身出发去认识事物的思想,如,"有天地,然后万物生焉。盈天地之间者唯万物。"(《易传·序卦》)"仰则观象于天,俯则观法于地。"(《易·系辞下》)天地万物具有客观性,这是认识的客观基础,人要在这个基础上探究认识的对象和规则。《易经》是占卜学说,但其中的朴素唯物论及其认识论和辩证法思想,包含着超越占卜学说框架的束缚,演变为一种哲学体系的趋势和可能。

《易经》以开放而既定的体系来模拟表现无限宇宙的无限之变,以内在的矛盾关系来演绎和预测事物的变化和发展,以此启发和开掘人的认识能力,因而在本质上具有哲学著作的意义。《易经》除具有天地生万物,万物盈天地的鲜明的唯物论倾向外,还肯定事物的变化,重视人们在社会生活中"日新"与"变通"的必要性。指出:"日新之谓盛德,生生之谓易";"天地之大德曰生"(《易·系辞下》)。肯定了新陈代谢是自然和社会的普遍法则。又说:"一阖一辟谓之变,往来不穷谓之通";"化而裁之谓之变,推而行之谓之通";"变通者趣(趋)时者也"(同上),肯定"变通"是合乎时代潮流和客观趋势的。又说:"天地革而四时成,汤武革命,顺乎天而应乎人"(《周易·象辞·革》)。"革",指变革、变化。天地发生变革,才有一年四季的形成;商汤革夏桀的命,周武革殷纣的命,都顺应了天和人的变革要求。《易传》在2000多年前第一次提出"革命"这一概念,在中国思想史上有着重要意义。

《易经》认为事物运动变化的动力,是一切运动变化的根源,是阴阳刚柔等对立面的相互作用,从而估计到了事物变化的根本原因在于事物内在的矛盾。《易传》指出"刚柔相推而生变化","一阴一阳之谓道"(《系辞上》)。毛泽东把这个思想称为"古代的两点论"。"中国古人讲,'一阴一阳之谓道'。不能只有阴没有阳,或者只有阳没有阴。这是古代的两点论。"(毛泽东·毛泽东选集〈第5卷〉P.320.)《易经》体系具有神秘主义的色彩,但其精华是其关于矛盾的学说,特别是关于矛盾普遍性和特殊性的论述。《周易》从一开始,就用"--""—"作为象征阴阳谓对立面的基本符号,称之为爻。三爻相重成为八卦,八卦相重变成六十四卦。八卦是四对矛盾天与地、雷与风、水与火、山与泽,对立的形态;六十四卦则是三十二对矛盾对立的形态,此外,卦与卦之间,爻与爻之间,无不矛盾重重。画卦重卦的过程,就是矛盾对立不断展开的过程,而《易传》对《易经》所作的各项解释,正是自发地环绕对立统一规律进行的。立足于事物有矛盾就有变化的基本观点,《周易》作者判断卦象吉凶,首先是看两个八卦所处的位置能否起交感作用,即是否真的构成一对矛盾,构成矛盾而相互交感的是吉卦,否则就是凶卦。比如,泰(☷)卦,地在上,天在下,地象征阴气,阴气是下降的;天象正阳气,阳气是上升的。这里阳升阴降发生了矛盾和交感,所以该卦是吉卦。泰就是通顺、顺利。与此相反,否(☰)卦,天在上,地在下,不发生矛盾,不起交感作用,所以否卦是凶卦,凶民是不通顺、不吉利。又如,既济(☲)卦,是吉卦,因为水性润下而居上位,火性炎上而居下位,水火交感而生变化,卦名既济,就是顺利、成功。既济卦的反面是未济(☵)卦,火在上水在下,两者不起交感作用,卦名未济,就是不顺利、不成功。吉凶问卦的迷信思想和交感变化的辩证观点交错在一起,正是整部《周易》的又一个鲜明特征。

  《易传》作者还猜测到事物矛盾转化的原理,承认任何事物的矛盾双方,根据一定条件向其对立面转化。这种转化不仅表现在一个卦内,也表现在卦与卦之间。六十四卦几乎形成一连串相互转化的序列。所谓"泰者,通也。物不可以终通,故受之以否;物不可以终否,故受之以同人,……有过物者必既济,故受之以既济,物不可穷也,故受之以未济终焉。"(《序卦传》)说明泰和否、既济和未济以及其他对立的卦,都是可以相互转化的。这种转化是"不可穷"的。《周易》把"未济"作为全部卦象的终结,是有深刻含义的。此外,《易传》中关于"物穷则变"、"物极必反"、"否极泰来"等,都是讲通过对立面的斗争达到对立双方的转化,这在中国哲学史上具有重要意义。特别是《易传》强调在事物对立面的转化中,刚强的一面起决定性的作用。它说:"天行健,君子以自强不息。"(《象传·乾》)这"自强不息"构成了中华民族民族精神的重要内容。

  《易传》认为,事物的变化都从微小的变化开始,通过逐渐积累,形成巨大的变化。指出:"善不积,不足以成名;恶不积,不足以灭身。小人以小善为无益而弗为也,以小恶为无伤而弗去也,故恶积而不可掩,罪大而不可解。"(《系辞下》)又说:"积善之家,必有余庆;积不善之家,必有余殃。臣弑其君,子弑其父,非一朝一夕之故,其所由来者渐矣。"(《文言·坤》)"积"与"渐"两个概念,说明任何事物的变化都有一个渐进、积累的过程。因此,它要求"君子见几而作,不俟终日"(《系辞下》),看到任何一点微小的变化,就要立即行动,不要等一天都过去了再去行动。据此,他们提醒刚刚取得政权的地主阶级要"防微杜渐",小问题要及时处理,免得闹成大乱子,不可收拾。指出:"危者,安其位者也;亡者,保其存者也;乱者,有其治者也。是故君子安而不忘危,存而不忘亡,治而不忘乱,是以身安而国家可保也。"

（同上）这样，才能防止地主阶级与农民阶级之间地位的转化，避免亡国丧身。

《易传》中的辩证法思想，反映了当时"天下同归而殊途，一而百虑"（《系辞下》）的政治局面。由于地主阶级的局限性，《易传》中关于变化、发展的说法，大部分是抽象、神秘的，只有一部分具有朴素辩证法的性质。即使这些思想，也因受唯心主义、神秘主义体系的桎梏而最终陷入形而上学。如《系辞》开宗明义："天尊地卑，乾坤定矣；卑高以陈，贵贱位矣；动静有常，刚柔断矣；方以类聚，物以群分，吉凶生矣。"把封建社会中尊卑贵贱的等级秩序，说成是永恒的法则，这就是形而上学。类似言论在《易传》中有很多。如，"易无思也，无为也，寂然不动，感而遂通天下之故。"（《系辞上》）"易，穷则变，变则通，通则久"（《系辞下》），"天地之道，恒久而不已"（《象辞·恒》）等，都是对变化发展思想的否定。不仅如此，就是发展变化的辩证法思想，最终也被归结为"终则有始"（同上）"无往不复"（《象辞·复》）的循环论。希望自己的统治能够"不动"、"恒久"的政治要求，使刚刚掌权的地主阶级不能不陷入形而上学。

第三章　先秦显学

第一节　老子的道论思想

老子的思想在中国哲学史上占有极其重要的位置,但老子又是春秋时代大思想家中争议最多的一个人。这些争论主要围绕三个问题展开:第一,先秦时代有没有一个写过《老子》的老子;第二,老子的思想究竟是唯物主义的,还是唯心主义的;第三,老子的思想代表着哪一个阶级的利益和意志。这些争论虽然至今未有定论,但却非常有意义。顺着这三个问题分析老子,有助于概括老子的全貌。第一个问题,是分析老子生平事迹的相关问题,这有助于概括老子其人、其书及其道论的历史面貌。第二个问题,是分析老子思想的性质,这有助于认识其思想的精华和糟粕。第三个问题,是分析老子的阶级属性,这有助于从历史,特别是从思想史发展规律的高度,全面认识老子各个方面的思想及其历史价值。

一、老子的生平和《老子》及其道论

据《史记》记载,老子,亦称老聃、李耳,春秋时楚国人,做过周王朝的柱下史,约长孔子 20 岁,孔子曾向他求教过礼的问题。后来他脱离周王朝,西出函谷关前写下了《老子》上下篇,阐述了道论的思想。有人对此提出怀疑,认为不是这样的;而本书认为是这样的。理由有三:

第一,先秦流行的典籍如《老子》、《荀子》、《韩非子》、《吕氏春秋》、《墨子》逸文中均未怀疑老子其人同其书的关系,韩非子还以《解老》、《喻老》来述评老子及其著作。上述儒、道、墨、法、杂各派人士及著作所分别记述和描绘的老子思想风貌也大致相同。

第二,司马迁在《史记·老庄申韩列传》中所记述的老子生平事迹,是可信的;若没有确切的反证材料,也是无法否定的。

第三,先秦的典籍存在作者自己动手写出的情况。断言孔子之前没有私人著

书的情况,根据不足。司马迁说:"西伯拘而演《周易》;仲尼厄而作《春秋》。"如果斯言可信,孔子之前已有人著书。又说:"屈原放逐,乃赋《离骚》;左丘失明,厥有《国语》;孙子膑脚,《兵法》修列;韩非囚秦,《说难》、《孤愤》;不韦迁蜀,世传《吕览》。"(《史记·太史公自序》)诗是个性的,《离骚》出自屈原的手笔,应该没有疑问。韩非在监狱里写《说难》、《孤愤》,无人代劳,只有自己动手。而《吕氏春秋》是吕不韦组织其门徒完成的。《周易》和《春秋》可能烙着文王和孔子的思想印记,但未必是冠名者所写。先秦典籍多为冠名者的门徒结集而成,如,《论语》就是孔子门徒结集而成的。《周易》的形成过程持续了数百年,因此其中的思想大多不是周文王的专利。而保留在儒家典籍中的孔子的言论和思想,即使不是孔子执笔所写,其思想基础和学说体系也是由孔子所奠定和创立的。对待老子其人、其书及其道论,也应运用这样的方法。《老子》一书的基本思想是老子的,但可能存在一些后人补充进去的内容。

二、老子的思想是唯物论的还是唯心论的

《老子》中有两个突出的特点:第一个,是反对西周以来流行的天命鬼神观念;第二个是反对剥削和平均主义的思想。老子思想中的朴素唯物主义倾向就渗透在他的反对天命鬼神、反对剥削和平均主义的思想中间。朴素唯物主义是带有世界观性质的思想,如果有某些朴素唯物论的观点,但达不到世界观的高度,其思想还谈不上朴素唯物主义的高度。老子的道论主要讲什么是宇宙万物生成变化的自然规律,人要怎样认识这些规律,也讲人如何根据这些规律生活和活动,概括了丰富的内容,具有世界观的属性。可是,老子的思想在整体层面的表述并不是很清楚,这就给对其思想作唯物主义抑或是唯心主义的性质判别造成了困难。

《老子》的核心概念是"道",但这个道还没有达到"形而上者之谓道,形而下者之谓器"(《周易·系辞传上》)的理论高度。道在《老子》中出现过七十四次,其每一处的直接含义基本上说清楚了,但连贯起来的表述却缺少一以贯之的流畅,说得并不清楚。老子对于道,既用作概括各种具体事物和关系的一般,又用来表示不同程度的事物和关系,有时还用其他概念来代指"道",使道出现了歧义和含混。这种不清楚并不影响道的基本属性,但影响了对道的本质进行判别。老子的道既有一般意义上的通用,也有个别意义上的混用,说明他的理论还不够成熟。这种不成熟中存在两种情况:第一,说得清楚和说得不清楚,这是从读者角度来看作者表述的结果和后果。第二,可能说清楚和不可能说清楚,这是看作者所处的历史条件和可能达到的程度。《老子》中对于道的论述就存在上述两种情况,还交织着说得清楚

及可能说清楚同说得不清楚及不可能说清楚的复合关系。

老子说:"道,可道,非恒道;名,可名,非恒名。"(《道德经》第一章,本节以下引《道德经》只注章数)这里有三个分别对应着三个名的道,第一个近似于事物、对象意义上的道;第二个近似于认识、逻辑意义上的道;第三个近似于无限、一般意义上的道。又说:"道之为物,惟恍惟惚,恍兮惚兮,其中有象;恍兮惚兮,其中有物;窈兮冥兮,其中有精;其精甚真,其中有信。"(第二十一章)这是说,道这种东西,是现象和本质的统一。其现象的恍惚属性和其本质的精真属性,都是道的自然规定,但这种规定不是天命鬼神的附庸。如此理解是否是老子的本意,要看老子所处的历史条件及其可能达到的思想高度。在老子生活的春秋时代,天命鬼神的观念既是居统治地位的正统观念,又是统摄所有事物、关系及观念的一般观念。一切具体事物和关系产生的根源和变化发展的原因,无不系于天命鬼神。"帝令其雨","帝立子生商","王封建邑,帝若","非我小国敢弋殷命,惟天不畀"(《尚书·多士》),"享天之命","以德配天"。从自然界的刮风和下雨,王室的生子和建城,直至周人通过暴力取代殷人的统治,生活中的一切都决定于天命鬼神的意志和力量。随着历史的进步,这种状况被逐渐打破。老子试图用"道"的观念来取代"天命"和"鬼神"的观念,他第一个提出了"以道莅天下,其鬼不神"的命题,意在反对当时占统治地位的天命鬼神观。那时的人们还不可能提出标志"物质一般"的哲学概念来反对天命鬼神的观念,抑或是提出类似"绝对精神"的哲学概念来升华天命鬼神的观念。在这种情况下,用道的概念来反对旧有的天命鬼神观念,其合理的出发点应当包含着两个方面的内容:一是用道说明宇宙中本来就没有什么天命鬼神;二是用道来说明宇宙的本来面目。因此,老子提出反对天命鬼神的道论,其出发点是偏于朴素唯物主义的,蕴含着朴素唯物主义思想的内容。

还有一个值得注意的问题,老子对于道的概括和使用虽是多元的,不够严谨,且有玄学的神秘色彩,但他在五千言中不仅没有一处论及"道"和天命鬼神的一致性,也没有一处论及道具有人的精神属性,无论是主观精神还是客观精神。老子的思想是朴素的,他对于"道"的概括,既不是用来替代上帝的别名,也不可能达到"绝对精神"的高度。他有时用"一"、"玄"、"朴"、"物"等作为与道同等程度的概念使用,虽然已和"物质"概念比较接近,但仍未能达到"物质一般"。正因为如此,我们认为老子道论的基本性质是偏于朴素唯物主义的。所以说偏于,而不说等于或者就是,因为老子的思想不彻底,其道论中的神秘主义色彩,有些还难以和唯心主义划清界限。但是,因此而说老子的思想无法界定唯物主义同唯心主义的本质区别,甚至说它超越了唯物主义和唯心主义的对立阵营,是不符合事实的,是站不

三、老子的社会历史思想及其阶级属性

老子对待社会历史问题的态度和方法,基本倾向是从事实出发,而不是从周礼框架下的秩序和规范出发。这是其道论的逻辑贯彻和自然延伸。老子说:"以身观身,以家观家,以乡观乡,以邦观邦,以天下观天下,吾何以知天下然哉,以此。"(第五十四章)以修德的身家来观察和把握普通的身家,以修德的乡邦来观察和把握普通的乡邦,正是"以道莅天下"的一个具体途径。老子的"德"是联结"道"和"万物"的概念。"道生之,德畜之,物形之,势成之。是以万物莫不尊道而贵德。道之尊,德之贵,夫莫之命而常自然。故道生之,德畜之,长之育之,亭之毒之;养之覆之。生而不有,为而不恃,长而不宰,是谓玄德。"(第五十一章)德不仅表现着道的认识的和义理的属性,也表现着道的本源性、规律性和无限性等属性。

老子做过周朝的国家图书馆兼国家档案馆的馆长,曾是周朝统治者集团中的成员,但是后来"见周之衰,乃遂去"(《史记·老庄申韩列传》),走上了另一条路。老子思想的深刻之处在于,他不仅脱离了自己那个已经衰败了的阶级,还在此后的著作里尖锐地批评了那个自己也曾是其中一员的统治阶级,对当时正在更新的统治者及其正在更新的剥削形式也持否定的态度。老子对当时天下的实际情况极为不满:"朝甚除,田甚芜,仓甚虚,服文采,带利剑,厌饮食,财货有余,视为盗竽,非道也哉。"(第五十三章)他这种愤世嫉俗的呼喊,表现了区别于统治阶级的立场。但老子主张对待社会现实,就像道对待万物一样"生而不有,为而不恃,长而不宰",却是片面的。如果要人民选择这种态度,那是作茧自缚,正合统治者的意愿;如果要统治者采取这种态度,那是与虎谋皮,是一厢情愿的空想。老子虽然对旧贵族和新兴地主阶级持否定态度,却又不可能和处于社会下层的农民阶级及手工业者真正站在一边。和中国后来各个时代的大多数知识分子一样,老子的阶级属性具有摇摆性。

老子向往"小国寡民"的理想社会,在那里,"使有什伯之器而不用,使民重死而不远徙;虽有舟舆无所乘之,虽有甲兵无所陈之;使民复结绳而用之,甘其食,美其服,安其居,乐其俗;邻国相望,鸡犬之声相闻,民至老死不相往来"(第八十章)。这段论述兼有空想和理想的属性,富有永恒的魅力。回观"结绳而用之"的社会状况,人民能不能过上"甘其食,美其服,安其居,乐其俗"的生活呢?老子在深入思考这个类似后来的桃花源、乌托邦似的问题。老子反对剥削和平均主义的思想,影响过早期道教,也曾被农民革命作为思想武器。这也决定了老子的思想后来虽然

也为历代统治阶级所利用,但并没有从统治者那里得到同孔子和儒家思想一样的地位和对待。

四、老子的认识论思想和朴素辩证法

老子的认识论是与其道论相联系的。受其道论的玄学影响,其认识论带有神秘主义的色彩。《老子》认识论的主旨是"为学日益,为道日损,损之又损,以至于无为。无为而无不为"(第四十八章)。他把对具体事物的知识的追求叫作"为学",把对"道"的认识叫作"为道"。他认为"为道"必须抛弃一切知识,只有"绝圣弃智"(第十九章),"绝学无忧"(第二十章),一直到"无智无欲"(第三章),才能达到"无为而无不为"的目的。老子提出这种主张,因为他看到技术和文化的发展同时带来了统治者加重剥削人民的结果,认识到这是由于技术和文化掌握在统治者和剥削者手中,因此他坚决反对这样的技术和文化。他要人民来一个"反者道之动",通过"见素抱朴、少私寡欲、绝学无忧"的办法来达成"民利百倍、民复孝慈、盗贼无有"的效果(第十九章)。但这种认识论的思想是不科学的。老子还不可能做到联系生产方式和社会形态的矛盾关系来认识技术和文化的问题,所以他才会由反对剥削者及其对技术和文化的掌控,进而迁怒并反对技术进步和一切文化。

老子的认识论思想有自相矛盾的地方。第一,他一面主张"以身观身"的经验论,一面却又怀疑感官的认识功能,怀疑感性认识。他说:"五色令人盲目,五音令人耳聋,五味令人口爽。"(第十二章)主张"不出户,知天下;不窥牖,见天道。其出弥远。其知弥少。"足不出户门,眼不看窗外,天下万物及其总规律,就能认识得清清楚楚。老子有"以身观身"的实践论的观点,更有"不行而知"的天才论观点,他说:"圣人不行而知,不见而名,不为而成。"(第四十七章)这就滑向了唯心主义的先验论。第二,老子认为,只有用"玄览"的神秘方法才能把握住道,"涤除玄览,能无疵乎"(第十章)。玄览,是把人的内心直觉比作一面最深妙的镜子,把认识看成一种神秘的直观。这是"无为而无不为"的主张在认识中的贯彻。玄览的神秘性在于玄的模糊性。它既有从感性认识中剔除主观干扰的倾向,也有从理性认识中剔除客观对象的倾向。第三,老子有"道,可道,非恒道;名,可名,非恒名"的主张,但又主张人和万物与道之间是"玄同"的。玄同,是一种绝对的无差别。"塞其兑,闭其门,挫其锐,解其纷,和其光,同其尘,是谓玄同。"(第五十六章)人们只有闭塞眼、耳、口、鼻等感觉器管,排除一切经验、概念和欲望,让内心宁静地体验和直观万物,循应自然,泯灭差别,消除是非。老子认为只有这样才能"致虚极,守静笃,万物并作,吾以观复"(第十六章),才能使自己进入"玄同",进而与"道"混为一体,从而

体认道与天地万物。这种"玄同"说,为庄子"齐万物而为一"的相对主义开了先河。

老子的朴素辩证法思想主要是关于矛盾的思想,这些思想渗透在老子思想体系中的各个方面。其中许多在前面已经有过分析,现再另做一些补充。

第一,老子善于从矛盾的特殊形式揭示矛盾的普遍存在。《老子》全书提出了高下、前后、有无、损益、多少、长短、难易、生死、刚柔、美恶、厚薄、轻重、智愚、贵贱、阴阳、动静、攻守、进退、正反、善妖、强弱、福祸等70多对矛盾概念。这在先秦哲学家中是很突出的。

第二,老子能够把自然界中的剧烈变动和社会的大变动结合起来进行分析比较,善于用自然界中的矛盾现象对比说明社会历史领域中的矛盾问题。他笔下的道,是"独立而不改,周行而不殆"(第二十三章)的,贯通于自然和社会。他说:"飘风不终期,骤雨不终日,孰为此者?天地。天地尚不能久,而况于人乎?"又说:"天下莫柔于水,而攻坚强者莫之能胜"(第七十八章);"人之生也柔弱,其死也坚强。万物草木之生也柔脆,其死也枯搞。故坚强者死之徒,柔弱者生之徒。是以兵强则灭,木强则折。"(第六十九章)

第三,老子辩证法思想在军事上表现尤为突出。在战略上,他提出了"柔弱胜刚强"的指导思想。他主张斗智,运用奇谋夺取胜利。第三十六章说:"将欲弱之,必固强之,将欲夺之,必固与之。"还郑重其事地警告说:"祸莫大于轻敌。"在战术上,他主张"以奇用兵"(第五十七章)。第六十八章说:"善为士者不武,善战者不怒,善胜敌者不与,善用人者为之下。"

第四,他推测到了矛盾对立面的转化及其原因。第三十九章说:"贵以贱为本,高以下为基";第五十八章说:"祸兮福之所倚,福兮祸之所伏","正复为奇,善复为妖";第四十章说:"反者,道之动";第三十六章说,"柔弱胜刚强",一切对立面都向着相反方向转化。

第五,他推测到了量变引起质变的规律。第六十四章说:"合抱之木,生于毫末;九层之台,起于垒土;千里之行,始于足下。"第六十三章说:"图难于其易,为大于其细,天下难事,必作于易,天下大事,必作于细。"论述了要使事物发生质变,必须做好量的积累工作。

由于受制于历史、阶级、认识方面的综合条件,老子的辩证法思想也有很大的局限性。例如:第一,老子认为对立面的转化是无条件的,不主张通过主观努力创造条件去促成转化。他不仅无条件地谈论"柔弱胜刚强",还主张"知其雄,守其雌,知其荣,守其辱"(第二十八章)等,一切都是消极等待。第二,反对斗争,主张调和矛盾。第七十三章讲:"圣人之道,为而不争";第八章讲:"夫唯不争,故无尤";第二十二章讲:"夫唯不争,故天下莫能与之争";第六十七章讲"不敢为天下先"等,把"不争"看成是自然、社会的普遍规律。第三,把矛盾运动看作是周而复始的循环。第十六章讲:"万物并作,吾以观复","道乃久"。这又陷入了形而上学的循环论和不变论。

正因为《老子》精华与糟粕并存,此后的思想家都从自己的需要出发,吸取并发展其不同的侧面,如,韩非、王安石、王夫之等发展了其辩证法思想;稷下学派、秦汉之际的黄老学派和王充对它的"道"作了唯物主义的发挥;庄子把其中的辩证法引向相对主义。东汉时,张道陵创立道教,尊老子为教主,奉《老子》为经典;魏晋时期的何晏、王弼则由此引出了以"无"为本的本体论。正如毛泽东总结的那样:"在一定的条件下,坏的东西可以引出好的结果,好的东西也可以引出坏的结果。老子在2000多年前就说过:'祸兮福所倚,福兮祸所伏'。"(毛泽东. 毛泽东选集<第5卷>, P.397.)这是我们学习研究老子时应当记取的。

第二节 孔子及其开创的儒学思想

孔子(公元前551—前479年),名丘,字仲尼,鲁国陬邑(今山东曲阜)人,祖先是宋国贵族,但这个家族至孔子出生之前已经没落。孔子的父叔梁纥做过武官。孔子3岁丧父,幼年贫贱。20岁时做过"委吏"(管理仓库账目)和"乘田"(管理畜牧)等小官。30岁开始聚徒讲学,是我国古代私学的首创者,也是第一个正式学派——儒家的创始人。50岁时任鲁国司寇,摄行相事。曾带徒周游列国,宣传自己的学说,未见采用。晚年回到鲁国,从事文化教育和古籍整理。孔子是我国古代伟大的思想家、政治家、教育家。由弟子和再传弟子记录辑成的《论语》,是研究其思想的主要资料。

孔子是儒家学派的创建者,是一个非常全面的大思想家。孔子思想之全面,在中国历史乃至世界历史上都是极为罕见的。但是,就孔子思想发挥最大作用及产生最大影响的领域看,孔子是政治伦理方面的思想大家。研究孔子的思想有不同的维度,但其中有两个维度是至关重要的。一是孔子的思想体系具有怎样的内容和特点,二是孔子的思想如何为后来历代封建统治者所推崇和倚重。用现实的眼光看,后者具有更突出的意义。

一、孔子的思想体系

孔子的思想是丰富而深刻的,但他并未进行系统的整理。中国在殷周时期已经形成了系统的"天人合一"的哲学思想。"天"和"人"所指称的两类事物,也成了不同思想派别的不同逻辑重点。老子依托"道"及"名"而建立的思想体系,其重点在"自然而然",在"天"的一面。孔子则不同。他依托"仁"及"礼"而建立的思想体系,其重点在"事在人为",在"人"的一面。

1. 辩证的天命鬼神观

孔子是神道设教的高手。他认为,"天"是需要有人格、有意志的。这才能够为掌握"天命"的人服务。他一方面郑重地阐述"巍巍乎!唯天为大"及君子须"知天命"、"畏天命"(《论语·泰伯》,本节以下引《论语》只注篇名)的思想,并灌输给学生"死生有命,富贵在天"的认识(《颜渊》);另一方面,也平和地阐述"四时行焉,百物生焉,天何言哉"的思想,(阳货)为学生树立了不滥说"怪、力、乱、神"(《述而》)的榜样。孔子也主张"敬鬼神"(《雍也》)。他很推崇"至孝乎鬼神"的大禹(《泰伯》)。他对于"天命"、"鬼神"问题的思想是机智的和实用的。他的"敬鬼神而远之"的主张(《雍也》),是要以思想统治者的现实需要来统摄自然之天和意志之天。他善于"损益"和发挥西周以来奴隶主贵族的传统天命鬼神观,来搞自己神道设教的另一套。他借天命警示那些违逆天命而倒行逆施的人,说他们"获罪于天,无所祷也"(《八佾》)。他的本业是为人治丧,并借此阐述了以祭祀尽孝道的思想,主张严肃认真地进行祭祀活动。他有"未知生焉知死"及"未能使人焉能事鬼"(《先进》)的认识,却又说"祭如在,祭神如神在";又主张亲自祭祀,"吾不与祭,如不祭"(《八佾》)。但他也反对祭礼上的僭越行为,说违背礼制的祭祀是"非其鬼而祭之,谄也"(《为政》)。不难看出,这是在借前人传统的"天命鬼神"来掌控和调节后人现实的思想感情。墨子就看破了孔子。他说孔子"以天为不明,以鬼为不神","执无鬼而学祭礼","是由无客而学客礼也"(《墨子·公孟》)。

2. 习行践履的认识论

孔子的认识论思想是成系统的,有着自己的特点。《论语》中记载了他关于"知仁""知礼""知人""知言""知命""知新""知天命""知来者"等命题的言论,深刻地论述了认识的主体、客体和规律。孔子在认识主体中保留了部分"生而知之"的份额,但却并不说明所指为何人。这是神道设教的理论需要和逻辑延续,意在突出儒家思想及其布道者的不可置疑的地位。他断言"唯上智与下愚不移"(《阳货》),这是一个伪命题,但其重点是对后人进行思想震慑,以维护儒家至高无上的道统及其神圣不变的权威。他更重视"学而知之"的使命及"学而时习之,不亦说乎"的过程,并说自己也不是"生而知之者"(《子罕》)。

他说:"殷因于夏礼,所损益可知也;周因于殷礼,所损益可知也;其或继周者,虽百世,可知也。"(《为政》)这是肯定了社会发展的规律性及其可知性。但孔子视野中的认识客体并不广泛。他主要关心政治、伦理和人的行为及感受。他对认识对象的选择近乎于挑剔。对于自然界中许多囿于当时科技条件而无法解释的事物和现象,他是排斥于认识对象之外的,并冠之以"不语怪力乱神",结果是利弊参半。他重视以古代文献对照现实生活,重视正名。这和老子的"以天下观天下"的认识路线不同,也不同于墨家依托自家的发明创造来丰富认识对象的路线。

孔子有丰富的社会阅历,很善于总结自己的实践经验。他在谈及认识的综合过程时多有精当深刻之论。这种论述在他和学生互动时发挥得更加精彩。他告诫学生:"多闻,择其善者而从之,多见而识之,知之次也。"(《述而》)寥寥数语,道出了认识辩证过程的基本内容和规律。"多闻""多见"近于认识的低级阶段或感性认识,"知之""识之"近于认识的高级阶段或理性认识,其中"知之"又近于西方哲学中的知性概念,而"识之"则近于其理性概念。在此基础上,"多闻""多见"是"知之""识之"的基础,"知之""识之"是"多闻""多见"的前导,二者统一于"择善"的实践要求及过程之中。这种思想包含着很大的辩证法发展纵深。孔子讲这种认识论和辩证法用之于自己的教育活动,其成就之巨大亦有其自然而然的一面。他说:"吾尝终日不食,终夜不寝,以思,无益,不如学也。"(《卫灵公》)又说:"学而不思则罔,思而不学则殆。"(《为政》)他提倡的"学",包括汲取直接经验和间接经验,以及重视感觉经验和重视理论思维等各个方面。

孔子的认识论思想有两个特点:

第一,倡导重视实事求是。孔子主张要"知之为知之,不知为不知"(《为政》),要戒绝四种弊病:"毋意、毋必、毋固、毋我"(《子罕》),反对"道听途说"(《阳货》)。他教育学生要"多闻阙疑,慎言其余","多见阙疑,慎行其余"(《为政》)。他重视蒐集材料和证据,说:"夏礼,吾能言之,杞不足征也;殷礼,吾能言之,宋不足征也。文献不足故也。足,则吾能征之矣。"(《八佾》)他重视分析认识客体中的矛盾,主张认识新事物要"叩其两端而竭焉"(《子罕》),其实也是一种矛盾分析。

第二,重视开展学后行动。他提出"言之必可行"(《子路》),主张"先行其言而后从之"(《为政》)。他标榜"君子耻其言而过其行"(《宪问》),要求学生做到"讷于言而敏于行"(《里仁》)。他指出评判一个人应当遵循"听其言而观其行"的方法(《公冶长》)。他认为学生应当把道德的修行放到比学习文献更加重要和优先的位置,主张"行有余力,则以学文"(《学而》),因为归根结底学习文献知识的目的也是为了道德修养的行动。

3. 仁礼互动的政治论

孔子政治伦理思想是十分丰富、细腻和深刻、老到的。这套思想竭尽全力地为统治者服务,但其广泛而深刻地触及了的历史变迁大背景下的社会矛盾,也包含着很丰富的辩证法思想。孔子注重人的"行",但却不大关注其产生的经济根源。他表述过"富民"的愿望,但那是作为富而后教的条件,重心在与"教民",并没有论述如何富民的问题。他重视自己的仁德教化大业,但不大在意劳动人民的经济生活。孔子的思想中有许多矛盾的提法,有些矛盾是他意识到的,有些是他没有意识到的。他要求学生"敏于行",但却反对学生参加生产劳动。樊迟向他求教种庄稼、种菜蔬的问题,他不回答,还骂樊迟是"小人"。他认为"上好礼,则民莫敢不敬;上好义,则民莫敢不服,上好信,则民莫敢不用情。夫如是,则四方之民襁负其子而至矣,焉用稼!"(《子路》)他主张重民,提出过"所重:民、食、丧、祭"的思想(《尧曰》)。把重食置于重丧、祭之前。这是他思想中的唯物史观的元素。但他有时却另有立场,"子贡问政,子曰'足食,足兵,民信之矣。'子贡曰:'必不得已而去,于斯三者何先?'曰:'去兵',子贡曰:'必不得已而去,于斯二者何先?'曰:'去食。自古皆有死,民无信不立。'"(《颜渊》)这里的"去食"和"重食",都是在为统治者谋划,二者有着坚定维系国家性质和灵活调整政治手段的差异,在本质上是并无矛盾的。

孔子把夏、商、周三代视为理想社会,对周代尤其礼赞和神往。他说:"周监于二代,郁郁乎文哉!吾从周!"(《八佾》)又说:"如有用我者,吾其为东周乎!"(《阳货》)东周不是西周,那时天下已满是"礼坏乐崩"的局面。孔子把从政的理想表述为欲"为东周",可见他那个"吾从周"的政治自信力已经有所"损益"。孔子一生以维护周礼为己任。他的努力是"一以贯之"的。在他的范畴体系中,礼就是周礼,即西周以来的典章、制度、规矩、仪节。他主张个人的修养需要"立于礼"(《泰伯》),国家的政治应当"礼让为国"(《里仁》)。礼是仁的实现,是表现为统治阶级内部的友爱意志和合理行为。仁的核心是"爱人",是孔子向往的个体理想人格的最高境界,是实现"立于礼"的基础。

孔子意欲改变西周礼制已被破坏的现实。他认为恢复礼制内要正心,外要正名,因此,把二者统一起来的"克己复礼"便是"仁"(《颜渊》)。在孔子的思想中,仁对于礼的支撑关系有两个方面的内容:第一,"仁者爱人"要在既定的"君、臣、父、子"中间有序地实现,他告诫统治者要"为政以德"(《公冶长》),要"见利思义"(《尧曰》)。为此,人们应在做到"己所不欲,勿施于人"(《卫灵公》)的基础上,进一步做到"己欲立而立人,己欲达而达人"(《雍也》)。第二,正名的目标就是要统治者摆正"君君、臣臣、父父、子子"的名分和位置。这是孔夫子的矛盾发展不平衡论。其中也有两点论和重点论的意味。一方面,君、臣、父、子每个方面的人都要按照礼制的规范做好自己,要落实"为仁由己"的要求,求仁得仁才能实至名归;另一方面,关系中主导方面要率先做好自己,要为人师表、以身作则,"政者,正也。子帅以正,孰敢不正?"(《颜渊》)否则,"名不正则言不顺,言不顺则事不成,事不成则礼乐不兴,礼乐不兴则刑罚不中,刑罚不中则民无所措手足"(《子路》)。可见,孔子的"为仁"最终还是为了遵从周礼,遵从周礼才算最终做到了"为仁"。

二、孔子思想为什么会为后来的统治者所倚重和推崇

孔子的思想对中国产生的巨大而深远的影响。在诸子百家中,只有老子的思想可与之相比,但就孔子思想在汉代之后和皇权形成的命运共同体的关系,及其所居的封建社会正统思想的地位来说,则是至高无上和无人可比的。孔子的思想之所以能够成为自汉武帝之后封建统治者治国、传世的御用思想,成为判别世间是非、明辨臧否赏罚的权威思想,除客观环境和条件的原因外,也有其自身的原因。孔子及其所创立的儒家思想具有四个鲜明的特点。这四个特点拉开了孔子和诸子的距离。先秦的诸子百家及其思想主张,或是不具备或不齐备这些特点,或是难以达到孔子思想所达到的水平。

第一,孔子是全心全意为统治者及其统治事业服务的思想家。他在政治及伦理方面的思想谋划具有划时代的巨大影响和意义。孔子具有非凡的洞察力和历史感。孔子和诸子百家中的大多数流派不同。其理论设计的逻辑起点更高,这些理论并不是简单、直接地回应如何满足当时统治者所企盼的现实的利益需求,而是全面、深入地探究如何劝诱及指导统治者遵循政治统治的一般规律和准则。他贯彻落实这个出发点始终不动摇,一以贯之地建构了自己庞大的理论体系,纵使颠沛流离、艰难困苦,虽"惶惶然若丧家之犬"而无悔。孔子的思想不仅是在为普通的统治者谋划治理一地一国的政治,更是在为更大的统治者谋划"治国平天下"(《礼记·大学》)的政治。孔子所开创的儒家一派在诸子百家漫长的较量过程中最终能够脱颖而出,与这个思想体系具有更宽广、更深远的历史视野,更多地回答了政治统治及其社会治理的一般规律,是直接相关的。

第二,孔子虽然是为剥削阶级统治者服务的思想家,但他同时是一个理想主义者。他的思想具有不易觉察的特殊批判性。孔子生活在社会转型的大时代,新兴统治者不断取代老旧的统治者,社会生产方式和政治统治方式也处于新陈代谢的

过程之中。孔子敏锐地感觉到了这种历史大变迁中的各种矛盾,作为一个大思想家,他的理论追求和政治理想使他清楚地看到了新兴统治者的偏颇和缺失。孔子对当时的政治状况和统治者是不满意的,他说:"苛政猛于虎"(《礼记·檀弓下》),又说:"春秋无义战"(《孟子·尽心下》)。孔子的思想锋芒虽然有时也直接指向这些统治者,但他的本意是要这些统治者纠补自己的偏颇和缺失。孔子很推崇周朝的政治和礼教,有过"周鉴于两代,郁郁乎文哉,吾从周"(《八佾》)的感慨。这一方面是借古讽今的政治需要,同时更是为自己罩上中国政治道统继承者的光环。站在列国为着各自利益而滥战纷争的时代潮流面前,孔子并没有随波逐流。他在理论上的建树比较诸子更加清楚地认清了中国社会的历史走向,认清了中国长久的政治统治究竟需要怎样的理论。

第三,孔子虽然是一个着重论述政治伦理的思想家,但他的思想具有十分厚重的历史文化基础。其思想体系不仅依傍着中国历史文化的主流走向,而且根植于中国文化的各个领域。孔子一生中做官的时间比较短,也看不出他为官时究竟实现过自己的哪些政治主张和社会理想。从文献记载看,他的政治作为主要是维护及依靠鲁国的国君。他处理政务和当时一般的大夫并没有多大的不同。孔子做官虽然失败,却拓宽了他卸任后进行思想文化研究工作的眼界。他把自己政治实践的失败经历转化成为思想财富,注入了他所开创的儒家学说,锻造出儒家扛骂、抗压、经摔打的品格。孔子很重视政治伦理思想对历史文化成果及思想传统的依存关系,或者说是历史文化成果对政治伦理的支撑关系。孔子是把思想文化的学术研究和社会政治及官员的政务活动密切结合起来的中国民间第一人。他整理六经、六艺等思想文化遗产是为政治服务的。以孔子为标志的文政合一的教育及学术的大方向,对中国社会及其知识分子产生了极其深远的影响。中国历代统治者正是通过不同形式的尊孔,以求把握教育及学术活动的总纲,进而实现对知识分子和官吏队伍的思想控制。

第四,孔子不仅是一个伟大的思想家,而且是一个伟大的教育家。他不仅留下了儒家开放的思想体系,而且留下了一个能够产生不断持续、扩大的实践者及传播者队伍的教育体系。儒家的思想体系富有历史活力,儒家的教育体系和人才培养体系富有人文活力。儒家学派的顽强生命力,和儒家有着方向鲜明和效率高超的教育传承体系,能够源源不断地培养较高质量的接班人不无关系。孔子是中国第一个开办私学的教育家。他重视"举贤才"(《子路》),开创了通过诠释官方的历史文献以教育来自社会各阶层青年学生的人才培养模式。他继承发展了"周礼"的基本精神,把"礼、乐、射、御、书、数"等六艺作为私学的教育内容,通过这种官民结合的教育模式来向学生们灌输和传达自己的思想,通过青年学生对自己的思想和主张的认可及传承,来等待实现自己政治抱负的历史机缘。孔子开创的儒家教育,既是现实政治的教育,也是社会理想的教育;既是伦理道德的教育,也是历史文化的教育;既是意识形态教育,也是专业技能教育。儒家的教育把这几方面结合得天衣无缝、浑然一体,适应儒家学派培养人才的需要。这在诸子百家中间是首屈一指、无人可比的。

孔子在中国历史上占有极其重要的地位。他的思想是儒家学派的渊源。他的影响与中国封建社会的文化历史休戚相关。在2000多年的封建社会中,孔子被尊为"至圣先师"、"万世师表"。早在汉代,司马迁就对孔子在中国文化发展史上的贡献作了充分肯定:"天下君主至于贤人众矣,当时则荣,没则已焉。孔子布衣,传十余世,学者宗之。自天子王侯,中国言六艺者折中于夫子,可谓至圣矣。"(《史记·孔子世家》)后来,历代封建统治者及其思想家,不断地按自己的需要对孔子加以改造。第一次改造由汉代的董仲舒推行,搞成了"罢黜百家,独尊儒术"的局面。第二次改造在宋代,朱熹等理学家们在儒道佛"三教合一"的基础上,对儒学进行了一次大改造,创立了新儒学——理学,统治中国长达七八百年。清朝末年戊戌变法期间,康有为写出了《孔子改制考》,以图托古改制,推行变法。"五四"时期提出了"打倒孔家店"的口号,主张全盘否定儒学。孔子在文化史上的地位和影响是不应否定的。他的思想在今天仍然有着现实的借鉴意义。在当代世界,孔子及儒家的思想,还正在发挥着重大的影响。对此,我们应进行科学的分析和正确的应对。

第三节　墨子及其开创的墨家思想

墨子(约公元前48年—前42年),名翟,出身手工业者,早年曾"学儒者之业,受孔子之术",后"背周道而用夏政"(《淮南子·要略》)。墨子相传原为宋国人,后来生活在鲁国,聚徒讲学,建立学派,成为儒学的反对派,与儒学并称"显学"。其学派有前期和后期之分:前期代表就是墨翟。墨翟是新兴小生产者的代言人。他的学说有进步方面,也有保守方面,大体说来,在社会政治思想方面,进步方面是主要的,在世界观方面,他却是有神论者。现存《墨子》五十三篇,是墨家经典的总汇,是研究墨子和墨家学说的基本资料。

一、墨子的思想

1. "非命"与"天志"的天道观

墨子世界观有一个值得重视的特点,就是否定儒家的"天命"论而强调墨家事在人为的"强力"论。他写了《非命》一文来批判孔子的"天命"论,说:"命者,暴王所作,穷人术之,此皆疑众迟朴,非仁者之言。"(《墨子·非命下》,本节下引此书只注篇名)以此昭告世人:"天命"论是残暴的统治者编造出来的,穷苦的老百姓随声附和而相信了,这才造成了它蛊惑广大群众、愚弄朴实人民的后果。执掌权力的统治者说:"命富则富,命贫则贫,命众则众,命寡则寡,命治则治,命乱则乱,命寿则寿,命夭则夭,虽强劲何益哉。"并用这种谬论来实现"上说王公大人,下以驵百姓之从事"(同上)的目的。这是在麻醉人民,要人民安于命运,放弃自己追求幸福生活的努力。墨子看到了统治者一味大讲天命的弊端。他认为,片面强调"天命"必然导致阻碍社会进步,会引出"农夫怠乎耕稼树艺,妇人怠乎纺绩织纴"的局面,最终将会出现"天下衣食之财用将必不足"(同上)的严重后果。为此,他向社会倡导"强力而为"的主张,号召人们起来自己改变自己的命运。他指出:"强必贵,不强必贱";"强必富,不强必贫"(同上)。又指出人力比天命更有效:"赖其力者生,不赖其力者不生"(《非乐上》)。这些思想揭示了劳动是社会生活基础的真理,批驳了儒家"死生由命,富贵在天"的观点。墨子用自己的"强力论"反对儒家的"天命论",其主张具有人民性的一面,然而归根结底还是在为统治者出主意。有意思的是,墨子虽然否定天命的存在,却仍然认为天具有类似于人的意志,并写下《天志》作为论证。

"天志"的说法反映了墨子思想中的矛盾。墨子指出:"天子有善,天能赏之;天子有过,天能罚之。"(《天志下》)墨子是小生产者的代表。他的天志论不同于儒家的天命论。墨子有意抽去了天命论中"尊天事鬼"的内容,把"天"塑造成具有意志并能赏善罚恶的"神"。他要用神灵之"天"来监督人间的"天子",从而使天子能够维护符合小生产者利益和意志的社会秩序。这是在借助"天志"和"天意"集中体现小生产者的利益。墨子撕破了儒家"天命"论的神秘外衣,却为自己的主张披上了"天志"和"天意"的神秘外衣。什么是"天志"呢?他说:"我有天志,譬若轮人之有规,匠人之有矩;轮匠执其规矩以度天下之方圆。"(《天志上》)什么是顺应呢?他说:"天之意,不欲大国之攻小国也,大家之乱小家也。强之暴寡,诈之谋愚,贵之傲贱,此天之所不欲也。天之意,不欲大国之攻小国也,大家之乱小家也。强之暴寡,诈之谋愚,贵之傲贱,此天之所不欲也。不止此而已,欲人之有力相营,有道相教,有财相分也。"(《天志中》)又说:"顺天意者,兼相爱,交相利,必得赏;反天意者,别相恶,交相贼,必得罚。"(《天志上》)顺应天意就要"使饥者得食,寒者得衣,劳者得息","百姓皆得暖衣饱食,便宁无忧。"(《天志中》)为此还应做到"有力者疾以助人,有财者勉以分人"(《尚贤下》)。墨子反对恃强凌弱、追求平等互利的思想无疑是光辉的。他针对儒家"君臣父子"的世袭观念,提出了"尚贤"的主张,倡导"尚贤使能",并且打出了"官无常贵而民无终贱"的旗帜,大声疾呼要实行"虽在农与工肆之人,有能则举之"(《尚贤上》)的政策,是有历史进步意义的。但他却把自己的主张说成了上天的意志和愿望。这种用"替天行道"的招牌来自欺欺人的做法,反映出小生产者阶级政治上的软弱和理论上的不彻底。马克思指出:小生产者"不能以自己的名义来保护自己的阶级利益,"(马克思恩格斯选集.北京:人民出版社,1972〈第1卷〉,P.693.)墨子的天道观为此作出了生动而深刻的证明。

2. 唯物主义经验论的认识论

墨子唯物主义经验论的认识论,是其哲学思想的重要组成。墨子的认识论思想不像儒家那样片面看重理论经典和书本知识,而是比较注意综合感性活动和直接经验。墨子对认识论有着多方面的贡献:

第一,明确提出以感觉经验作为认识的出发点,反对命定论和天才论。他说:"天下之所以察知有与无之道者,必以众之耳目之实,知有与无为仪者也,请或闻之见之,则必以为有;莫闻莫见,则必以为无。"(《明鬼下》)他重视"众之耳目之实",主张以人们的感觉经验为依据,这个思想具有两面性。例如,他反驳命定论时说,从古到今有谁见过天命这种东西(《非命中》)?论证了天命论的虚假;但是,又有谁见过"天志"和"天意"这样的东西呢?可见,这种注重经验的思想有合理性,但并不彻底,如果陷入绝对化同样是错误的。

第二,提出了"取实予名"的名实观,突出了言行一致的意义。墨子用"取"与"名"的关系来把握知和行的关系。"取",指实践,就是动手操作;"名",指认识,就是规范概念。他主张"取"是"名"的基础,"名"必须反映"取"的内容。他说:"言必信,行必果,使言行之合,犹合符节也。"《兼爱下》)他指出,认识并不只在于明确既定的概念,更在于正确地认识和把握事物本身。例如,"瞽者不知黑白者,非以其名也,以其取也。"又如:"天下之君子不知仁者,非以其名也,亦以其取也"。(《贵义》)"取实予名"的命题是"实事求是"思想的理论前导。墨子还通过"取实予名"及"取"重于"名"的分析,论述了人在认识过程中主观能动性的问题。他认为王公大臣之所以勤于朝政而不敢懈怠,农民辛勤耕作而不敢懈怠,并非畏惧天命,而是面临"强必治,不强必乱;强必宁,不强必危",以及"强必富,不强必贫;强必饱,不强必饥"(《非命》)等现实压力所作出的积极应对。这种重视人的力量和作用,发挥人的主观能动性的思想,在中国哲学史上具有重要意义。

第三,提出"言必立仪",用"三表"法作为判断认识的标准。前者是说认识要有标准,仪就是标准。后者是说可以用"三表"来作为认识的标准。"三表"是指"有本之者,有原之者,有用之者"(《非命上》)。"有本",就是"上本之于古者圣王之事"(同上),可以用前人的经验作为判断是非的标准。"有原",就是"下原察百姓耳目之实"(同上),可以用广大人民的亲身经验作为判断是非的标准。"有用",就是"发以为刑政,观其中国家百姓人民之利"(同上),可以用社会效果作为判断是非的标准。这是墨子在批判天命观中形成的一套唯物主义经验论体系。他这一套明辨是非利害的标准,撇开"天命"论,独辟蹊径,推动了当时思想的解放。但是,墨子的认识论思想毕竟比较粗糙,也有缺陷。例如,他把"闻之见之,则必以为有,莫闻莫见,则必以为无"绝对化,忽视理性思维的作用,助长了经验主义,最后陷于自相矛盾,竟通过"百姓耳目之实"(同上)而论证鬼神的存在,终于陷入了宗教唯心主义,这个教训也是深刻的。

二、后期墨家的思想

墨翟死后,"墨离为三"(《韩非子·显学》)。各派"相谓别墨",又"俱诵墨经","以巨子为圣人"(《庄子·天下》)。说明其学术观点和团体组织大体一致。战国中期后,墨家队伍不断壮大,成为一个大学派。现存《墨子》中的《经上》、《经下》、《经说上》、《经说下》、《大取》、《小取》六篇,统称《墨经》,此书经过长期酝酿、提炼,在战国后期编定,是研究后期墨家思想的基本资料。

1.《墨经》的唯物主义自然观

后期墨家基本继承墨子的自然观和认识论思想,对物质世界及其运动作出了自己的阐述。

首先,后期墨家认为"物"是客观存在的,对其他事物具有根源性;概念是用来描述客观的对象,对其所描述的客观对象具有依赖性。《经说》指出:"物,达也;有实必待之名也。"物是天下最大的东西,概括它的概念是最大的概念。他们还用"端"这个概念来概括最小的事物。墨经用"宙"、"久"来概括时间:"宙,弥异时也","久,弥异时"(《经上》),"久,合古今旦莫(暮)"(《经说上》)。时间是古往今来昼夜晨昏等各种具体时间阶段形式的总和。又用"宇"、"域"来概括空间:"宇,弥异所也"(《经上》),"宇,东西家南北"(《经说上》)。空间是以人所生活的"家"为参考系的东西南北各种不同的空间方位形式的总和。后期墨家还论述了"有穷"与"无穷"这一对矛盾,论证了时间和空间的有限性和无限性的关系,指出:"久有穷无穷"(《经说下》),又说:"域,不容尺,有穷;莫容尺,无穷也"(《经说上》),"不容尺"是有限,"莫不容尺"是无限,明确指出时空既是有限的,又是无限的,二者是有限与无限的统一。

第二,后期墨家阐述了关于物和运动及其规律的思想。《经上》说:"动,域从徙也。"运动是物体在空间("域")中的移动("徙")。又说:"宇域徙,说在长宇久"(《经下》)。物体在空间上发生变动时,空间上的延伸与时间上的持续同时发生,说明时间与空间在物质运动中是统一的。后期墨家在观察自然和社会时,大量研究了事物之间相反相成的关系,并据此发展了《易经》关于矛盾关系的思想。他们在论证整体和部分的关系时说:"损,偏去也者,兼之体也。其体或去或存,谓其存者损。"(《经说上》)某物失去一部分,可能对它物是"益",对自己余下的部分来说就是"损"。在论证认识规律和控制欲望的关系时说:"为,穷知而县于欲也"(《经上》)。"为",是指人的实践和行动,"穷知"的目的是要掌握客观规律,欲望的生成是要满足主观的要求,二者相互制约,不能割裂。墨经还批评公孙龙提出的"白马非马"命题,指出:"命之马,类也"(《经说上》),"白马,马也;骊马,马也。"(《小取》)他们认为,大概念包含小概念,"马"是个类概念,其中包含着差异;"马",是指一切马,自然包括各种颜色的马,借此深入分析了个别与一般的对立统一关系。

2.《墨经》的唯物主义认识论和逻辑学

后期墨家继承了墨子认识论的合理因素,克服了他忽视理性思维的缺陷,建立了唯物主义反映论的认识理论。首先,后期墨家认为,人的形体和知觉结合在一起,人的意识依赖人的生命:"生,刑(形)与知处也"(《经上》),强调了认识论的物质基础和逻辑起点。又指出"知,材也",是人类在长期实践中形成的认识能力。主体的能力接触和整理外部对象就发生了认识,所以说"知,接也"(同上),"知遇物而貌之"(《经说上》)。"貌之",就是客观事物的主观映像。后期墨家把认识分为"闻知"、"说知"和"亲知"三种形式。"闻知"是从传承中获取的认识;"说知"是从分析和推论中获取的认识;"亲知"亲身接触观察得来的认识(《谭戒甫墨经分类译注》.北京:中华书局.1981,P.89.)认识先经历感官和感觉,这就是"惟以五路知"(《经说下》)。认识要先经过耳目口鼻肤这五条感觉的通路,然后到达"心"中进行察辨。例如,"闻,耳之聪也","循所闻而得其意,心之察也"。又如,"言,口之利也","执所言而意得见,心之辨也。"(《经上》)墨子主张以"众人耳目之实"来判定是非,后期墨家则重视"心之察也""心之辨也"的作用。后期墨家认为,辨别一个道理的正确与否,不在于其赞同者的多和寡,而在于客观地辨明其本身的是与非,也就是"诽之可否,不以众寡,说在可非"(《经下》)。这个思想具有反潮流的风格。它不仅针对墨子经验论中的某些片面性,而且对孟子"得道者多助,失道者寡助"的论断也做出了丰富和补充。

后期墨家继承了墨翟提出的某些逻辑概念和方法,并在分析论辩过程中发展成为逻辑系统——墨辩。墨辩是中国古代逻辑史上的重要成就,现择要介绍于下:

第一,后期墨家指出了"辩"的作用和方法。《小取》说:"夫辩者将以明是非之分,审治乱之纪,明同异之处,察名实之理,处利害,决嫌疑。焉摹略万物之然,论求群言之比。以名举实,以辞抒意,以说出故。以类取,以类予。有诸己不非诸人,无诸己不求诸人"。这是墨辩的总纲。明是非、审治乱、明同异、察名实、处利害,决嫌疑,这是"辩"所具有的六种基本功能和作用。"辩"的基础、方法和规则是摹略万物之然,论求群言之比,以名举实,以辞抒意,以说出故,有诸己不非诸人,无诸己不求诸人。就是说,"辩"具有客观基础,要符合客观规律,进行论辩要了解事实真相和各方看法,所用概念要准确反映对象,判断要恰当表达意思,推理要清楚表达关系,论据要充分,要正确运用类比推论,不要把自己的意见强加于人。

第二,后期墨家对概念、判断、推理的研究作出了重大贡献。他们把概念(名)分为三类:"名:达、类、私"(《经上》)。《经说上》中解释说:"名,物,'达'也,有实必待之名也,命之马,'类'也。若实也者,必以是名也,命'臧',私也,是名也止于是实也。"物是表示最大和最普遍的事物的概念;马是表示某一类事物的概念;臧是一个奴隶的名字,是表达个别事物的概念。墨经用"辞"来概括判断,将其划分为"同"(肯定判断)、"异"(否定判断)、"尽"(全称判断)、"特"(特称判断)、"假"(假言判断)、"必"(必然判断)等不同形式。用"说"来概括推理,将其划分为"或、假、效、辟、侔、援、推"等七个类型:"或"是或者如此,属于定言推理;"假"是假使如此,属于假言推理;"效"是立个标准做榜样进行演绎,属于直言推理;"辟"是譬喻;"侔"是比较;"援"是援例,侔、援都属于类比推理。"推"是类推,属归纳推理。后期墨家还对形式逻辑的三定律作了初步表述。《经说下》说:"彼此,可彼彼止于彼,此此止于此。"彼是彼,此是此,不可混淆,说的是同一律。又说:"彼此,不可彼且此也,此亦可彼。"彼此既明确为彼此,不可又非彼此,说的是矛盾律。又说:"彼此止于彼此,若要而彼此也,则彼亦且此也。"或彼或此,二者必居其一,说的是排中律。这是中国最早对形式逻辑作出的系统的分类和概括,具有很高的思辨水平。

3.《墨子》对若干科学知识的理论总结

在先秦诸子中,为什么后期墨家关于生产实践和科学理论的思想是最丰富的。第一,墨家中许多成员是手工业劳动者,他们直接参加生产劳动。墨子本人就是一位机械设计和制造的高手,具有比大名鼎鼎的公输班还精巧的技术。第二,墨家中许多成员四处奔走,活动范围比较宽泛,便于广泛深入地接触自然界和参与社会活动。而且墨家比较注意研究自然现象和自然知识。第三,墨家进行科学研究更多地使用朴素唯物论的认识论和方法论,而且比较诸子百家拥有更为严谨的逻辑学,特别是科学研究必须具备的归纳法。墨家的科学研究及其成果为其哲学和逻辑学奠定了基础,而其哲学和逻辑学又支撑它对科学进行更深广的理论概括。

下面试举以下几个方面的例证来作说明。在数学方面,墨经对物体的数量和位置关系作了许多很有价值的说明。例如,《经下》总结了珠算的规则,说:"一少于二,而多于五,说在建位","一"在个位比二小,在十位比个位的五多,要进行具体分析。又如,前面说过的"端",具有"体之无序而最前者"的规定。《经下》说:"非半弗䰅则不动,说在端";以此回应了庄子"一尺之锤,日取其半,万世不竭"的命题。"䰅"就是取其半,即一分为二,具有"非半弗䰅"即"䰅必半"的性质,而端是"体之无序而最前者",即几何学上的点,所以无法被剖析。这说明"不竭"和"不䰅"各有不同的适用领域,要进行具体分析。在光学方面,后期墨家对光的运动、光源与物象的关系、物影的形成等问题,有了一系列较科学的见解。《经下》说:"景(影)不徙,说在改为。"《经说下》说:"光至景亡。"影是光被物遮而形成的昏暗处,物离光至,影即消失。这就初步揭示了惠施关于"飞鸟之景(影)未尝动也"说法的科学依据。此外,墨经还对重影、倒影等光学现象作出了阐述。在力学方面,墨经对杠杆原理及其应用已有明晰的认识。如《经下》说:"负而不挠,说在胜。"一杆秤之所以一边加上重物而不倾斜,是因为秤砣能压住它。后期墨家还研究了商品交换等经济问题《经下》说:"买无贵,说在仮其贾";买卖是没有贵贱的,因为价格总是处在反复波动之中。《经下说》对此解释说:"刀籴相为贾,刀轻则籴不贵,刀重则籴不易。王刀无变,籴有变,岁变籴,则岁变刀。"刀指钱,籴指米,王刀是指政府发行的制钱。钱和米互相为价,钱值低,米虽贵而不贵;钱值高,米虽贱而不贱。若钱值不变,粮价因年成丰歉而有变。若粮价变动,钱价也随之变动。《经下》又说:"贾宜则雠,说在尽。"这些思想初步揭示了价格法则,在中国古代经济史上具有重要意义。

第四节 韩非子及其集大成的法家思想

一、法家思想源流简说

春秋战国时期,思想领域出现了"百家争鸣"。其中儒法两家斗争尤为激烈。法家思想形成于春秋时期,和儒、墨、道三家一样,也是显学。法家的历史可以分为三个时期,第一是形成时期;第二是发展时期;第三是成熟时期。每个时期都有其自己的重要代表。

法家学派在形成时期有三个代表人物。第一个代表人物,是春秋时期郑国的邓析(前545—前501年)。邓析主张法治,并在郑国积极进行宣传。他办私学,作《竹刑》教人,反对宗法礼制,主张"不法先王,不是礼义"(《荀子·非十二子》),当时人民中间有很多人跟着他学习诉讼,使法家思想产生了很大的影响。邓析用新兴地主阶级的是非标准来反对西周礼制的那一套是非标准,提出了"以非为是,以是为非"的主张,从思想上动摇了统治者的天下,后被以"诈伪之民"(《吕氏春秋·离谓》)处死。第二个代表人物是战国时期魏国的李悝(公元前455—前395年)。李悝曾任魏文侯相,主持变法,推行"尽地力"、"善平"(《史记·孟子荀卿列传》)的政策,提出"食有劳而禄有功,使有能而赏必行,罚必当"(《说苑·政理》)的主张,使魏国成为战国初期一大强国。他汇集各国法律编成《法经》,是我国历史上第一部比较完整的法典,对后来封建社会的法律产生了重大影响。第三个代表人物是吴起(?—公元前381年)。吴起是一个军事家,早年在魏国任西河太守,屡建战功,著有兵法。魏文侯死后,他遭到陷害,被迫逃奔楚国,后任楚悼王的令尹,主持了楚国变法。他针对当时"大臣太重,封君太众。若此则上逼主而下虐民,此贫国弱兵之道也"(《韩非子·和氏》)的弊端,主张实行包括废除"世卿世禄","使封君之子孙三世而收爵禄,绝灭百吏之禄秩,损不急之枝官,以奉选练之士,"(同上)"令贵人往实广虚之地"(《吕氏春秋·贵卒》)等主要内容的变法,实行了"明法审令"、"要在强兵"的政策(《史记·孙子吴起列传》),使楚国通过变法成为强国。

法家学派在发展时期也有三个代表人物。他们是申不害、慎到、商鞅。慎到强调以势行法,被称为重"势"派;申不害强调术与法结合,被称为重"术"派;商鞅强调以刑法,被称为重"法"派。重"势"派的代表人物是慎到(公元前395—前315

年)。他早年"学黄老道德之术,后好"刑名之学",成为法家中将"道"与"法"结合起来的思想家。慎到的重"势",以尚"法"为出发点,同时兼顾"术"。"尚法",首先表现在"立公"论上。他说:"法者,所以齐天下之动,至公大定之制也。故智者不得越法而肆谋,辩者不得越法而肆议,士不得背法而有名,臣不得背法而有功。"(《慎子》佚文)"公"是所有人都应该遵守的准则,表现为法称为"公法",具有至高无上的权威。所谓"私",不是违背这种共同准则的行为。他说:"有法而行私谓之不法"(《慎子·内篇》)。这里,慎到提出了地主阶级的公私观,并以此作为论法的基点。慎到认为,"法"的最大作用在于"立公弃私"。他说:"法制礼籍,所以立公主怨,凡立公而弃私也。"(《威德》)"公"与"私"是对立的,"立公"必须"弃私",存"私"必然害"公","法"的功能在于禁止"行私"。因此,所有统治者都应"立公弃私"。这样才能维护国家利益、保障君主权威。慎到还看到重"势"与尊君、尚法三者之间的内在联系,认为重"势"为了尚"法"必须重"势"。君主要想使臣民服从法令,唯一的办法是掌握使臣民服从的权势。他将君主与权势比作飞龙和云雾,飞龙有了云雾才能腾飞,云消雾散飞龙就成了蚯蚓。君主有了权势,即使像桀那样昏庸,也能"令则行,禁则止"(同上);如无根据,即使像尧那样的贤智,人们也不会听从。他说:"吾以此知势位之足恃而贤智之不足慕也"(同上)。

重"术"派的代表人物是郑国人申不害(公元前385—前337年)。申不害"学本于黄老而主刑名",他曾任韩昭候相,主张法治尤重于"术"。所谓"术",就是"因任而授官,循名而责实,操杀生之柄,课群臣之能"(转引自《韩非子·定法》)。由于重"术",在他执政的15年间,做到了"国治兵强"(《史记·申不害列传》)。申不害的"术"主要讲"为主之道"。他说:"善为主者,倚于愚,立于不盈,设于不敢,藏于无事,窜端匿疏,示天下无为,是以近者亲之,远者怀之,示人有余者人夺之,示人不足者人与之,刚者折,危者覆,动者摇,静者安。"(《申子·大体》)为主的要无为,为臣的要有为。主之能无为,因臣下有为。他说:"明君如身,臣为手,君若号,臣如响;君设其本,臣操其末;君治其要,臣行其详;君操其柄,臣事其常。"(同上)善为君者,什么事都叫臣下做。他同臣下比较起来,好像是"不足",其实这正是他的"有余"。君主看似无为,其实是在幕后操纵,臣子的有事、有为都是在为君主而为。所以,君主的"无事"正是"有事","无为"正是有为。这种辩证的为君之道,推动了韩国的改革。申不害在改革中注重农业生产,指出:昔日君主"法制不一,号令不同,而俱王天下,何也?必当国富而粟多也。"(《艺文类聚》引)又说:"四海之内,六合之间,奚贵?曰:贵土,土,食之本也。"(《太平御览》引)这是朴素唯物论思想。申不害的"术",虽然着重讲君主操纵国家机器和驾驭群臣的策略,但也贯串着"循名责实"的精神。如,他提出"因能而授官",并要"为人君者操契以责其名。"(《申子·大体》)"操契以责其名"的"名",就像契券,君主可拿它要求臣下负责。这种"循名责实"的思想也是符合唯物主义认识论的。

重"法"派的代表人物是商鞅(约公元前390—前338年)。鞅者,因功封于商,故名。他自幼好刑名之学,曾在魏国做过小官。后赴秦,受孝公重用,主持变法,执政21年。孝公死后,被惠王车裂灭族。商鞅反对"礼治",主张"任法而治",按新兴地主阶级的主张制定统一的法令,予以公布,强制推行,以实现民务耕战、富国强兵。他认为,人类历史是发展的;法律和制度都应随之变化。他反对"法古无过,循礼无邪",主张"礼法以时而定,制令各顺其宜"(《商君书·更法》)。并以夏、商、周三代的礼不同都成就了王业,春秋五霸的法不一都建立了霸业为例,说明"贤"、"智"之士都应变旱礼创新法。商鞅认为,富国强兵应重视并奖励农战,其有效办法是依靠法治,严明赏罚。他认为"民之性,饥而求食,劳而求佚,苦则索乐,辱则求荣";"人性好爵禄而恶刑罚"(《定分》),断言:"人生而有好恶,故民可治也。"因此,必须"垂法而治"(《壹言》)。从性恶论出发,商鞅主张"以刑去刑"。他是中国思想史上第一个系统论述"禁奸止过,莫若重刑的思想家。他认为时代不同,民性也异。"上世"之发"爱私"。"中世"之民"悦仁","下世"之民"求利"。因此,必须以赏罚"御民",使他们积极从事耕战。"以刑去刑"论的目的是以严刑峻法打击阻挠变法的贵族、残酷镇压劳动人民。由于它片面夸大暴力的作用,无论在理论上还是实践上都是不可取的。

从上述法家学派代表人物的思想内容和发展程度来看,形成期和发展期的法家学派显然是还不成熟的。这两个时期可以叫作法家思想发展的前期,其代表人物可以叫作法家学派前期代表人物,以此来和集大成的后期及其代表人物相区别。前期法家的思想虽各有特点,但都主张人的一切行为规范都应用法的形式明确规定,做到有法必依,赏罚严明;都倡导并推行奖励耕战、富国强兵的政策;都鼓吹把行政、立法、司不等权力集中在君主手中;都以好利恶害的人性论和历史进化论作为法治的理论基础。

二、韩非子的思想

韩非(约前280—前233)也称韩非子,韩国都城阳翟(今河南省禹州市)人,出身韩国贵族,是战国时期著名的哲学家,法家思想的集大成者,其著作被编为《韩非子》。

1. 朴素唯物主义的世界观

韩非吸取了法家前辈的学说,特别是继承和发展了荀子的唯物论思想,成为法家的集大成者。韩非的哲学思想是以朴素唯物主义和辩证法为基础的。其自然观不仅反对天命鬼神观,其中还有一些唯物史观的思想元素。他以更加明确的唯物主义态度发挥了老子的道论。他说:"道者,万物之所然也,万理之所稽也。理者,成物之文也","万物各异理,而道尽稽万物之理"(《韩非子·解老》,本节下引此书,只注篇名)道被清楚地表述为万物的一般规律。他据此而要求统治者"缘道理",反对"弃道理":"夫缘道理以从事者,无不能成,无不能成者,大能成天子之势尊,而小易得卿相将军之赏禄。夫弃道理而妄举动者,虽上有天子诸侯之势尊,而下有倚顿、陶朱、卜祝之富,犹失其民人而亡其资财也。"(同上)"缘道理"就是按规律办事,可以取得成功,否则就要失败。他据此主张消除天命鬼神观。他说:"用时日,事鬼神,信卜筮而好祭祀者,可亡也。"(《亡征》)他主张无神论态度坚决,但反对有神论方法简单,此种理论一旦升华为国家法令,可能流于简单粗暴。

2. 进步的历史观

韩非的思想主要源于战国时期的社会实际。第一,它总结了七国为发展争雄而实施的政策策略,以及由兼并走向统一的军事斗争;第二,它总结了百家争鸣特别是法家思想和儒家思想的思想论战。韩非的思想要回答国家如何才能走向政治统一、社会统一、思想文化统一,以及如何巩固这种统一。他的思想主要是从生活的实际出发,而不是从书本的要求出发。他主张的统一是新建在统一战争胜利基础上的中央君主集权封建帝国,而不是把制度、思想统一到西周的典章制度。他看到"人民众而货财寡,事力劳而供养薄,故民争,虽位赏罚而不免于乱"的社会现实,根据"圣人不期修古,不法常可,论世之事,因为之备"的进步历史观,作出了"上古竞于道德,中世逐于智谋,当今争于气力"的判断,(《五蠹》)还提出过"废先王之教"的主张(《问田》)。韩非的思想有三个理论来源。第一是老子的思想,第二是法家前辈的思想,第三是自己老师荀子的思想。韩非的思想代表当时新兴地主阶级的政治利益和要求,但他很重视利用知名的文化典籍来支持自己的理论。他的《解老》和《喻老》就是诠释老子思想的专著。韩非不注释孔子和儒家的著作,而注释道家的《老子》,既反映了他的政治态度和理论取向,也反映了《老子》的历史价值。

3. 朴素唯物主义的认识论

韩非的认识论具有朴素唯物主义倾向。他批判先验论、坚持反映论。例如,他主张:"明主之吏,宰相必起于州部,猛将必发于卒伍。"(《显学》)这种观点在一定程度上包含着实践出真知的思想。韩非把先于认识对象而发生的认识称为"前识":"先物行,先理动,之谓'前识'。前识者,无缘而忘(妄)意度也";"前识者,道之华也而愚之首也。"(《解老》)他说:"人也者,乘于天明以视,寄于天聪以听,托于天智以思虑。"发挥了荀子关于"天官"、"天君"的认识理论,强调认识是感觉和思考的结合(同上)。他主张"循名实而定是非,因参验而审言辞",提出以参验的方法来检验认识。(《奸劫弒臣》)。检验认识要做到"言会众端,必揆之以地,谋之以天,验之以物,参之以人。四征者符,乃可以观矣"(《八经》)。"无参验而必之者,愚也;弗能必而据之者,诬也。"(《显学》)判断一个认识是否正确,要结合天、地、物、人等各方面的实际加以综合比较、检验,才能下结论,否则就是愚蠢和欺骗。他又说:"夫言行者,以功用为之的彀者也。"(《问辩》)的彀就是目的、目标。他重视实干,反对空谈:"今听言观行,不以功用为之的彀,言虽至察,行虽至坚,则妄发之说也"(同上)。

4. 朴素的辩证法思想

韩非继承发挥了老子和荀子的辩证法思想,第一次把"矛盾"这个概念引入了中国哲学。韩非把两个对立而并存的事物及其关系叫作"矛盾",并论述了矛盾双方转化的条件。老子有"祸兮福之所倚,福兮祸之所伏"之论,韩非揭示了其中的条件:"人有祸则心畏恐,心畏恐则行端直,行端直则思虑熟,思虑熟则得事理。行端直则无祸害,无祸害则尽天年。得事理则必成功,尽天年则全而寿,必成功则富与贵,全寿宝贵之谓福。而福本于有祸,故曰:'祸兮福之所倚'。"(《解老》)反过来呢,有福就富贵,富贵就骄横,骄横就走邪路、钻牛角尖,最终会因"弃道理"而走向反面。韩非通过说明祸与福转化的条件,论证了矛盾转化的条件问题,这是中国辩证法史上的一个创造。韩非还论证了辩证法的其他问题,如,内因和外因的关系问题。总之,韩非之解老,可比孔子之作《十翼》;《老子》之有韩非,如《易经》之有《易传》。当然,韩非的辩证法也有不彻底的一面,比如,他为论证君主制的永恒性,而论证"与天地之剖判也具生,至天地之消散也不死不衰"(《解老》)的"常道",说明其存在片面性和绝对化的问题。

5. 法、术、势一体的思想

韩非提出的法、术、势一体的法治思想,适应了由诸侯割据向中央集权过渡的需要。法,就是法令、制度;"法者,宪令著于官府,刑罚必于民心,赏存乎慎法,而罚加以奸令者也,""君无术则弊于上,臣无法则乱于下,此不可一无,皆帝王之具也。"术,就是君主驾驭官吏和臣民,以及运作国家机器的权术;"术者。因任而授官,循名而责实,操杀生之柄,课群臣之能者也。"《定法》)势,就是君主至高无上的地位和权力,"贤人而屈于不肖者,则权轻位卑也;不肖而能服于贤者,则权重位尊也。尧为匹夫不能治三人,而桀为天子能乱天下。"(《难势》)

韩非汲取了申不害、慎到、商鞅等人的思想精华,也克服了三人各自的不足。韩非认为,商鞅重法,申不害重术,慎到重势,各有成就,也各有局限,如果三者不结合起来,"皆未尽善也"。他说:"抱法处势则治,背法去势则乱。"(《难势》)"势者,君之马也,无术以御之,身虽劳犹不免乱;有术以御之,身处佚乐之地,又致帝王之功也。"(《外储说右下》)抱法、有术、处势三者要统筹兼顾:处势是抱法、有术的基础,抱法、有术是处势的保障,而有术又是抱法的手段。韩非指出:"法者,编著之图籍,设之于官府,而布之于百姓者也。术者,藏之于胸中,以偶众端,而潜御群臣者也。故法莫如显,而术不欲见。"(《难三》)法、术、势虽是三位一体,但操作时有的要大张旗鼓,有的要深藏不露,各有侧重而形成互补。这样才能保证君主制度"事在四方,要在中央,圣人执要,四方来效"(《扬权》)的政治需要。

韩非生前未能亲自"参验"自己理论的"的彀"究竟如何,但他这一整套理论在秦王朝统一过程中成为官方理论。谭嗣同指出:"两千年来之政,秦政也。"(《仁学·二十九》)韩非思想对中国封建统治影响之深远,由此可见一斑。但韩非的学说也有其严重缺陷。秦王朝二世而亡与这套理论的内容缺陷不能说没有关系。后来的封建统治者为什么暗里实行法家的一套,表面却举着儒家的旗帜,与法家保持着距离,这也是值得深思的问题。

第四章 先秦诸子思想

第一节 孙武和《孙子兵法》

孙武,是中国古代杰出的军事家和军事思想家,著有《孙子兵法》。《孙子兵法》经过后人的补充和完善,系统总结了当时的军事实践,而且包含着丰富的朴素唯物主义和辩证法思想。孙武不是以单纯的军事观点来看待"兵法"或军事问题。他的军事思想具有世界观的性质,是一种军事哲学。

一、整体、系统的战争理论

《孙子兵法》是把客观规律、自然环境、社会条件等方面综合起来而论述战争及其战略战术问题的。这种思想方法含有唯物史观的思想元素。

首先,战争的胜负取决于战争双方的综合条件。他把这些条件概括为"五事"、"七计":"一曰道,二曰天,三曰地,四曰将,五曰法",并提出"知之者胜,不知者不胜"。他以科学的态度从规律的层面分析了战争,指出战争的胜负"不可取于鬼神,不可象于事,不可验于度,必取于人,知敌之情者也"(《孙子·用间篇》),反对迷信鬼神,迷信经验,迷信教条,只有从实际出发而发挥人的主观能动性,才能立于不败之地。他还提出战争的胜负取决于"主孰有道,将孰有能,天地孰得,法令孰行,兵众孰强,士卒孰练,赏罚孰明。吾以此知胜负矣"等"七计"。哪一方的领导决策更正确、英明,哪一方的将帅更英勇善战,哪一方天时地利更优势,哪一方法令制定执行得更好,哪一方兵员后备更强大,哪一方士兵战术训练更适于实战,哪一方赏罚更严明。这"七计"是敌我双方进行综合比较的七个重要方面,是决定胜败的七个关键性的细节。

其次,孙武提出了"知彼知己者,百战不殆"(《谋攻篇》)的科学论断。"知彼知己"是中国历史上第一次明确提出的符合唯物论及辩证法思想的战争指导原则,是《孙子兵法》军事思想体系的基石和精华。"知彼知己,百战不殆",这个命题包含着从战争中学习战争的思想。学习和认识战争是为了驾驭战争和战胜敌人。战争的规律存在和变化于战争各方的关系中间,存在于各方进行战争的条件、目的、决策、部署及适时调整变化的实施过程中,更体现在战争结果及其对战争各方的影响之中。因此,"知彼知己"不仅包括对空间中并存各方的认识,还包括认识各方随时间持续而发生变化的过程。它不仅是一个能够正确指导战争的军事学命题,同时也是一个颠扑不破的认识论命题。

第三,孙武主张要从物质和精神两个方面进行战争准备。"知彼知己"和"五事""七计"等思想在一般意义上包括综合国力及战争中物质准备和精神准备的问题。除此以外,孙武还特别提及了战争的后勤保障问题和指挥员的精神状态问题。他说:"军无辎重则亡,无粮草则亡"(《军争篇》)。他高度重视战争的后勤保障,并将这个问题提高到事关战争胜负的高度。这个论断用之于现代战争也是准确的。由于孙武在战争观上持唯物论和辩证法的态度,使其许多军事思想具有非凡的历史预见性。他还提出了军事指挥员不可将私情私欲带入战争的问题。战争事关国家的生死存亡,因此,"主不可以怒而兴师,将不可以愠而战;合于利而动,不合于利而止"(《火攻篇》)。他反对领袖和将帅凭主观愿望和个人感情来决定战争,并对此发出了"明君慎之,良将警之"(《地形篇》)的警告。在私兵制的历史条件下,他提出这些带有朴素唯物论和人民性的思想是难能可贵的。

二、《孙子兵法》的辩证法思想

《孙子兵法》发展了老子的辩证法思想,具有更丰富而具体的内容。

第一,战争是服务于政治的重要手段,为战者对此应"杂于利害"(《九变篇》)。孙武郑重指出:"不尽知用兵之害者,则不能尽知用兵之利也。"(《作战篇》)他认为,战争具有利与害的两重性。如果不用战争而能够实现国家的利益,那是最好不过的事情。他说:"上兵伐谋,其次伐交,其次伐兵,其下攻城。攻城之法,为不得已。"(《谋攻篇》)用兵攻城是不得已的下策,故善用兵者,不在"屈人之兵"、"拔人之城"、"毁人之国",而在"兵不顿而利可全"(同上)。

第二,是"知彼知己"和"有备无患"(《九变篇》)。这是进行战争的必备条件。有备无患的关键在于不被敌人战胜,然后战胜敌人。"善战者,先为不可胜,以待敌之可胜。不可胜在己,可胜在敌。"《军争篇》)敌我是对立的,又是统一的。敌方的事物决定于敌方而非我方,但我方可以在了解敌方的基础上因敌而备己,进而调动敌方,诱敌出错,造成敌不可胜我,而我可制敌的态势。

第三,是"攻其无备,出其不意"(《计篇》)。击敌方于无准备、无计划之状态,就是我方不打无准备和无把握之仗,二者是对立统一的。

第四,是"以正合,以奇胜"(《计篇》)。"正",是指事物的规律性;"奇",是指人的能动性,打仗就要辩证地处理这对矛盾关系。孙武指出:"兵者,诡道也。"这和老子所说"反者道之动,弱者道之用"是相通的,二者都是在讲这个关系。为此,他提出了"以虚胜实"、"以寡胜众"、"以弱胜强"、"以逸待动""以奇胜正"(《计篇》)和"示敌以形"(《势篇》)等制敌之策。孙武认为,敌我态势是不断变化的,谁善于发挥主观能动性创造有利于己的条件,谁就占了先机。例如,能而示之不能,用而示之不用,近而示之远,远而示之近,利而诱之,乱而取之,实而备之,强而避之,怒而挠之,卑而骄之,逸而劳之,亲而离之等,以及"投之亡地而后存,陷之死地而后生"(《势篇》),一切有利于克敌制胜的手段都可以采用。

第五,是统筹以少胜多和以多胜少的关系。孙武说:"用兵之法,十则围之,五则攻之,倍则分之,敌则能战之,少则能逃之,不若则能避之。故小敌之坚,大敌之擒也。"(《谋攻篇》)他认为只有在战术上以多胜少,才能在战略上以少胜多。

第六,是"兵无常势,水无常形"(《虚实篇》),要善于观察和总结。他说:"敌近而静者,恃其险也。远而挑战者,欲人之进也。其所居易者,利也。众树动者,来也。众草多障者,疑也。鸟起者,伏也。兽骇者,覆也。尘高而锐者,车来也。卑而广者,徒来也。"(《行军篇》)这是他根据长期的作战经验总结出敌人的一般情况,在此基础上运用知彼知己、示敌以形的思想作分析,就能透过假象,抓住本质。他把这种方法概括为"因敌而制胜",并认为"能因敌变化而取胜者谓之神"(《虚实篇》)。

孙武还提出人心向背为胜利之本。他说:"道者,令民与上同意也,故可以与之死,可以与之生,而不畏危。"(《计篇》)又说:"视卒如婴儿,故可与之赴深溪。视卒如爱子,故可与之俱死。"(《地形篇》)统治者和将帅若能热爱人民和士兵,那么兵民就会拼死打仗,战争就能胜利。因此,统治者决策战争不能背离广大人民和下层士卒。他将军事与政治结合起来分析,是很有见地的。

由于历史条件的限制,《孙子兵法》也多有局限性,根本原因在于背离了唯物史观。例如,它虽然论述了决定战争胜负在于人事,而人事之本又在于君民一致和官兵一体,但归根结底还是看不到人民的力量,而片面夸大了少数上层领导者的作用。他把"知兵之将,民之司命"(《作战篇》),如兴殷之伊挚、兴周之姜尚等具有"上智"的"明君贤将"(《用间篇》),看作是国家命运的主宰。反之,孙武提倡愚兵政策。他说:"愚士卒之耳目,使之无知","犯之以利,勿告以害","若驱群羊,驱而往,驱而来,莫知所之"(《九地篇》)。毋庸置疑,这是他剥削阶级思想和英雄史观的表现。

《孙子兵法》对我国军事思想和哲学思想的发展均有重大影响。韩非曾亲历过战国后期的统一战争。他形容当时《孙子兵法》的社会影响是"境内皆言兵,藏孙、吴之书者家有之。"(《韩非子·五蠹》)曹操说:"吾观兵书战策多矣,孙武所著深矣。"(《曹操集·孙子序》)李世民说:"现诸兵书,无出孙武。"(《李卫公问对》)毛泽东在自己的军事著作中多次分析并高度赞扬了孙子"知彼知己"的哲学思想。今天,中国和世界对《孙子兵法》的研究仍在继续深入。

第二节 管子学派

管子,即是为五霸之首齐桓公做宰相的管仲。他是管子学派的源头和代表。管子学派最终成于战国时期。他们的基本哲学思想保存在《管子》书中。这一学派继承和发展了春秋时期管仲的思想。

一、管子学派

管子学派,由受管仲思想影响的齐国后人构成,但其重要的活动家和思想家并没有留下姓名。管子学派是一个介于儒家学派和法家学派之间的折中的学派。在西周解体,中国社会在新的生产方式的作用下慢慢走向新的统一的过程中,出现了百家争鸣,儒法两家的斗争在百家争鸣中最为激烈,也最难以调和。儒家学派主张全盘保留周王朝宗法制,强调以宗法道德来巩固统一礼制秩序具有优越性,以此来服务于当时的统治者。法家学派与儒家学派针锋相对,主张全盘否定西周以来的宗法制,建立君主专制的大一统国家和新的封建等级制度,强调以功与过的法律规范来替代善与恶的道德规范符合历史发展的趋势。管子学派具有调和儒法矛盾的特征。儒家思想产生并实行于当时中国的东部,和鲁文化有渊源关系,而法家思想则产生并实行于当时中国的西部,和三晋文化有着渊源关系。管子学派生存和发展在齐国的环境中,深深打上了齐文化的烙印,于中可见其追求折中的原因。

第一,齐国在历史上受西周宗法制的影响远不及鲁国,在当时变法图强的大潮中也远不及商鞅韩非所报效的秦国,所以产生出这样守旧不坚决、变革不彻底的折中学派。

第二,战国七雄从奴隶制向封建制过渡的道路和形式给各有特点,既受制于历史条件,又决定于各国的选择。管子学派选择了一条力图使宗法制度适合于中央集权,使礼制和法治相结合的道路,满足了当时齐国统治者的要求。由此亦可见管子学派成员的社会属性。这批人因为现实利益而在政治上和齐国的新王权站在一起,但在思想和文化的渊源方面和西周的宗法制度及其意识形态依然有着难以割舍的渊源。到了战国后期,齐鲁两国选择的道路均未走通并最终亡国,而统一中国的历史道路由接受法家思想的秦国走通了。这也从一个侧面证明了管子学派折中主义的历史局限性。

二、《管子》其书

《管子》的成书经历过一个复杂的过程。今本《管子》是汉代刘向编定的。其书是由多人所作。这一点类似于《吕氏春秋》,但其书并非作于一时。这又与之不同。有人主张此书中的《心术》、《白心》、《内业》、《枢言》等篇是稷下先生宋钘尹文的著作,其中阐述了朴素唯物主义的思想。也有人认为这并不是宋钘尹文的著作,而是稷下先生中其他人的著作。刘向在编定现存的这部《管子》的时候,吸收了不少稷下先生的著作。管子学派的思想元素就保留在中间。但是在刘向之前还有另一部《管子》流行,也是有证据的。韩非、贾谊和司马迁都曾提到过这部《管子》。韩非曾将《商君书》和《管子》并提,他说:"今境内之民皆言治,藏商、管之法者家有之"(《韩非子·五蠹》)。贾谊则分析了《管子》中"礼义廉耻,是为四维"的思想体系,指出其与商鞅"遗礼义,弃仁恩,并心于进取"(《汉书·贾谊传》)的思想根本不同。司马迁用《管子·牧民》中的两段话概括了《管子》的基本思想,其一,"故其称曰:'仓廪实而知礼仪,衣食足而知荣辱,上服度则六亲固,四维不张,国乃灭亡。下令如流水之源,令顺民心。'"其二,"知与之为取,政之宝也。"(《史记·管晏列传》)这说明,贾谊和司马迁所看到的《管子》并不杂乱,而是一部具有一以贯之思想体系的著作。辨别今本《管子》中哪些内容属于管子学派的著作,贾谊和司马迁对《管子》的论述可以作为依据。

三、管子学派的思想

第一,管子学派论述了"礼法并用"统治模式。礼是一整套等级制度,其核心是源于西周时期以血缘关系为纽带的宗法制度。它将家族、氏族中的血缘感情和经济、政治中的等级制度结合起来,便于巩固统治和统一思想。礼重视宗法道德,其基础是奴隶制的生产方式,随着这种生方式的消亡,礼的主张终究是行不通的。法是有别于礼的另类等级制度,是在礼之后新生的制度。其基础是新兴地主阶级的生产方式。法把社会纳入赤裸裸的政治权利关系,坚决反对宗法道德一类烦琐虚伪的说教,主张依据国家的需要严格实施奖功罚过。在法的统治框架里,基于名利而实施的奖惩关系体现着一种下层绝对服从上层的关系,直至无条件地服从于君主至高无上的权威。管子学派对礼法双方实施"择其善者而从之"的策略应对,少了推陈出新的历史辨析。所以,他们既重视以道德取民心,又重视以"富民"促耕战,有时用礼在先,有时用法在先,总之是礼法并重,贯彻了实用主义和折中主义的路线。后来的实践证明,这条路线虽有效于一时,却终究没有走通,这是管子学派的历史教训。另一方面,管子学派思想虽有调和矛盾的倾向,但比较重视研究构成事物的矛盾各方的特点,这是不能一概抹杀的。

第二,《管子》书中的《心术》、《白心》、《内业》等篇,有比较丰富的朴素唯物论思想,在中国哲学史上占有重要位置。首先,《内业》篇论述了唯物主义的"精气"学说:"精也者,气之精者也",精和气都是物质性的规定。"凡物之精,此则为生。下生五谷,上为列星",其本质都是精气。人也是在天地中秉承气和精而产生的,"凡人之生也,天出其精,地出其形,合此以为人。"(《管子·内业》,本节下引此书只注篇名)人是"和"气而生的,是取天之精气和地之形气而生的。"和"就是矛盾的关系及作用,也就是与气的对立统一,"和乃生,不和不生"。因此,没有气及其中的矛盾也就没有人。其次,"精"就是"道"。道是物质性的规定,"其大无外,其小无内,故曰不远而难极也"(《心术上》)。道和精一样,既是寻常可见的,又是难以穷尽的。道和精是寻常的,因而不是不可捉摸的东西;又是难以穷尽的,因而是有着无限广延和持续性的东西。这就触及了物质的客观实在性和可知性的原理,是很了不起的。

第三,管子学派主张"虚静一因"的认识论。他们把认识的对象称为"所知",把认识的主体称为"所以知",特别关注认识过程中的主体的状态。他们主张认识要达到主体和客体一致,就要贯彻"虚静一因"的认识路线。"虚"和"静"实现正确认识必须具备的主体状态。"虚者,无藏也"(《心术上》),就是要首先排除心中先验和主观的干扰;"物致而命之"(《白心》),做到"名当",即概念和对象相符合。"静",是保持"毋先物动者"的心态,有此心态才能"静身以待之,物至而名之",使"心"居于"君"位,正确发挥统筹各个感觉器官的作用。"一",是指认识勿带有主观偏见,做到"耳目不淫,心无他图,正心在中,万物得度"(《内业》)。同时也指按照事物的规律持之以恒地认识和思考下去而不偏废,这就是"思之思之又重思之,思之而不通,鬼神将通之,非鬼神之力也,精气之极也。"(《内业》)管子学派所说的"因",是指从事物的本来面目认识事物,即"因也者,无益无损也"(《心术上》)。认识要符合事物本身的尺度。当然,他们的认识论思想也有不足,例如,他们有"气道乃生,生乃思,思乃知,知乃止矣"(《度地》)的思想,在认识起源方面坚持了唯物论,但脱离了人的社会性和实践活动来谈认识,是不可能正确说明全部认识问题的。

此外,管仲曾有"作内政而寄军令"(《国语·齐语》)的思想和实践。管子学派发展了这个思想。他们依靠王权在齐国推行了寓兵于民、寓兵于农的政策,巩固了新兴的封建统治。这种将宗法制的社会成分融入新的社会组织及其军事组织中的思想和制度,不仅适合了当时齐国的社会需要,而且对后来中国的人口编制和社会组织制度产生了巨大的影响。

第三节 庄子的哲学思想

庄子(公元前369—前286年),名周,战国中期宋国蒙(今河南商丘)人。曾做过蒙地方的漆园吏,不久隐退。他生活贫困,曾靠钓鱼、打草鞋、借贷生活,但他拒绝了楚威王的重金聘请。他说:"千金,重利;卿相,尊位也。子独不见郊祭之牺牛乎?养食之数岁,衣以文绣,入以太庙。当是时,虽欲为孤豚,岂可得得意忘得乎?子亟去,无污我。我宁游戏污渎之中自快,无比有国者所羁,终身不仕,以快吾志焉。"于中可见其人志趣。庄子是一个比较全面的思想家,"学无所不窥,然其要本归于老子之言。"他的著述"诋訾孔子之徒,以明老子之术"(《史记》卷六十三)。现存《庄子》一书由晋人郭象编定,含内篇七、外篇十五、杂篇十一,共三十三篇。学术界多数意见认为庄子自作,外篇、杂篇为后学或旁人所作;但因无确凿的证据证明其不代表庄子的思想,还是放在一起来对比分析。

一、充满矛盾的自然观

庄子的气魄大。其思想具有博大、旷放的特征,但并不严谨,有时还有自相矛盾的地方。庄子对天地万物的把握具有两面性。他继承老子的思想,以道和德来表达天地万物,具有朴素唯物主义的倾向。他说:"通于天地者,德也;行于万物者,道也;上治人者,事也;能有所艺者,技也。技兼于事,事兼于义,义兼于德,德兼于道,道兼于天。"(《庄子·天地》,本节下引此书只注篇名)"德"是万物的秉性,"道"是万物的规律;人们的经济生活、政治生活和精神生活,其规则和万物一样统属于"德","德"统属于"道","道"统属于天。庄子还在这种思想基础上论述了天人关系:"无为为之之谓天"(《天地》),"通天下一气耳";人在其中也遵循一样的规律:"人之生,气之聚也,聚则为生,散则为死。"(《知北游》)庄子以气通天下的观点论述道德论的思想,不仅比老子表达得清楚,而且用这种观点论述了人类的社会生活,其中含有唯物史观的思想元素。然而庄子另有与之矛盾的思想,他有时也将"道"看成是一种"神鬼神帝,生天生地;在太极之先而不为高,在六极之下而不为深;先天地生而不为久,长于上古而不为老"(《大宗师》)的绝对。老子有这种把"道""绝对"化的思想倾向,但毕竟老子的思想主旨是反对天命鬼神。他的这种倾向应视为受制于历史条件而造成的思想含混,还没有达到客观唯心主义的程度。庄子在老子之后,他的这种理论表述,无疑是把"道"规定为一个派生万物的、永恒的精神实体,属于客观唯心主义的性质。

二、万物皆一、物我合一的相对主义

庄子向往并追求精神自由,但他把这个过程绝对化了。这种绝对化直接导致了相对主义。庄子的相对主义包含着"万物皆一"与"物我合一"两个方面的内容。

第一,庄子看到了事物具有相对性的一面。他肯定这种相对性是合理性的,但他扩大了相对主义的范围。在庄子看来,万物的实质是"毕同毕异"的(《天下》)。他认为,生与死、美与丑、大与小、有与无的区分只是相对的。他说:"死生存亡之一体"(《大宗师》)。又说:"方生方死,方死方生"。这样,生和死就没有了确定的界限,被说成了一回事(《齐物论》)。至于草茎和木柱、丑女和西施,以及世上各种千姿百态的事物,庄子都认为实际上并没有什么差别。甚至自己梦见蝴蝶,也辨不清梦与现实以及蝴蝶与我的关系。庄子思想中的矛盾值得注意。一方面,他从相对主义出发,却揭示了事物的统一性,有超越相对主义的趋势;另一方面,他用万事万物的共同本质,抹杀不同事物之间的差异,进而否定了具体事物的确定性,又回到了相对主义。

第二,庄子在"万物皆一"的基础上又提出了"物我合一"的思想。他说:"天地与我并生,而万物与我为一"(《齐物论》);又说:"独与天地精神往来"(《天下》)。按照庄子的这种观点,道即是我,我即是道,"道"与"我"处于同一的关系;一个人只要在精神上得到了"道",是可以与"道"同体并生的。这种思想有着巨大的精神张力,气魄极大,对后世影响也极大,但是这种思想的实质是狭隘的相对主义。其在哲学上的积极意义不多,消极影响不少。不过,庄子的这些思想在文学和美学方面的积极意义要远远优于其哲学意义。

三、"不能相知"的认识论

庄子的认识论,基本趋势是从相对主义出发,逐渐走向怀疑论和不可知论。和所有的怀疑论者一样,首先,庄子对认识客体的确定性存有怀疑,进而否定认识对象的客观规定性。他对认识对象的界定是:"自其异者视之,肝胆楚越也;自其同者视之,万物皆一也。"(《德充符》)人们认识事物有不同的角度,因而可能集中把握对象的某些方面,这是正常的。但是,庄子认为由于认识者看问题的角度具有相对性,进而导致了认识对象也具有了相对性,这是主观唯心主义的认识。其次,庄子认为认识主体具有相对性,怀疑其确定性,进而怀疑认识过程的确定性。庄子借助"梦蝶"的故事说明了他的这种怀疑(《齐物论》)。庄子在梦中不知道自己是庄周,醒来后又不知道究竟是庄周梦作蝴蝶还是蝴蝶梦作庄周。他要说的是物和我有差别,但当二者交合起来时这种差别是相对的。再次,庄子怀疑认识标准的客观性。他说:"是亦彼也,彼亦是也;彼亦一是非,此亦一是非"(《齐物论》);又说:"彼是莫得其耦,谓之道枢,枢始得其环中以应无穷。"他认为认识的正确与否并没有客观标准,就像两个人辩论一样,胜败的结果是好确定的,但其中的是非是不好确定的。由于认识的对象、认识者和认识过程以及认识的标准都具有不确定性,庄子认为人和外物是"不能相知"的。他的结论是"吾生也有涯,而知也无涯;以有涯随无涯,殆已。"(《养生主》)

四、社会历史观

庄子的社会历史观基本上是祖述老子的,但其主张比老子的更加倒退。庄子认为,事物的原始自然状态是最完善的,这种状态不应该被改变。人为地改变事物的原始自然状态就会损坏事物的本性,甚至导致事物的灭亡。他曾经以马为例。人类按照自己的要求削蹄剪鬃、配鞍带辔、吆喝鞭打,还要节制马的饮食,让马为自己服务,结果违背了马的"真性",这样的马很多会死掉。在《骈拇》篇中,庄子指出:"凫颈虽短,续之则忧;鹤颈虽长,断之则悲。故性长非所断,性短非所续。"事物的大小、长短都是自然给予的,如果人为地去增减,必然会造成不幸和痛苦。人类社会也是这样,原始的混沌状态是最好的。后来社会的发展破坏了这种状态,庄子对此是不满意的。在这个问题,庄子受老子思想的影响。他看到并厌恶技术及文化进步带来的社会问题,却选择了片面乃至极端的应对方法。他说:"圣人不死,大盗不止","绝圣弃知,大盗乃止。摘玉毁珠,小盗不起。焚符破玺,而民朴鄙。掊斗折衡,而民不争。殚残天下之圣法,而民始可与议论。"(《胠箧》)他由此得出结论:人类必须消灭一切文明,回到原始的自然状态去(《胠箧》)。只有把玉珠、符玺、斗衡、圣法等一切文明的产物统统取消,人们才能进入理想的"至德之世"。什么是"至德之世"? 庄子说:"夫至德之世,同与禽兽居,族与万物并,恶乎知君子小人哉? 同乎无知,其德不离。同乎无欲,是谓素朴而民性得矣。"(《马蹄》)"同与禽兽居,族与万物并","同乎无知","同乎无欲",是庄子追求的理想社会人畜不分的史前状态。庄子说:"有虞氏不及泰氏。有虞氏,其犹藏仁以要人;亦得人矣,而未始出于非人。泰氏,其卧徐徐,其觉于于;一以己为马,一以己为牛;其知情信,其德甚真,而未始入于非人。"(《应帝王》)意思是说,社会越变越坏,虞舜已不及他以前的伏羲氏了。虞舜要求人人都有"仁",把人与非人区别开来;伏羲氏则不同,他这个人,睡时安安稳稳,醒时无思无虑,叫他牛也好,叫他马也好,总是浑浑噩噩的。这是庄子推崇的理想的统治者。可见,庄子的理想国比老子的更落后。老子的理想国中有舟车、有甲兵,只是不用罢了,人民是知其文明而守其素朴;庄子的理想国,更倾向于回到人与动物浑然未分的史前世界。

第四节 孟子的思想

孟子(约前372—前289),名轲,字子舆,邹(今山东邹城)人,战国时期儒家的大思想家,著有《孟子》七篇。孟子一生以孔子的继承人自居,他说:"乃所愿,则学孔子"(《公孙丑》)。他的天命论思想具有以孔子的是非为是非的特点。但是孟子并不只是著述孔子。他在同诸子的辩论中也触及到了多方面的社会现实,有自己的理论建树。他的性善、仁政、反战等重要思想,在基本理论方面对孔子的思想有所突破。在中国哲学史上,孟子是一个承上启下的重要人物,儒家将其与孔子并称为"孔孟",对后世产生了巨大影响。

一、天命论和性善论

孟子的天命思想,是对孔子关于君子"畏天命、畏大人、畏圣人之言"思想的发挥。孟子说:"尽其心者,知其性也;知其性,则知天矣;存其心,养其性,所以事天也"(《尽心上》)。据此创建了一个由"尽心"、"知性"、"知天"、"事天"构成的天人合一的思想体系。在孟子的体系中,表示天人合一直接现实的概念是"诚":"诚者,天之道也;思诚者,人之道也。"(《离娄上》)"诚"作为一种绝对的道德规范,既是天道的本质,也是人道的要求。重视天的道德属性和人的道德属性一致,用尽心、知性来支持知天、事天,主张按照天命来行事,这是孟子创建的比较精致的唯心主义理论。孟子认为,历史上能做大事的人,都要经历天命安排的历练。这种思想中蕴含的情感很能鼓舞人,但这种思想的基础是天命论的。孟子的认识论思想中有一些合理因素,如,肯定"耳目之官不思"、"心之官则思",认识到了感性认识和理性认识的差异,但其基本倾向是先验的和主观的。孟子认识论的纲领是:"不学而能者,其良能也;所不虑而知者,其良知也"(《尽心上》)。"良知"和"良能"对他的"性善论"构成了直接支撑。

性善论是孟子理论体系的基石。他要用性善论来做"万物皆备于我,反身而诚乐莫大焉"的思想基础。以一个逻辑起点作为理论的基础,孟子已有了这种自觉。春秋时期的显学还缺乏这种理论自觉。孔子的思想起点是学习和经验,学习古代圣贤传下来的经典理论,践履习行、其乐融融。关于人性,孔子有"性相近也,习相远也"的思想。而"孟子道性善,言必称尧舜"(《滕文公上》),从儒家思想发展的需要出发,直截了当地提出了人性本善的人性论。《孟子》中有这样一段对话,"告子曰:'生之谓性'。孟子曰:'生之谓性也,犹白之谓白与?'曰:'然'。'白羽之白也,犹白雪之白,白雪之白犹白玉之白欤?'曰:'然。''然犬之性犹牛之性,牛之性犹人之性欤?'"(《告子上》)告子主张,凡是生来就有的能力和秉性就是性。这样的"性"实际上只是生物学意义上的"性",即本能,如,饮食、男女之类。孟子反对说:如果这样说是对的话,那么人性与牛性就没有差别了。孟子说:"乃若其情,则可以为善矣,乃所谓善也。若夫为不善,非才之罪也。恻隐之心,人皆有之;羞恶之心,人皆有之;恭敬之心,人皆有之;是非之心,人皆有之。恻隐之心,仁也;羞恶之心,义也;恭敬之心,礼也;是非之心,智也。仁、义、礼、智,非由外铄我也,我固有之也。"(《告子上》)又说:"人之所以异于禽兽者几希。庶民去之,君子存之。"(《离娄下》)性善论有三重含义。第一,人性之"异于禽兽者"在于人有善的本性,仁、义、礼、智等"四端"是人内心固有的四种善性,修身养性不须外求,只向内心追求即可。第二,人或有不善者,原因不在其固有的善性,而在于其丧失了善性。第三,君子注重向内心追求,所以能够保持善性,而庶民却做不到。孟子推测到把握人性不仅要区分人和动物,更要通过人与人的关系界定。这中间有唯物史观的思想元素。但孟子把人性善夸大为先天的绝对,是没有根据的。这种人性善的思想是为其"仁政"的学说服务的。孟子也曾提出过"气者体之充也"(《公孙丑上》)的思想,但这种朴素唯物主义的气,最终被他那个大而无当的"浩然之气"淹没了。

二、仁政说

孟子提出的仁政,是把孔子的仁学从施政理念发展为国家政策的理论构想,是在其人性本善的基础上调节君子同庶民关系的政治设计。孟子的"仁政",其内在依据是统治者的"仁心",而"仁心"的基础是人性的"四端"。"人皆有不忍人之心,先王有不忍人之心,斯有不忍人之政矣"(《公孙丑上》)。这种能发仁心者能施仁政的思想,是对孔子"仁者爱人"思想的发挥。孟子把法家主张的"以力服人"称为霸道,把儒家主张的"以德服人"称为王道。这种差异和对立在孟子的政治视野中是泾渭分明的。在孟子生活的战国中期,郡县制已经普遍取代了分封制,但如何消除割据局面,建立统一的封建国家,出现了儒家和法家为主要代表的派别争论。孟子的这种划分及其对法家的批评,脱离了当时的社会历史条件,其对法家的历史地位及其作为的评价并不全面,但其从一般意义上反对统治阶级的暴政,客观上有利于庶民,具有一定合理因素。孟子希望统治者对人民发仁心、施仁政,从根本上说既不符合客观规律,也不符合当时的历史事实。孟子的仁政思想虽然属于空想,但对其应当进行具体分析,尤其要正确对待其中的合理元素。

第一,对统治者进行了批判。孟子揭露当时"庖有肥肉,厩有肥马,民有饥色,野有饿莩"的事实,攻击统治者"率兽而食人",是"嗜杀人者"(《梁惠王上》),并据此提出了"民贵君轻"说,主张"民为贵,社稷次之,君为轻"(《尽心下》),提出了对统治者有所限制的问题。

第二,总结了政治统治的经验。孟子呼吁执政者要关注人民,把"土地、人民、政事"列为诸侯的"三宝"(《尽心下》),认为统治者只有"保民而王"、"与民同乐",才能天下无敌、长治久安(《梁惠王上》)。还提出"天时不如地利,地利不如人和"以及"得道者多助,失道者寡助"(《公孙丑下》)等执政理念,产生了深远影响。孟子为统治者出主意,这不能否认,但他看问题的角度及其对总结历史经验所达到的高度,值得后人高度重视。

第三,主张依据社会经济生活提出政策。孟子继承了孔子对民"庶之、富之、教之"的思想,提出了"为民制产"的主张。孟子生活的时代不同于孔子,君子与庶民的关系变成了新兴地主与小农的关系。他面对土地私有化的形势,主张由国家按井田制的形式把土地给予农民:"方里而井,井九百亩,其中为公田,八家皆私百亩,同养公田。"(《滕文公上》)这样,农民的百亩私田作为"恒产",不得买卖,满足他们基本的生活要求,同时作为进行教化的基础。

第四,主张实行轻税轻罚、保护农商的政策。孟子主张"省刑罚,薄税敛,深耕易耨"(《梁惠王上》)。税不要多征收,"什一之税"就可以了,农民交土地税可以采用"九一而助"(《滕文公上》)的劳役地租。兵役、徭役要不误农时。鼓励农民精耕细作。"春省耕而补不足,秋省敛而助不给"(《梁惠王下》);对农民应做到耕种不足要资助,收成不够要救济。他肯定商人、商业具有"通功易事"的好作用。

第五,主张开办教育。孟子认为:"天下之本在国,国之本在家,家之本在身。"(《离娄上》)因此,对人的教育是巩固家国天下的根本,而教育的根本在于使人"明人伦"。对人民,他主张"设为庠序学校以教之"(《滕文公上》),"申之以孝悌之义"(《离娄上》),最大限度地宣传、推广"父子有亲,君臣有义,夫妇有别,长幼有序,朋友有信"(《滕文公上》)的封建等级观念。这套主张在儒家三纲五常的理论形成过程中发挥了巨大的影响。

三、反战论

孟子赞成统一,但反对通过战争进行统一,主张通过施"仁政"实现国家的统一。这种主张并不违背春秋以来大一统的历史发展趋势,客观上反映了人民厌恶战争、要求和平、渴望统一太平的心愿。孟子的反战思想,是其性善、仁政,以及重民、轻君等思想的交汇点,也是其思想中理想性和空想性的交汇点。孟子效仿孔子,周游列国推行自己的主张,但当时秦、楚、魏、齐等强国都实行法家和兵家的政策,他的思想没有用武之地。孟子的言论气魄很大,文章形式严谨,易于掩盖其思想中的矛盾。在战国时代的统一战争中,他以施仁政来实现统一的设想被统治者看作可笑的空想。其中一些带有人民性的精华被掩盖住了。到了天下统一、统治者不希望再有战争的时候,这套理论成了修身、治国、平天下的正统理论。其中那些治民、使民,维护统治阶级的糟粕也被掩盖住了。例如,孟子说:"无君子莫治野人,无野人莫养君子。"又说:"或劳心,或劳力,劳心者治也人,劳力者治于人。治于人者食人,治人者食于人。天下之通义也。"(《滕文公上》)这些话虽然说得赤裸直白,倒是符合当时的实际。而孟子倡导"仁者无敌,王请勿疑"(《梁惠王上》),以及"善政,民畏之;善于教,民爱之;善政得民财,善教得民心"(《尽心上》)。这些话虽然说得冠冕堂皇,其实中间却满是虚伪和空想。

第五节 公孙龙的哲学思想

公孙龙,(约公元前320—前250年)战国时期赵国人,与荀子同时。公孙龙擅长辩论,以提出"物莫非指"、"白马非马"等逻辑命题而知名。他是名家学派仲以为承前启后的重要思想家。其思想保留在《公孙龙子》六篇中。

一、"指"与"物"中的"名实"关系

公孙龙的思想主要关注的是名实关系,也就是概念之间的关系问题,或是逻辑问题,但是他的思想涉及了思维和存在的关系问题。他的学说是讨论抽象概念的,

因此和同时代的思想家相比,其思想的概括性、抽象性达到了比较高的水平。公孙龙的思想受道家的影响,特别是受到庄子思想的影响。在《指物论》中论述了"物"和"指"这两个具有高度概括性的概念。"物",表达的对象是客观现象,它是对于客观性的事物所作的概括;"指",表达的对象是精神现象,它是指认和表达"物"的称谓和概念。"物"和"指"这两个概念正是划分哲学唯物主义和唯心主义的根本概念。公孙龙界定"物"和"指"这两个概念时说:"天地与其所产者,物也";"指者天下之所无"(《名实论》)。在界定"物"和"指"的关系时又说:"物莫非指,而指非指"(《指物论》)。按照他的逻辑,天地及其所产生的一切事物,都是客观存在的事物。这些事物的整体或其中任何一个具体事物,都可以被指认为某种称谓或概念;而称谓和概念却不像天地万物一样是从来就有的,也是不能自己指认和派生自己的。虽然公孙龙的重点在于论述"非有非指也",即强调没有不能用称谓和概念来表示的事物,但在他的思想中,天地万物是客观存在的,是第一性的;而称谓和概念是对天地万物的反映,是从客观世界中派生出来的,是第二性的。

公孙龙还结合物质存在的形式分析了名实关系,触及了时间和空间问题。他说:"物以物其所物而不过焉,实也;实以实其所实而不旷焉,位也;出其所位,非位,而位其所位焉,正也。"这其中的思想很值得深入分析。从本体论的意义上看:第一,"物"自己形成自己,守恒而不过分,就是"实在"也。第二,"实在"的东西处在它所处的时间和空间,不发生缺失,就是"位置"也。第三,处在应处的位置上,就是正常;随着时间的推移,"物"若失掉或超出了自己的位置,就是走向了自己的反面。从认识论的意义上看:第一,"不过"(也可以指概念的外延恰当)。第二,"不旷"(也可以指概念的内涵不缺失本质属性)。第三,处在合适位置上(是正确的概念或确定意义的概念,反之是不正确的或不确定意义的概念)。虽然公孙龙对名实关系的论述中有含混不清的思想,但其理论起点是朴素唯物主义的。他为了纠正当时名实混乱的局面,提出了"其正者,正其实也;正其所实者,正其名也"的主张。这种思想具有合理性。一方面,要用是否符合事物的本质来检验概念和认识是否正确;另一方面,要正确认识事物的本质就要运用正确的概念。公孙龙的这些思想不仅是朴素唯物主义的,而且还体现着能动的辩证精神。但是,公孙龙并没有将这些合理的思想元素贯通于其整个的逻辑体系,在发挥这些合理思想元素的时候,往往带有片面性和极端化的倾向。

二、"白马非马"的命题

"白马非马"说,是一个著名逻辑辩题,在中国逻辑思想史占有非常重要的地位。关于"白马非马"的争论,在公孙龙之前已经出现。庄子曾提到过"白马"和"指物"这两个辩题:"以指喻指之非指,不若以非指喻指之非指也。以马喻马之非马,不若以非马喻马之非马。天地一指也。万物一马也。"(《庄子·齐物论》)韩非也讲过一个"白马非马"的故事:"兒说,宋人善辩者也。持'白马非马'也,服齐稷下之辩者;乘白马过关,则顾白马之赋。故藉之虚辞,则能胜一国;考实按形,不能谩于一人。"(《韩非子·外储说左上》)兒说的生卒年月不详,庄子却是早于公孙龙的。但公孙龙对"白马非马"及"物莫非指"的辩题论述最精深,并以此成名,所以后人说起"白马非马"多是和公孙龙联系在一起。"白马非马"说也称"守白"之论,采用"假物取譬"的方法,讨论了寓于事物及概念中间的特殊和一般的关系问题,从一个侧面反映了中国古代分析哲学的发展情况。公孙龙说:"马者,所以命形也;白者,所以命色也。命色形者,非命形也。故曰:'白马非马'。"又说:马固有色,故有白马。使马无色。有马如已耳,安取白马?故白者非马也。白马者,马与白也。故曰:白马非马也"。如何看待"白马非马"的命题呢?第一,"白马非马"说似乎违背了常识,但不能简单抹杀。许多在常识中看似正确的东西,其实并非是正确的;反过来也是一样。公孙龙的这个命题有正确和合理的方面,是有意义的。第二,"白马非马"说从概念的内涵方面界定了"白马"与"马",分析了其中特殊与一般的关系问题,突出了其中特殊与一般的差异和矛盾,对辩证法有积极的贡献。第三,"白马非马"说只强调"白马非马"的方面,却忽视了"白马亦马"的另一面,割裂了事物及概念的统一性。公孙龙分析了概念中的差异和矛盾,但他的目的是为了达到"名"与"实"的绝对相符,从概念中消除差异和矛盾。这种形而上学的努力是错误的和徒劳的。按照公孙龙所提出的"物以物其所物而不过焉,实也;实以实其所实而不旷焉,位也"的逻辑标准,"白马非马"说要达到宾词的内涵和主词绝对同一的要求,那只好说"白马是白色的马"。消除了概念中的差异和矛盾,辩证的思维运动就停止了。从这个意义上看,"白马非马"说的论证,与提出这个命题的初衷之间的差异和矛盾,会使其中的辩证法元素复归于形而上学,并进而湮没其朴素唯物主义的合理思想元素。这是公孙龙的思想局限。

第六节 荀子的思想

荀况(约公元前313—前238年),字卿,又称荀卿、孙卿,战国时赵国人。他15岁去齐国游学,其时正值稷下学宫最盛时期。稷下学宫是战国时期各派争鸣的学术中心。荀子在此从事学术活动14年,三为"祭酒",是学宫第一流的学者。他在批判总结各派观点的过程中,建立了自己的唯物主义哲学体系,把先秦唯物主义哲学思想推向顶峰。荀子是一位以儒学思想为主体兼具法家思想的新兴地主阶级思想家。他渴望中国统一,认为"臣使诸侯一天下",是"人情之所同欲"(《荀子·王霸》,本节下引此书只注篇名)。他寄统一希望于秦国,打破儒者不入秦的惯例访问过秦国。后又去楚国,被宰相春申君任命为兰陵令。春申君被杀后,他被免职,并定居兰陵,与弟子著书传世,直至终老。现存《荀子》三十二篇,是研究他的思想的主要资料。

一、明于天人之分的自然观

荀子是先秦唯物主义思想的集大成者。荀子思想的逻辑起点是"气",气是万物的本源。他说:"水火有气而无生,草木有生而知,禽兽有知而无义,人有气、有生、有知、亦且有义,故最为天下贵也。"(《荀子·王制》)这段论述是其气本体论的纲领。无论在水火、草木、禽兽、人的实体结构中,还是在无生、有生、有知、有义的功能系统中,气都是其中一以贯之的基础。荀子有时也把自然界称为"天",天遵循自己的规律运作就是"天行","天行有常,不为尧存,不为桀亡。"(同上)老子的"道"遵循"独立而不改、周行而不殆"的规律。荀子坚持划清规律的客观性与人的主观规定性的界限,在更彻底的唯物主义基础上发展了老子的学说,批判了"天人感应"的主张。

荀子主张"明于天人之分",反对"天人合一"论。他说"明于天人之分,则可谓至人矣。"(同上)"天不为人之恶寒也,辍冬;地不为人之恶辽远也,辍广。"(同上)"禹以治,桀以乱,治乱非天也。"(同上)自然界既不解人意,也不能决定人事,社会生活的好恶、吉凶、治乱与自然界不存在对应关系。他认为:"强本而节用,则天不能贫;养备而动时,则天不能病;循道而不贰,则天不能祸"。反之,"本荒而用侈,则天不能使之富。养略而动罕,则天不能使之全。倍(背)道而妄行,则天不能使之吉"(《天论》)。在此基础上,荀子概括出了"制天命而用之"的伟大思想,充分反映了处于上升时期的地主阶级的历史要求。其思想精髓至今仍有现实意义。

荀子在将其自然观结合于社会历史生活的时候有循环论的倾向。他说:"始则终,终则始,若环之无端也。"(《王制》)又说历史发展也有"千岁必反"(《赋》)的趋势。此外,荀子在"神道设教"方面受儒家思想影响至深。例如,他认为"卜筮然后决大事,非以为得求也,以文之也。"(《天论》)毋庸置疑,这些都是他唯物主义思想的缺陷。

二、解蔽征知的认识论

荀子的认识论思想是从论述形神关系切入的。他提出了"形具而神生"、"形不具而神不生"的观点,坚持了物质形体对精神现象的决定作用。荀子认为,人类具备认识世界的能力,物质世界也是可以认识的,这两者都是规律。他说:"凡以知,人之性也;可以知,物之理也。"(《解蔽》)"所以知之在人者谓之知,知有所合谓之智"(《正名》)。认识对象反映在人的认识中叫作"知",认识与对象相符合叫作"智"。这是荀子的反映论。他以此为基础推测了感性认识和理性认识的内容及关系。他说:"耳目鼻口形能各有接而不相能也,夫是之谓天官。心居中虚,以治五官,夫是之谓天君。"(《天论》)天官和天君如不能综合起来发挥作用,可能使人引发主观性,从而受制于片面性及假象,造成"蔽于一曲、闇于大理"(《解蔽》)的后果。天官的职能是贯通外物的"有接",天官的"有接"具有直接性,但各司其职,也有局限性。例如,"心不使焉,则白黑在前而不见,雷鼓在侧而不闻。"(《解蔽》)心是天君,其职能是"征知",即综合处理天官提供的材料。"征知"比"有接"具有综合性,但"征知必将待天官之当薄其类然后可也"(《正名》)。所以"征知"对"有接"又有依赖性。

荀子认为认识的目的是为了行动。他坚持"行"重于"知"的知行统一观。他说:"不闻不若闻之,闻之不若见之,见之不若知之,知之不若行之。学至于行而止矣。"(《儒效》)一个人有了知识而不去实行,那么知识再多也没有实际的用处。"闻之而不见,虽博必谬;见之而不知,虽识必妄;知之而不行,虽敦必困"(同上)。荀子还讨论了认识的真理性问题,他说:"凡论者,贵其有辨合,有符验"(《性恶》),包含着主观与客观、动机与效果须一致和符合的正确思想。荀子在聚徒讲学过程中,还总结出了一些融通认识论和辩证法的思想。例如,"学不可以已。青,取之于蓝,而青于蓝;冰,水为之,而寒于水";又如:"不积跬步,无以至千里,不积小流,无以成江海";"锲而舍之,朽木不折;锲而不舍,金石可镂"(《劝学》)。这些论述既触及了质量互变的问题,又触及了关于发展过程的问题,生动形象、言简意赅,很有启发意义。

三、礼法兼治的社会政治思想

荀子也是从人性问题切入来论述社会政治思想的。荀子主张性恶论,和孟子的性善论截然对立。在荀子看来,孟子的性善论是片面的。荀子说:"性者,天之就也"(《性恶》);又说:"心虑而能为之动,谓之伪。"(《正名》)他分两个方面论证了性恶论的思想。第一,从人的天性看:"凡人之性,生而有好利焉,顺是,故争夺生而辞让亡焉;生而有疾恶焉,顺是,故残贼生而忠信亡焉;生而有耳目之欲,有好声色焉,顺是,故淫乱生而礼义文理亡焉。然则从人之性,顺人之情,必出于争夺,合于犯分乱理而归于暴。用此观之,然则人之性恶明矣。其善者伪也。"(《性恶》)人的天性是恶的,是趋利避害的,其可能达到的善只能是后天学习,以义节制的结果。第二,从意识能动方面看:"凡人之欲为善者,为性恶也。夫薄愿厚,恶愿美,狭愿广,贫愿富,贱愿贵;苟无之中者,必求于外。故富而不愿财,贵而不愿执;苟有之中者,必不及于外。用此观之,人之欲为善者,为必恶也。"(同上)善是恶的对立面,人所以欲为善,是因为本性是恶而无善,本身没有善,所以才向外追求,就像薄的想变厚、丑的想变美、窄的想变宽、穷的想变富、贱的想变贵。如果本身有善,不必想外去追求,所以说人性本是恶的。

　　荀子以性恶论服务于自己的政治主张。他的纲领是"立君上,明礼义,为性恶也"(同上)。据此他进一步指出:"人生而有欲,欲而不得,则不能无求。求而无度量分界,则不能不争。争则乱,乱则穷。先王恶其乱也,故制礼义以分之,以养人之欲,给人之求。使欲必不穷于物,物必不屈于欲,两者相持而长,是礼之所起也。"(《礼论》)可以看出,荀子的性恶论,有助于他从人类社会内部寻找国家政治制度的起源,进而支持自己礼法兼治的社会政治主张。荀子认为礼和法有着共同的起源,但他说的那个礼其实是偏于法的。他说:"人力不若牛,走不若马,而牛马为用,何也?曰:人能群,彼不能群也。人何以能群?曰:分。分何以能行?曰:义。故义以分则和,和则一,一则多力。多力则强,强则胜物。"(《王制》)这里的"分",既指人的独立性和差异性,也指礼法规范的度量分界。荀子指出:"礼者,法之大分,类之纲纪也。"(《劝学》)荀子主张礼法兼治。他说:"虽王公士大夫之子孙也,不能属于礼义,则归之庶人。虽庶人之子孙也,积文学,正身行,能属于礼义,则归之卿相士大夫。"(《王制》)他所讲的"礼",与西周世袭分封制的"礼"不同,而与法家用赏罚别贵贱的思想接近。他提出了以礼的劝服来辅助法的赏罚,实现以礼济法,达成"赏不用而民劝,罚不用而民服"(《君道》)的目标,对法家只讲法治拒斥礼治的片面性有所克服。

　　荀子是新兴地主阶级的思想家。他主张把"王道"与"霸道"结合起来,兼而用之,"上可以王,下可以霸",从而区分出"修礼者王、为政者强、取民者安、聚敛者亡"等各种情况的政治。荀子的政治主张更多来自社会实际。孔子等儒家思想家惯用"托古"的手法来包装思想,孟子主张"法先王",荀子主张"道不过三代,法不二后王",要厚今薄古,后人称这种思想为"法后王"。荀子从实际出发,看到了各种政治势力的兴衰与人心向背的关系,因而在一定程度上重视人民的力量。"君者,舟也;庶人者,水也,水则载舟,水则覆舟。"这个道理经过荀子的阐发,对中国封建社会的政治生活产生了极其深远的影响。荀子之后,他的学生韩非克服了他的一些局限,进一步发展了他的思想。

第七节 《吕氏春秋》

《吕氏春秋》是战国末年秦国宰相吕不韦主持门客集体编纂的一部杂家著作。此书完成于公元前239年,当时正是秦统一中国的前夜。吕不韦是战国末年的风云人物。他的历史活动和思想追求对中国社会的走向产生了很大的影响。秦国是战国七雄中最强大的国家。经过长期的发展和对外战争,它已经完成了统一中国的物质准备,特别是军事准备,但尚未完成相应的思想准备和文化准备。或者说,秦国当时的社会思想文化状况比较适合于其在统一战争过程中的特殊性需要,却不适合它在统一状态下的普遍性需要。后来的实际情况证明,这种矛盾对完成统一大任之后秦王朝的历史命运产生了决定性的影响。

《吕氏春秋》的编纂者是最早意识到这种矛盾的思想探索者。他们力图在适合秦国历史条件及其发展需要的基础上弥补秦国在思想文化方面的缺失。他们的探索和追求如果坚持下去,或许是有可能实现认识和化解这种矛盾的。但是,《吕氏春秋》面临着两个不利的历史条件,似乎使它注定无法解决它所触摸到的历史矛盾。

第一,《吕氏春秋》虽也主张思想统一,但它的思想文化倾向不为秦始皇看好,因而以《吕氏春秋》为代表的思想文化追求得不到秦始皇的支持。随着吕不韦的倒台,这种努力最终只是印证了秦国政治集中体现在武功和文治之间的矛盾,却没有能力集中解决这种矛盾。

第二,《吕氏春秋》中的思想内容过于复杂,不具备承担为统治思想做理论基础的基本条件。雄才大略的秦始皇对《吕氏春秋》持冷淡和限制的态度,并不只是因为此书是吕不韦为在政治上有更大追求而欲扬名立腕的工具;也不只是因为自己忙于统一战争而无暇顾及思想文化统治的问题。他对《吕氏春秋》置之不用,其实也是由于此书的基本内容和思想主旨并不适合中央集权国家的需要。但是秦始皇并没有全盘否定《吕氏春秋》的立论用心和实际用途,所以秦统一后的烧书并未伤及《吕氏春秋》。

《吕氏春秋》是百家争鸣的历史运动在秦国本土上出现的罕见的硕果,在思想文化方面具有独到意义。

第一,《吕氏春秋》的思想主旨兼有多样性和统一性的追求。此书的编纂是一个集腋成裘的过程,成就了一部汇聚儒、道、墨、法、兵、农、纵横、阴阳家等各家思想的著作,比较准确地提炼和概括了先秦诸子思想的主旨和精华。书中指出:"老聃贵柔,孔子贵仁,墨翟贵廉,关尹贵清,列子贵虚,陈骈贵齐,阳生贵己,孙膑贵势,王廖贵先,倪良贵后"(《吕氏春秋·不二》,本节下引此书只注篇名)。这种不独尊一家之言,而兼贵各家之思想精华的理论取向,体现出百家争鸣的时代精神。此书汲取百家思想精华,归根结底是为秦的统一大业服务的,因而具有统一思想的作用,只是这种统一打上了吕不韦的印记。此书虽以道家思想为基础,但在阐述天下统一的问题上汲取并发展了儒家的思想。孔子当年主张恢复"礼乐征伐自天子出"的秩序,对"天子已绝,乱莫大于无天子"的世情却无所作为,此书提出了要有新天子的主张:"天下必有天子,所以一之也,天子必执一,所以抟之也,一则治,两则乱。"(《执一》)"执一",是指政治上实行专制统治,而"抟之",则是思想上的统治方式。当然,"抟之"是杂糅百家的思想统治方式,尚达不到独尊一家的历史高度。与天子的"执一"相对应,《吕氏春秋》还倡导"公天下"的政治理想,宣扬"贵公"、"去私"的政治理念:"凡主之立也,生于公",又说:"天下非一人之天下,天下之天下也"(《贵公》)。这些主张蕴含着对"家天下"政治的批判,思想深刻,影响深远。

第二,《吕氏春秋》既反映了吕不韦的目的,在于综合百家之长,总结历史经验教训,为秦国提供长治久安的治国方略,又反映了一批依附于新兴地主阶级的知识分子崇尚思想自由的历史要求。此书尊崇道家,宣传了老子顺应自然的思想,但比较老子的思想更积极。先秦诸子百家争鸣,有资格竞争思想领域中领导者的是道家、儒家和墨家。如果不实行罢黜百家而独尊一家的思想战略,最适合统摄诸家理论的思想应属于崇尚自然的道家思想;如果要排斥别家而独尊自家,则非儒家莫属。《吕氏春秋》要按照自己的意愿统一思想,并不排斥百家争鸣。此书对诸子百家兼收并蓄,比较准确地保存了各家的思想资料,史料价值较高。先秦诸子,如,杨朱、宋钘、尹文、惠施、公孙龙等人的著作大多散逸失传,《吕氏春秋》中却保存了一些有关他们的宝贵资料。此书中的《上农》、《任地》、《辨士》等篇目中,保存了大量古代农业科学技术方面的资料,更是弥足珍贵。在秦政的专制政治基础上产生了如《吕氏春秋》这样融合道、儒、墨、法、兵、农等众家思想精华,包括政治、经济、军事、科学、道德、文学、哲学等各方面内容的思想体系,并且保留了许多民间的传说、寓言及古代逸闻逸事的百科全书式的巨著,是一件充满矛盾的事情,从某种意义上甚至可以说留下了焚书坑儒的伏笔。

第三,《吕氏春秋》中保留了许多朴素唯物论和认识论的思想,值得后人学习和借鉴。在世界本源的问题上,此书借助《管子》中"精气"的思想来阐述老子的"道"论,提出了道即是"太一",万物起源于"太一",并由于其中阴阳两方面的矛盾作用而发生变化的思想:"太一出两仪,两仪出阴阳";"万物所出,造于太一,化于阴阳。"(《大乐》)此书通过总结历史,提出了"审知今,则可知古,知古则可知后,古今前后一也"的思想(《长见》)。主张将不同时间段上出现的偶然性事物看作一个相互联系的整体,而将这些联系看做一个不间断的过程,进而探索这些过程的规律。《吕氏春秋》还论述了"去尤"、"重察"的认识论思想。"尤",本指身体上的结肉,人生了"尤"就是得了病;认识中的"尤",是指主观主义的干扰:"所以尤者多故,其要必因人所喜与因人所恶。"(《去尤》)去"尤"就是治病,就是排除掉主观主义的干扰。"重察",是重视观察和察验,是以其客观性为前提的。观察认识事物要注意三个问题:第一,传"夫传言,不可以不察,数传而白为黑,黑为白",要亲自调查研究,防止人云亦云、以讹传讹。第二,"使人大迷惑者,必物之相似也",要善于分析比较,不要被假象欺骗。第三,"察其秋毫,则大物不过矣",要观察细节和征兆,把握规律进行预测。

《吕氏春秋》还提出要以"有要于时"(《察今》)作为检验认识的标准,主张以古合今用、古为今用来检验先前的思想成果。并通过三个小故事分析,批评了认识过程中三种不正确的态度。"循表涉澭",说的是楚军攻宋,预测了澭水的深度并作了标志,后来澭水暴涨,楚军依然按照既定的标志夜涉,结果1000多人逆水而死。这是对不顾事实而盲目对待理论及规矩的态度的批评。"刻舟求剑"的故事批评了狭隘经验主义的态度。"引婴投江",说的是一个人要将一个婴儿投入长江,解释原因说婴儿的父亲乃是一位江中游泳的高手。这是对先验论、天才论态度的批评。这三段论述都在讲"有要于时"的思想,并间接阐述了要区别对待具体问题的道理。它还以良医治病作比喻,"病万变,药亦万变",以此论证了"世易时移,变法宜矣"(《察今》)的合理性。可见,此书中唯物主义的认识论思想、辩证法思想是和其中进步历史观的思想元素联系在一起的。

当然,《吕氏春秋》中也存在着思想糟粕。糟粕和精华总是相比较而存在的。第一,随着社会发展和人的进步,对于一种仍有历史影响的思想,其积极作用总是会不断扩大,而其消极作用则会不断缩减。《吕氏春秋》也是这样。人们对此应有信心。第二,当着面对其中的具体内容之时,应借鉴此书的"前后一也"及"有要于时"的正确观点和方法,作出具体分析,不断地取其精华,去其糟粕。

第五章 秦汉时期的思想源流

第一节 秦汉时期社会状况思想源流和汉初的黄老之学

一、秦汉时期的社会状况和思想源流简说

公元前221年,秦始皇统一中国,建立了中国历史上第一个封建君主专制的中央集权国家,奠定了中国2000多年来封建主义大一统的政治格局。秦始皇在统一之后仍然坚持用法家思想指导国家政治,实行法家治国路线。秦废除分封制,实行郡县制,推行统一的人口编制、田亩及赋税制度,统一了文字和度量衡,实行以法为教、以吏为师的社会管理方式,改变了战国时代的田畴异亩、车途异轨、律令异法、衣冠异制、语言异声、文字异形的社会状况。修长城防范匈奴,加强了北部的边防;推进开发岭南的政策,促进了国家的平衡发展。秦的统治及其各项政策具有两面性,可能引出两种截然不同的后果。一方面,秦实行的许多开创性的举措不仅奠定了封建国家的立国基础,而且有利于封建国家的长治久安。汉承秦制就是对这个方面的重要证明。另一方面,这种统治和政策有可能导致社会矛盾加剧,产生出可能引发国家混乱甚至毁灭的现实条件。由于秦实行的政策极大地加重了人民的负担,引发了生产荒废、百姓靡敝的后果,出现了男子疾耕不足于粮饷,女子纺织不足于帷幕,孤寡老弱不能相养,道路死者相望等严重状况;统治者不引以为戒,反而继续用严刑酷法镇压人民,终于导致爆发了陈胜、吴广领导的农民大起义。秦欲"传之万世"的王朝梦想,只经历了短短15个春秋。

经过楚汉战争,刘邦建立了汉朝。汉承秦制,封建王朝的统治基础并没有改变。但汉朝吸取了秦朝迅速覆灭的教训,为了巩固统治,采取了一系列缓和阶级矛盾的策略,实行了一些发展生产和推动科学进步的措施,并不断探索如何完善封建上层建筑。汉朝初期和中期,经历过文景之治、武帝称雄和宣帝中兴等好时光。到了后期,外戚宦官、王侯官僚争权于朝,地主豪强、奸商市侩争利于市,大批农民丧

失土地,沦为"陡附"或"奴客",社会的各种矛盾日趋尖锐。王莽乘机篡夺了汉朝政权,建立了新朝。尽管王莽推行了"变法",但是不仅没有缓和社会矛盾,反而激起了新市、平林、赤眉、铜马等大规模农民起义。公元25年,汉室豪强刘秀打着"讨莽复汉"的旗号,利用农民起义军的力量,推翻王莽政权,建立了东汉王朝。东汉王朝总结和吸取西汉衰败的惨痛教训,虽采取了一些与民休息抑制豪强的政策,暂时缓解了某些社会矛盾,但终难消解地主和农民间的矛盾和斗争。东汉和西汉一样,外戚与宦官之间为争夺控制皇权有利地位而进行着斗争。随着这种斗争的扩大,许多官僚和士族知识分子也纷纷卷入斗争旋涡,形成了与宦官"浊流"集团相对抗的"清议"集团。在东汉王朝的统治下,外戚与宦官的争斗愈演愈烈,社会底层的人民生活在各种苦难之中。东汉末年,终于爆发了黄巾起义。起义虽然被镇压下去了,但东汉王朝却已名存实亡,历史进入了三国时期。

秦汉时期,上起秦始皇统一中国,下至东汉灭亡,历经400年。秦是中国历史上第一个多民族的封建统一国家。汉是继秦之后的第二个,却是获得更大成功的一个。这是大一统的中央集权封建国家建立和巩固的历史时期,也是中华民族和中华文化大加强和大发展的历史时期,是一个关乎中国历史走向的关键时期。秦汉时期,随着地主和农民之间矛盾的不断激化,先后爆发了秦末期、西汉末期和东汉末期的三次农民大起义。农民的反抗,王朝的更迭、治乱的交替,不仅深深影响着统治制度和手段的选择,也深深影响着统治思想的选择。

秦汉时期,中国的思想走向经历了三个阶段,实现了三次转变。第一次,是秦王朝由"百家争鸣"转向尊崇法家的思想。第二次,是汉王朝调整了秦的国策,实现了从尊崇法家思想转向尊崇"黄老之术"。第三次,是汉朝从武帝到宣帝再次进行国策的调整,实现了从尊崇"黄老之术"到"独尊儒术"的历史转变。

中国古代的思想经过先秦时期的百家争鸣,到秦汉时期各家思想已经在很大程度上实现了大重组和大融合,具备了进行总结的历史条件。这时,作为显学的儒家、墨家、法家和道家这四大家的思想,不仅广泛吸纳了百家思想的长处,而且四家思想之间也多有相互融合,发展出了新的内容和形式。秦汉时期各派政治势力所崇尚的法学、道学和儒学思想,已对先秦的法学、道学、儒学思想作了补充和修正,是有别于前者的新法学、新道学和新儒学。这个"新",就在于儒、道、法各家思想顺应众家合流,形质融通,以及思想上大一统的趋势和要求,各自主动进行谶纬化和神学化自我塑造和自我改造,以备统治阶级进行选择和任用。汉初尊崇的黄老之术,只是依托黄帝和借助老子的思想,其实质是一套"内法外道"的理论。汉武帝独尊的儒术,并不只是先秦孔孟的那些儒家思想,其实质是一套"内法外儒"的理论,后来演化出了今文经学、古文经学和纬书经学三派儒学。汉朝实行的这种"内法外儒",并把儒家理论宗教化的思想变术,成为中国以后历代封建王朝进行统治的思想法宝。

二、汉初的黄老之学

什么是"黄老之学"？王充说:"黄者,黄帝也;老者,老子也。"(《论衡·自然》)不过,"黄老之学"并非黄帝、老子本人的思想,因为黄帝没有留下什么言论。战国末年,有人借黄帝之名,以老子的思想为主,兼取各家学说,并联系当时的思潮而建立起所谓"黄老之学"。它的盛行则在汉初。汉初的几位皇帝,特别是文、景二帝都喜好黄老之学。文帝的皇后窦氏对黄老之学更是情有独钟。在她做皇太后和太皇太后的时期,始终坚持以黄老之术来治理国家和处理庶务。汉朝初年按照黄老之术治理天下,起初也是有成就的。例如,汉初的著名学者盖公,"善治黄老言",其"为言治道贵清静而民自定"。曹参从盖公那里接受了这种"清静无为"的思想和主张,"其治要用黄老术,故相齐九年,齐国安集,大称贤相。"(《史记·曹相国世家》)黄老之术认为,法生于道,道通于法,其实质就是主张统治者对农民的活动少加干预,适度实行轻徭薄赋的政策,使其恢复和发展生产。它对汉初发展生产、稳定民生、缓和阶级矛盾,起到了一定积极作用。汉武帝独尊儒术之后,黄老之学的地位不断下降,逐渐演变为老庄之学,并与神仙方术结合,演化为"黄老之教"或"黄老之道",走上了宗教化的道路。汉代崇尚"黄老之学"的代表人物有盖公、曹参、陆贾和司马迁父子等。"黄老之学"的经典是《黄帝书》和《老子》。《黄帝书》在东汉时已逸散。1973年长沙马王堆三号汉墓出土了"黄老帛书",其中除《老子》两篇外,还有《经法》、《十六经》、《称》和《道原》四种古代逸书。据考证,这些著作正是汉代"黄老之学"的重要部分。有了"黄老帛书",可以窥见"黄学"的主旨及其特征。

第一,黄老之学认为,道是"太虚",是"一",其根本性质是"虚同为一,恒一而止"(《道原》)。司马谈说:"道家使人精神专一,动合无形,赡足万物。其为术也,因阴阳之大顺,采儒墨之善,撮名法之要,与时迁移,应物变化,立俗施事,无所不宜,指约而易操,事少而功多。"(《史记·太史公自序》)这就概括出了道家专注天人合一,顺应客观规律,虚位以纳诸子百家之长项,应时以对应物立俗之需要,追求普适、简便、易行和高效的基本特征。把黄帝和老子结合在一起,是把一个拥有巨大力量和权威的帝王的形象,和一个主张取法自然和清虚无为的思想家的形象结合在一起,也是把无法撼动的权力和无处不在的影响结合在一起,以此来为新生的汉朝王权服务。

第二，黄老之学主张统治者效法自然，通过"无为而无不为"的作用，实现无为而治。只要统治者能够"参之于天地"（《经法·六分》）顺从自然之道，简明法度，做到无执、无处、无为、无私，以"合于民心"（《经法·四度》），就可"无为而治"。于中可见道家思想和法家及儒家思想的不断融合和相互影响。

第三，强调高度集中的君权和天下统一，所谓"人主者，天地之口也，号令之所出也。"（《经法·论》）"唯余一人，兼有天下"（《十六经·成法》）。这里所塑造的黄帝，就是一个中央集权的封建大一统国家的帝王形象。黄帝的传说和形象被移来服务于中央集权国家的问题，我们在前面三皇五帝的传说中已经进行过说明。老子的思想，前面已经做过介绍和分析。老子被置于黄帝之后，说明黄老之学并不只是强调清虚和无为，说明思想时时受着权力的监控。权力需要什么，思想就要提供什么。

但是，用黄老之学作为统治思想的理论基础，有着与大一统封建王朝思想政治需要难以调和的矛盾。其中最根本的矛盾是那个"使人精神专一"的主旨是适应所有人的。"精神专一"的主张，会使所有人都发挥自己的精神能动性。这就在事实上宣扬了自由和平等的精神，对封建专制的政治思想统治可能形成一种潜在的挑战。与道家主张从自然和人本身出发的思想不同，儒家主张从历史的经典和权威，以及现实的制度和规矩出发的思想，这显然是更适合统治阶级的需要。

第二节　陆贾和贾谊的思想

陆贾（约公元前240年——约前170年）和贾谊（公元前200——前168年）是汉初两个重要的政治家和思想家。这两个人的文章也都写得很好。陆贾从前是楚人，后来加入了汉高祖的队伍，成为"以客从高祖定天下"的汉朝开国功臣。又因为有口才，长于辩论，受到汉高祖的任用，"居左右，常使诸侯"（《史记·郦生陆贾列传》），担负联络和监察的工作。他曾两次出使南越国，促使岭南各地并入汉朝，巩固了中华统一。陆贾的寿命较长，刘邦死后他称病在家，吕后死后，他协助周勃、陈平等人诛灭诸吕，迎立汉文帝，有功于汉王朝。贾谊是洛阳人，少年时就颇通诸子百家之书，很有见地。18岁时受河南守吴廷尉赏识，并向皇帝推荐，被文帝如召为博士。他起初很受赏识，一年即被破格提拔为太中大夫。但他的政治主张激进，触犯了朝中重臣，被贬出京城去做了长沙王的太傅，郁郁不得志，死的时候才33

岁。这两个人的思想在汉朝初年有重要影响,对汉初形成崇尚黄老之学的思想格局起了重要作用。

一、陆贾的思想

陆贾的著作大多数已逸,现存《新语》是研究其思想的主要著作。关于此书的成因,司马迁有这样的记载:陆贾常在刘邦面前"说称《诗》、《书》。高帝骂之曰:'乃公居马上而得之,安事《诗》、《书》!'陆生曰:'居马上得之,宁可以马上治之乎?'"陆贾就势给刘邦讲了一番从商至秦成败存亡的教训。刘邦有所感悟,"乃谓陆生曰:'试为我著秦所以失天下,吾所以得之者何,及古成败之国'。陆生乃粗述存亡之徵,凡著十二篇。"刘邦乃"号其书曰《新语》"(《史记·郦生陆贾列传》)。陆贾在《新语》中总结了秦亡的教训:"蒙恬讨乱于外,李斯法治于内,事愈烦,天下愈乱,法愈滋而奸愈炽,兵马益设而敌人愈多。秦非不欲治也,然而失之者,乃举措太众而用刑太极故也。"(《新语·无为》)在陆贾看来,秦亡国的直接原因是崇武力、尚刑罚,对人民实行残暴的统治。这个教训是必须记取的。但是,秦的各项内外政策和做法过于烦琐,效率低下,法律和军事的建设事倍功半甚至事与愿违、自相矛盾,也是重要的原因。秦政的失道不仅失于法家的"严而无恩",似乎也失于儒家的"博而寡要"和"劳而少功"。这对于"焚书坑儒"的秦政是具有讽刺意味的。为了避免再蹈亡秦的覆辙,陆贾主张发挥"黄老之术"的思想惩处和治国优势,通过清静无为的统治方式,达到无为而治的统治效果。陆贾的思想基础是道家的,但其中包含着融合儒家思想和法家思想的趋势。他关于居马上打天下却不能居马上治天下的思想是深刻的:第一,打天下容易,治天下难。第二,打天下时那些急风暴雨般的手段,不能简单用来治理天下。武备可以保障文治,却不能替代文治。治理天下要取逆取顺守、文武并用之势;重视政治和文化的传统,重视社会的道德建设,重视发挥《诗》、《书》等的文化经典的作用。第三,用以治天下的思想要博采众家之长,但要有一个基本的思想作为旗帜。陆贾帮助汉高祖刘邦打出的旗帜就是"黄老之术"。

据此,陆贾提出了"道莫大于无为,行莫大于谨敬"的"无为而治"(同上)的主张。他认为理想的政治应当做到:"君子之为治也,块然若无事,寂然若无声,官府若无吏,亭落若无民。闾里不讼于巷,老幼不愁于庭。近者无所议,远者无所听。邮无夜行之卒,乡无夜召之征。犬不夜吠,鸡不夜鸣。耆老甘味于堂,丁男耕耘于野,在朝者忠于君,在家者孝于亲。"(《新语·至德》)这样的"无为",是指朝廷和官吏不要苛扰人民,以求安定社会,恢复经济,与民休息,以此巩固和协调封建统治秩序。同时,还要加强皇帝的权力,做到"举一事而天下从,出一政而诸侯靡"(《新语·怀虑》),以此来制约和消弭可能威胁王权的势力,巩固中央集权。陆贾认为,这样的"无为",实际上是另一种寂然无声而效率很高的"有为",是通过"无为"而实现"无不为"。

二、贾谊的思想

贾谊比陆贾小了近40岁,主要活动在汉文帝时期。司马迁很推崇贾谊,将他与屈原合传,称赞他"志洁行廉","忠而见放"。贾谊的主要著作是《新书》,计10卷,58篇。贾谊远继申、韩,兼容儒、道,其思想基础是法家的。他是"案之当今之务"的新法家思想的代表。司马迁说,贾谊和晁错一样,他们二人是通晓和践行申不害、商鞅那一套思想和主张的(《史记·自序》)。贾谊十分重视总结秦朝灭亡的历史教训。他写的《过秦论》产生了巨大的历史影响。在贾谊之前,陆贾总结过秦朝灭亡的教训,比陆贾略晚一点的贾山也曾作《至言》,"借秦以为寓",总结秦政之失以劝诫汉朝皇帝。但在总结亡秦历史教训的问题上,陆贾和贾山两人都不如贾谊的影响大。这不仅是因为贾谊的文章写得好,还有多方面的原因。

贾谊的政治观点和他的哲学思想是分不开的。他提出了"德有六理"的命题,认为道、德、性、神、明、命这六个方面的规定,是事物及道德的六种属性。他的哲学思想比陆贾更丰富,但在对待天命及灾变的问题上,其唯物论的立场不及陆贾坚定。贾谊在政治上属于法家,在哲学方面却继承和发挥了先秦道家和墨家的朴素唯物主义和辩证法思想。贾谊肯定宇宙是由阴阳二气组成的。阴阳二气熔铸万物是一个永不停息的变化过程,是不可穷尽的。贾谊借助冶炼技术来形容宇宙的客观进程,说:"天地为炉兮,造化为工。阴阳为炭兮,万物为铜。""合散消息兮,安有常则?千变万化兮,未始有极。"(《鵩鸟赋》)贾谊认为宇宙的无穷在于其变化的无穷,他描述事物的变化过程,说:"万物变化兮,固无休息。斡流而迁兮,或推而还。形气转续兮,变化而嬗。沕穆无间兮,胡可胜言。"(《汉书·贾谊传》)贾谊很重视"形气转续"的关系,认为气是形的物质基础,由于气的存在和作用,才有"未始有极"的变化。在此基础上,他反复强调"变化"及"千变万化",可见其对变化这一现象的重视。贾谊认为,万物变化的根源在于对立双方的互相转化。他说:"万物回薄兮,震荡相转,云蒸雨降兮,纠错相纷。"(《鵩鸟赋》)在自然界,各种物质形态相互纠结、相互转换,推动了事物的运动变化。"震荡相转"、"纠错相纷"正是对事物矛盾关系的形象概括。在人类社会里,也是矛盾推动事物的变化。贾谊说:"'祸兮福所倚,福兮祸所伏'。忧喜聚门兮,吉凶同域。彼吴强大兮,夫差以败。越栖会稽矣,勾践霸世。"(同上)他引用夫差和勾践的故事,来分析祸与福、忧与喜、凶与吉的辩证关系,进而说明了矛盾双方互为转化的道理。

贾谊的政治观点和他的哲学思想是分不开的。他总结了从古代至汉初的政治历史之后指出:"君子为国,观之上古,验之当世,参之人事,察盛衰之理,审权势之宜,去就有序,变化因时,故旷日长久而社稷安矣。"《过秦论》)第一,他把这些问题放在历史的发展过程中来进行矛盾分析,具有比较开阔的历史眼界。第二,他主张总结既往的历史,验证以当代的现实,通过人事检验治理统治国家的成败得失,认识兴盛和衰亡的演变规律,分析谋略和形势的适宜状态,做到取舍有序、变化适时,以使国家长治久安。他的观点和方法中具有朴素唯物论和辩证法的思想元素。他用这种比较正确的哲学观点和方法来观察社会现象,所以能够看到很多人看不到的问题,取得优于常人的成就。

贾谊总结秦朝灭亡的原因时说:"一夫作难而七庙隳,身死人手,为天下笑者,何也?仁义不施,而攻守之势异也。"(同上)贾谊的用意是提醒汉朝的统治者不要重蹈秦朝的覆辙。他的阶级立场自然是不足取的,但他的认识却并不因此而全错。贾谊认为,秦在兼并战争中对六国施以强大的压力和攻势,取得了成功。但秦在统一天下之后,对"攻守导势"和"取守异术"的问题缺乏认识,没有及时实现从上马打天下到下马治天下的转变,依然用先前对付六国的态度和办法来治理天下,"执敲扑而鞭笞天下,威震四海"(同上),结果逼出了农民大起义,导致二世而亡。贾谊以发展的历史观看问题,他的分析和陆贾、贾山先前的分析在本质上是一样的,但《过秦论》的理论概括性更强一些。

在总结亡秦历史教训的基础上,贾谊提出了超越前人的民本思想。他认为,统治者要巩固统治,必须处理好自己与人民的矛盾。他说:"闻之于政也,民无不为本也。国以为本,君以为本,吏以为本。故国以民为安危,君以民为威侮,吏以民为贵贱,此之谓民无不为本也。"又说:"夫民者,万世之本也,不可欺。凡居于上位者,简士苦民者是谓愚,敬士爱民者是谓智。夫愚智者,士民命之也。"并进一步指出:"与民为敌者,民必胜之。"(《新书·大政上》)贾谊概括出民为"万世之本"的思想,把民视为国家、君主、官吏的根本。这是他对先秦民本思想的一大发展,也是汉朝统治者历经秦末农民大起义而取得的认识发展,表现出仍处于上升阶段的地主阶级及其思想家的眼界。但是,贾谊的民本思想的现实基础是"畏民"。他所惧怕和担心的是再次发生秦末农民大起义那样的事情。贾谊警告汉朝统治者要处理好和人民的关系,说:"民者,大族也,民不可不畏也","自古至今,与民为仇者,有迟有速,而民必胜之。"又警告统治者决不可轻视人民,说:"轻本不祥,实为身殃。戒之哉！戒之哉！"（同上）贾谊的这些思想具有很强的现实针对性，但同时也反映出他的历史和阶级的局限。这些思想和主张归根结底还是为封建统治阶级服务的。

第三节　董仲舒的思想

董仲舒（约公元前179—前104年），广川（今河北枣强县）人，"少治《春秋》，孝景时为博士。"汉武帝即位后诏举贤良敢谏之士，册问以古今治道，董仲舒连续三次应对，颇得武帝赏识，命他为江都相，后又任胶西相。他是西汉重要的唯心主义思想家，著作仅存《天人三策》和《春秋繁露》。

一、董仲舒思想的产生

董仲舒的思想影响中国封建社会长达2000多年。他提出的一套政治理论和统治策略，不仅影响了中国封建社会的国家制度，也奠定了儒家思想在封建社会中的正统地位。他是一位师遣帝王、重造孔子的大思想家。

汉武帝亲掌政权之后，在一次册问时说："朕……永惟万事之统……欲闻大道之要，至论之极。"这时候，汉王朝已然历经半个多世纪的休养生息，社会经济得到了恢复和发展，国库充盈、财力充沛。对内相继平息了吴楚七国和诸侯王的叛乱，对外取得了反击匈奴及在西南方开疆扩土的胜利，国家日趋统一和强盛。汉武帝此时提出"大道之要"和"至论之极"的问题，是要建立一套适应大一统封建政治需要的思想体系，以保障国家的长治久安。董仲舒的思想便因此应运而生了。但是，董仲舒及其所代表的儒家公羊学派，并不是从一开始就占据了"独尊"的地位。他们和法家学派、黄老派及儒家内部的其他派别进行过长期复杂的争夺。

董仲舒在回复汉武帝的册问时指出："《春秋》大一统者，天地之常经，古今之通谊也。今师异道，人异论，百家殊方，指意不同，是以上亡以持一统；法制数变，下不知所守。臣愚以为诸不在六艺之科、孔子之术者，皆绝其道，勿使并进，邪辟之说灭息，然后统纪可一而法度可明，民知所从矣。"（《汉书·董仲舒传》）这种主张很合乎汉武帝的需要，便采纳了董仲舒的建议，开始实行"罢黜百家，独尊儒术"的政策。这个政策，后来在汉朝普及开来，董仲舒的思想影响也逐渐扩大，一时间，"立学校之官，州郡举茂才（秀才）孝廉，皆自董仲舒发之。"（同上）

二、天人感应的神学目的论

封建社会必以迷信思想维护，专制帝王必以迷信思想自欺。但是秦和汉的迷信有所不同。秦始皇迷信丹药图谶。他最关心自己的长生不老问题；汉武帝一样迷信，但他同时也关心"汉代受命其符安在？灾异之变，何缘而起？性命之情，或夭或寿，或仁或鄙"这样的问题，可见汉代的迷信思想已有了比较系统的神学理论支撑。汉武帝提出的问题，实质是先秦已有的"天人关系"问题。其中如"劳"和"逸"，"奢"和"俭"，"有为"和"无为"等关系问题，更是关乎国家命运的现实问题，但他需要给自己及自上而下掌控这些问题的人们披上一套神学的外衣。董仲舒接手了这个巨大的理论工程。他用唯心主义的思想改造了荀子的"天人之分"和"制天命而用之"的理论，根据统治者的需要，把经学和神学结合起来，建构起一套"天人感应"的新的儒家思想体系。

董仲舒说："天者，百神之君也，王者之所最尊也。"（《春秋繁露·郊义》，本节下引此书只注篇名）又说："天者，群物之祖也，故遍覆包含而无所殊，建日月风雨以和之，经阴阳寒暑以成之。故圣人法天而立道。亦溥爱而亡私，布德施仁以厚之，设谊立礼以导之。"（《汉书·董仲舒传》）他在荀子所说的"自然之天"上面加上了一个"人伦之天"、"意志之天"，使天不仅有了一般的情感和意志，而且有了至善至尊的品德和主宰世人的权威和法力。

董仲舒认为，正是这个天孕育了自然界和人类社会，设定了从帝王、贵族、官吏直至各层百姓的地位、生活及思想，因此人道和王道必须效法天道和神道。他说："人之为人本于天，天亦人之曾祖父也。此人之所以上类天也。人之形体，化天数而成；人之血气，化天志而仁；人之德行，化天理而义；人之好恶，化天之暖清；人之喜怒，化天之寒暑；人之受命，化天之四时；人生有喜怒哀乐之答，春秋冬夏之类也。"（《为人者天》）天人关系如同祖孙关系，所以天和人之间是有传承、有感应的。他说："天地故生人"（《服制象》），"天以终岁之数成人之身，故小节三百六十六，副日数也；大节十二分，副月数也；内有五脏，副五行数也；外有四肢，副四时数也。"（《人副天数》）在董仲舒看来，上天"以类合人，天人一也。"（《阴阳义》）天与人同类，天与人不仅形体相副，而且意志也相通。因此，人应以对待长辈之孝心来敬天。

董仲舒认为："天地之生万物也，以养人，故其可食者以养身体，其可威者以为容服。"（《服制象》）人对天要感恩、要敬畏，就像父母生养儿女，儿女应当孝敬父母一样。如果上天委派君主作为他在人间的代表管理百姓，那么百姓就必须服从。他说："王者承天意以从事"（《尧舜汤武》），"受命之君，天意之所予也，故号为天子者,宜视天如父,事天以孝道也。"(《深察名号》)他又说:"王道之三纲,可求于天"(《基义》),从而把三纲五常的思想也纳入了天人关系中。董仲舒所倡导的这种"移孝于忠"的思想,使"君权神授"的观念有了世俗生活的经验基础,对中国社会的影响极为深远。

董仲舒的"天人感应"观还设计了天能干预人事、人的行为也能感应上天的内容。他说:"天人相与之际,甚可畏也。国家将有失道之败,而天乃先出灾害以谴告之;不知自省,又出怪异以警惧之;尚不知变,而伤败乃至。"(《汉书·董仲舒传》)人违反了天意,天会通过自然界的灾害给予警示,继而通过人世的怪异加强警示,人若仍然执迷不悟,终将引起天的惩罚。人若能顺应天意,也能感动天,他说:"五行变至,当救之以德,施之天下,则咎除。不救以德,不出三年,天当石雨。"(《五行变救》)人在遇到灾难时,只要顺应天意就可免灾除害。他说:"木有变,春凋秋荣,秋木冰,春多雨,此徭役众,赋敛重,百姓贫穷叛去,道多饥人。救之者省徭役,薄赋敛,出仓谷,振困穷矣。"(同上)总之,一切都是天有目的地创造、安排的;天子是代替天实行赏罚的至上权威,必须绝对服从,这就是董仲舒神学目的论世界观的基本内容和最终目的。

三、"天不变,道亦不变"的形而上学思想

董仲舒承认差异和矛盾。他说"凡物必有合。合,必有上,必有下,必有左,必有右,必有前,必有后,必有表,必有里。有美必有恶,有顺必有逆,有喜必有怒,有寒必有暑,有昼必有夜,此皆其合也。"(《基义》)但他认为矛盾双方的地位是不会变化的。他说:"物莫无合,而合各有阴阳……君臣、父子、夫妇之义,皆取阴阳之道。君为阳,臣为阴;父为阳、子为阴;夫为阳,妻为阴,阴道无所独行,其始也不得专起,其终也不得分功,有所兼之义。是故臣兼功于君,子兼功于父,妻兼功于夫,阴兼功于阳,地兼功于天。"(同上)在他看来,上下、左右、前后、君臣、父子、夫妇等矛盾方面是永不易位的,君、父、夫永远是矛盾的主导方面,臣、子、妻永远是矛盾的从属方面。这些观点显然是为"君为臣纲,父为子纲、夫为妻纲"的神学目的论作辩护的。董仲舒有一句名言:"道之大原出于天,天不变,道亦不变。"(《汉书·董仲舒传》)这是其形而上学思想的经典表述。董仲舒论述封建制度永恒不变,这是其思想的政治主旨;但这个思想中也包括"天为君纲"的潜台词,天和道虽然是不变的,然而天子及其王朝却是可变的。

四、"以名正实"的神学认识论

董仲舒的名实观是为其"天人合一"的神学目的论服务的。其基本思想倾向是天定名实、以名正实。他说:"事各顺于名,名各顺于天;天人之际,合而为一。"(《深察名号》)"事"指实物、实际;"名"指概念、规范,所有的事物要符合"名",而所有的"名"要符合"天意"。在这里,"名"是第一性的,而"实"是第二性的;可见他的名实观是唯心论的。所以他说:"欲审曲直,莫如引绳。欲审是非,莫如引名。名之审于是非也,犹绳之审于曲直也。"(同上)又说:"名号之正,取之天地。天地为名之大义也。"(同上)在他看来,天意决定概念,概念决定事物,而概念、规范是君主及圣人根据天意确定的,因此君主和圣人的意志也就是判断是非善恶的标准。可见,董仲舒的神学认识论不仅论证了先验论,还论证了天才论。正如他所说:"圣人者,见人之所不见者也。故圣人之言,亦可畏也。"(《郊语》)"圣人之道,同诸天地。"(《王道通三》)圣人既有超凡的认识能力,理当掌握无限的权力,他说:"人主立于生杀之位,与天共持变化之势。"(《必仁且知》)君主秉承天意,手握生死予夺之权,具有压倒一切的权威性,包含着董仲舒神学认识论的社会意义。

五、"奉天法古"的历史观

董仲舒认为,封建专制主义的统治秩序是绝对不变的,能够改变的只是它的形式。他说:"王者有改制之名,无易道之实。"(《楚庄王》)形式如何变?他提出了"三统"、"三正"说。三统,即白统、赤统、黑统。他说:"汤受命而王,应天变夏,作殷号,时正白统","文王受命而王,应天变殷,作周号,时正赤统""《春秋》应天作新王之事,时正黑统。"(《三代改制质文》)在服色上,夏朝尚黑色,是"黑统",商朝尚白色,是"白统",周朝尚赤色,是"赤统",三者依次循环,改朝换代。夏以寅月为正月,商以丑月为正月,周以子月为正月。"三正"循环交替,表明"新王必改制。"所谓改制,就是"改正朔,易服色"等形式上的制度,至于封建统治的根本原则是不能改变的。他说:"春秋之道,奉天而法古","春秋之于世事也,善复古,讥易常,欲其法先王也。"(同上)他甚至说:"古之天下,亦今之天下;今之天下,亦古之天下。"(《汉书·董仲舒传》)这种"古今一天"的历史循环论,正是"天不变道亦不变"原则的贯彻。尽管如此,董仲舒在政治方面提出了不少值得肯定的政治主张,诸如"限民名田,以赡不足,塞并兼之路";"薄赋敛,省徭役,以宽民力";"任德教而不任刑","除专杀之威"(均见《汉书·食货志》)等变革主张,对于巩固西汉乃至以后的封建大一统政治格局起到积极作用。对此,连王充也肯定地说:"仲舒之言道德政治,可嘉美也。"(《论衡·案书》)正因为如此,在唐、宋、元、明、清这些朝代中,董仲舒一直受到帝王的尊敬。

第四节　扬雄的思想

扬雄(公元前53年—公元18年),亦作杨雄,字子云,西汉哲学家、文学家,蜀郡成都(今属四川)人。少时以写赋闻名,后研究哲学,仿《周易》作《太玄》,仿《论语》作《法言》,该二者为其主要哲学著作。

扬雄一生的理论活动,围绕着批评神学、经学,复兴正统儒学而展开,在此基础上建构了自己以"玄"为本体的哲学体系。

从汉武帝"罢黜百家,独尊儒术",到扬雄呼吁复兴儒学,经历了一个世纪。其间,西汉帝国由强及衰,终被王莽"新朝"取代。扬雄认为,西汉的没落,暴露了统治思想的无能。他决心致力于改良统治思想。因此,他自比孟子,要"辞而辟之",为儒学拓宽正道。他要"辟"的对象,是神学化了的经学,即打着儒学旗号反儒学的"儒学"。对这种"儒"者,扬雄说:"有人焉,自云姓孔而字仲尼,入其门,升其堂,伏其几,袭其裳,则可谓仲尼乎？曰:其文是也,其质非也。敢问质？曰:羊质而虎皮,见草而说,见豺而战,忘其皮之虎矣。"(《法言·吾子》)在扬雄看来,经学本来并不烦琐,只是在成为"官学"后,许多治经者为了跻身仕途,把它复杂化了:"今之学也,非独为之华藻也,又从而绣其鞶帨"(《法言·寡见》),纯粹是"小人之学也为利"(《法言·学行》)。扬雄认为,经学与谶纬结合的神学经学,更是祸国殃民。他说:"神怪茫茫,若存若亡,圣人曼云"(《法言·重黎》),"或问天,曰:吾于天与,见无为之为矣。"(《法言·问道》)一句话,天是自然之天,神学目的论是错误的。扬雄设问道:"楚败垓下,方死,曰天也,谅乎？"他的结论是否定的:"屈人者克,自屈者负。天曷故焉？"(《法言·重黎》)在扬看来,谶纬迷信,神学经学,固然可以为维护封建统治者服务,也可以为推翻其统治的造反者服务。为了真正捍卫儒学正统,巩固封建大一统的政治格局,必须批判把经学神学化的邪门歪道。扬雄认为,世上地无神仙,长生不可能。"有生者必有死,有始者必有终,自然之道也。"(《法言·君子》)这对恒谭、王充有一定影响。

扬雄认为,复兴儒学,不是全盘照搬孔孟儒学,而要有"因"有"革"。他主张"可则因,否则革";"新则袭之,敝则益损之"(《法言·问道》)。他主张因袭的儒学内容,主要在于仁义乃道德之本;教化乃礼教之本;教化乃修齐治平之本;学也为道,而非为利。他主张的损革,主要在破除门户之见,吸取先秦诸子的合理因素,如,他说:"老子之言道德,吾有取焉耳。"(同上)对他推崇的孟子的"五百年必有王者兴"的历史循环论,则作了批判。在人性论上,他反对孟、荀和董仲舒的观点,提出"人之性也善恶混;修其善则为善人,修其恶则为恶人"(《法言·修身》)。这些都是他的因革、损益主张的具体表现。

扬雄不仅重视破旧,更注意创新,《太玄》就是他的精心创造。他以"玄"为中心,建构了一个完整的体系,用以揭示宇宙的模式。这个体系,在形式上模仿《周易》,有经有传;在内容上吸收老子玄、道的基本观点;从中心目的来说,他阐发儒家道德伦理的基本思想。因此,它是儒道结合的产物,基本倾向于唯物主义和辩证法,但也有不少唯心主义和形而上学思想。

扬雄认为,玄是宇宙的初始和万物的主体。它无形无象,却又无处不在。玄生阴阳,带五行,相生要在,决定万事万物的生灭演变。这个生灭过程表现为:罔、直、蒙、酋、冥,并且周而复始、循环往复以至于无穷。这种演变以三分法展开,即一玄三方,一方三州,一州三部,一部三家,共计九州二十七部八十一家。每一级方州部家构成一首,共计八十一首,第首有首辞,每首有九赞,共计七百二十九赞。扬雄以玄为本体,以阴阳五行为骨干,以一分为三为规则,构筑了一个总括时间与空间,包容天、地、人的宇宙画面。所以,他说:"夫玄也者,天道也,地道也,人道也,兼三道而名之。"(《太玄图》)这个体系包含着丰富的辩证法思想,尽管有许多牵强附会的地方,且也没有完全摆脱形而上的羁绊;但是,在总体上却有不可忽视的理论意义。

第五节 《淮南子》其书及其基本思想

一、《淮南子》其书

《淮南子》和《吕氏春秋》一样,也是一部由当时很有权势的人组织自己的门客创作编纂而成的巨著。《淮南子》企图经过改变和发展的道家思想影响并服务于汉朝的政治,但结果并未如愿。在这个问题上,《淮南子》的命运和《吕氏春秋》类似。秦国的丞相吕不韦欲以自己倾注了心血的《吕氏春秋》服务于秦王朝大一统的封建政治,结果秦始皇却实行了"焚书坑儒"的政策,选择用法家思想来治国;刘安把《淮南子》献给了汉武帝,但汉武帝后来还是选择了"罢黜百家、独尊儒术"的思想路线和治国政策。这两部书的编写都带有地方的,或者叫作局部及中层的特色,总之并非像石渠阁会议及白虎观会议后的文件汇编,并非由最高当权者授意编写,在许多方面体现了自由知识分子的思想追求,因而归根结底是违背秦汉时期中国实现大一统封建统治的历史需要及与之相适应的思想需要的。因而其历史命运及其后来的影响是值得研究的。

二、《淮南子》的基本思想

《淮南子》是对至西汉初年止,道家思想发展进程所做的总结。其书的思想主旨是道家思想,但其思想来源不仅包括了汉初的黄老之学,也兼容了儒、墨、法各家的思想。《淮南子》的宇宙观以《老子》书中的道论作为理论依据,并发展了老子的道论。《淮南子》认为,第一,"道""至高无上,至深无下"(《缪称训》)具有"高不可际,深不可测,包裹天地"的性质(《原道训》),在空间上无穷无尽,在时间上无始无终,是宇宙整体。第二,"道者,物之所导也;德者,性之所扶也"。"道"是事物运动变化的规律,"德"是"道"在具体事物中的具体体现,是事物合乎规律的保障。天地万物都是由道产生的,万物都是"道德所扶,此皆生一父母而阅一和也。"(《淑真训》)天地万物有着共同的根源,道德化生天地万物,如同父母生育儿女。第三,"道"作为"无形者,物之大祖",体现着"有生于无,实出于虚"的统一(《原道训》)。《淮南子》论述"道"是"无形而生有形"的本体,有着两层含义:第一,作为"物之大祖"的"道",在化生万物之前处于混沌未开的状态,因而是无形无象的。第二,"道"不能直接被人的感官及感觉简单把握,相对于人的感官和感觉,"道"的内在属性是无形无象的。《淮南子》论述"道"是宇宙本身,"道"是事物的规律,以及"道"的实有而无形象的过程,不仅已经初步揭示了个别和一般、具体和抽象的关系,而且展现了中国哲学特有的重视感性物质世界("感性光辉"《马恩全集》第二卷 PP..163~164)的理论内容和风格。但是,《淮南子》的宇宙观中还保留着不少有神论及"天人感应"的杂质,用以解释天象运行和人类社会的治乱兴衰,这在理论上是错误的。

《淮南子》发挥了荀子"形具而神生"的思想,概括了人的形、气、神三个方面在认识论中的关系,指出:"形者生之舍也,气者生之充也,神者生之制也,一失位则三者伤也。"(《原道训》)既坚持了人的精神活动要以人的"形"和"气"为物质基础,又肯定了人的精神对生命活动的制约和引导作用。《淮南子》的认识论继承和发展了老子的"无为"思想,虽然其基本思想也是主张"无为"的,但是这个"无为"的主要内容,是强调人不能违背客观规律而恣意妄为,因而这个"无为"比较老子的"无为"是更加正确和深刻的。第一,《淮南子》认为世界有规律可循,是可以认识的。认识事物就是把握其中的规律,而规律存在于事物自身中间。因此:"欲知天道察其数,欲知地道物其树,欲知人道从其欲"(《缪称训》)。还说:"夫物无不可奈何,有人无奈何"。世上没有不可认识的事物,有的是人由于自身条件不足而暂时无法认识的事物。这是把"人定胜天"的思想带进了认识论。第二,真理具有客观性,认识正确与否有客观的标准。例如:"至是之是无非,至非之非无是,此真是非也。"(《齐俗训》)这是在揭示真理的客观性和绝对性,反对认识论上"是非无所定"的相对主义。又指出:"是非之所在,不可以贵贱尊卑论也。"这是反对主观性的真理标准。第三,认识事物要扩大眼界虚心好学,还要接触实际并积累知识和技能。人需要接触外界实际,才能形成认识和传播知识,否则,"独守专室而不出门,使其性虽不愚,然其知者必寡矣"(《修务训》)。第四,认识要有正确的思想方法。《淮南子》重视思维和理性认识方法的作用:"发一端,散无竟,周八极,总一筦,谓之心。见本而知末,观指而睹归,执一而应万,握要而治详,谓之术。"不仅强调了理性认识要发挥把握整体总揽全局的作用,而且强调了思维要有透过现象把握本质的方法。《人间训》指出:理性认识的方法能够统筹"由昭昭于冥冥"和"由冥冥至昭昭"(《人间训》)的关系,可以透过现象而认识本质,认识了本质而更好地把握现象。

《淮南子》认为人类社会及其历史也是有规律的。这些规律是"道"的组成部分。《淮南子》的历史观中交织着历史进步和倒退的矛盾。《淮南子》是从人性的角度看待历史问题。认为人类在物质文明方面是不断进步的,但在道德方面是逐渐退化的。这两个方面正好互相对立。在物质文明方面,人类受到自然界的压力,为使生活得更好,不断发挥自己的能动性去改变自然界。这就是"民迫其难则求其便,困其患则造其备,人各以其所知去其所害,就其所利。"这是一种进化的历史观。在道德方面却相反,上古时代是治世,那时人性纯朴;近世是衰世,人性浇漓,世风日下,人心不古。这种历史观虽有倒退历史观的思想倾向,但也借鉴了老子和墨子的历史观,分析了物质技术进步和思想道德倒退之间的社会矛盾,具有一定的合理性。由于《淮南子》是众人创作编纂完成的著作,所以并存着一些有差异甚至相互对立的思想和主张。在历史观问题上,《淮南子》反对厚古薄今的思想,针对"世俗之人多尊古而贱今"的倾向,明确提出了"世异则时变,时移则俗易",以及"论世而立法,随事而举事"的主张(齐俗训)。这些思想借鉴了法家的主张,又揉进了儒家的思想,具有合理性。《淮南子》指出,迷信古人的实质是迷信虚名,是错误的。评判一种思想或主张是否正确和适宜,主要是看它是否合乎规律和适宜需要,倘若"有符于中,则贵是而同今古",这种"不为古今易意"的历史观,具有某些唯物史观的思想元素。

《淮南子》还是一部研究军事问题的兵书。它概括出了"胜败之本在于政"、"兵失道而弱,得道而强,将失道而拙,得道而工",以及军人应当"进不求名,退不避罪,唯民是保"等军事思想,还深入分析了战略上的"以少敌众"和战术上的"将寡而用众"之间的矛盾关系。

《淮南子》一书内容丰富,不仅具有很高的政治学、哲学、史学价值,而且还具有很高的文学价值。《淮南子》中间保留了许多古代神话和民俗方面的素材,具有很高的研究价值。但是,此书中间也夹杂着一些唯心论和有神论的糟粕。《淮南子》也讲帝王术和神仙术,并期望以此赢得皇帝的赏识,但并未合乎皇帝的口味,最终还是遭到了汉武帝的冷落。《淮南子》的这种遭遇和它的精神主旨偏于道家的出世追求相关。实际上,汉武帝及其以后的汉朝皇帝们所尊崇的董仲舒,也宣扬尊崇谶纬迷信的思想,但是人家的神仙论摒弃出世思想,并且善于麻醉及钳制人民的思想,这是《淮南子》比不了的。

第六节 桓谭的思想

桓谭(约公元前20年—公元56年),字君册,沛国相(今安徽宿符离集西北)人。两汉之际我国著名无神论者和唯物主义哲学家、天文学家。主要著作是《新论》,原书早逸,《弘明集》中有《新论·形神》,为其代表作。

一、批判谶纬迷信思想

桓谭生活在两汉交替的历史时代,经过王莽的乱政时期。他受过儒家正统教育,精通音律,曾在西汉的朝廷为官。王莽专权摄政,以谶纬符命等手法为自己的篡权称帝大造舆论。朝野上下许多官吏和士人随声附和,社会上各种迷信思想大肆流行。在这种混乱的形势下,桓谭回报以"独自守,默然无言",表现出独立思考的精神和政治上不随波逐流的本色。刘秀上台以后,在利用谶纬符命为王权服务的问题上与王莽并无不同,桓谭主张"屏群小之曲说,述《五经》之正义",劝刘秀不要信用图谶,恢复儒家正统地位,但不为刘秀采纳。后又屡次上书反对图谶,终于因为不赞同不支持刘秀的迷信活动,触怒了刘秀,反怒斥他"非圣无法",要处以死刑,他"叩头流血",才免于一死,后被贬职,不久就死了。桓谭主张以儒家的正统思想治国,有书生意气的一面;但他是因为反对谶纬迷信而被迫害死的,对一个敢于坚持信仰的思想家来说,是死得其所。

桓谭反对谶纬迷信思想的出发点,是无神论和朴素唯物主义的。他结合儒家的历史使命和两汉交替的现实政治,从理论和实证两方面对谶纬迷信思想进行了批判。他有感于"学者既多蔽暗,而师道又復缺然,此所以滋昏也"(《正经》)的混乱局面,主张恢复儒家思想的独尊地位。为此,他反对用儒家经典及孔子的形象来为各种迷信思想做论证,并"极言谶之非经"。他说:"谶出河图、洛书,但有兆朕而不知。后人妄复加增依托,称是孔丘,误之甚也。"(《新论·启寤》)他还以事实为依据,通过对分析王莽倒台的实例,对符命迷信进行了无情的讥讽。他认为,王莽的垮台在于其"为政不善,见叛天下",根本原因在于事前激化了各种矛盾,事发之后又没有作出正确的应对,只会自欺欺人,延误了时间。他说:"及难作兵起,无权策以自解救,乃驰之南郊告祷,搏心言冤,号兴流涕,叩头请命,幸天哀助也。当兵入宫日,矢射交集,燔火大起,逃渐台下,尚抱其符命书及所作威斗,可谓蔽惑至甚矣。"在桓谭看来,王莽最后的下场与符命是毫无关系的。

二、"烛火之喻"的形神观

桓谭在哲学上的突出贡献,在于他的唯物主义形神思想。桓谭认为,人的自然生命周期遵循着客观规律,有生就有死,长生不死的人是没有的。他指出"生之有长,长之有老,老之有死",是万物发展的规律,人由生长到老死"若四时之代谢"(《新论·形神》)。桓谭坦然地论述了人的生死问题。他的思想具有两方面的意义:第一,他针对追求长生不死的迷信思想,提出的"老之有死"的观点,具有反对谶纬及迷信思想的科学意义。两汉时期的统治阶级有着"贪利长生,多求延寿益年"(同上)的奢望,桓谭的科学思想,也驳斥了当权的大地主阶级。第二,桓谭从理论上批判了长生不死和灵魂不灭的思想,为他深入阐发唯物主义形神理论提供了基础。他"以烛火喻形神",朴素地说明了人的精神活动必须以人的生命机体活动为基础,离开了人的生命活动,人的精神活动也就停止了。

桓谭的"烛火之喻",是一个以具体形象表达的哲学命题。其思想内容包括两个相互关联的层面:第一,精神是依赖于形体的,没有形体,精神就不能独立存在。他以蜡烛和烛光的关系作比喻:"精神居形体,犹火之然烛矣……烛无,火亦不能独行于虚空"(同上)。他认为,烛光的强弱、燃烧时间的长短,是由蜡烛的长短、油脂的多少决定的。同样,人的精神的强弱、寿命的长短是由其形体强弱决定的。他说:"肌骨血气充强,则形神枝而久生,恶则绝伤,犹火之随脂烛多少长短为迟速矣。"(同上)这就正面论证了人的形体对人的精神具有决定作用的观点。第二,精神对于形体具有一定的反作用,但这种反作用并不可能超越决定作用。桓谭指出,人们若能"养慎善持"自己的身体可以达到长寿,但却不可能达到长生不死。如果是蜡烛,"如善扶持,随火而侧之,可毋灭而竟烛"。人也是一样,"人身或有亏剥,剧能养慎善持,亦可以得度。"(同上)但是,人的生命毕竟是有限的,保养可以长寿,人终于难免一死。"炪也犹人之耆老,齿坠发白,肌肉枯腊,而精神弗为之能润泽。内外周遍,则气索而死,如火烛之俱尽矣。"(同上)人到老年,形体枯干,精神不能滋养枯干了的形体,必然导致形体精神俱灭,如同烛火俱尽一样。桓谭的理论驳斥了长生不死和灵魂不灭论。他上承荀子"形具而神生"(《天论》),下启王充"天下无独燃之火,世间安得有无体独知之精"(《论死》),在中国哲学中具有重要地位。更重要的影响在于,"烛火之喻"在民间普及了朴素唯物主义的思想,使中国老百姓慢慢接受了"人死如灯灭"的思想。

当然,桓谭的思想也有其局限性。第一,桓谭肯定了形神的联系,却看不到形神的区别,甚至把精神称为"神气",这就容易混淆精神和物质的界限。第二,他以薪火喻形神,不失为一种朴素唯物主义的说明,但这个比喻并不确切,因为蜡烛要靠外力点燃才能燃烧,而精神不是外力所加的。因此,对"烛火之喻"也可作出唯心主义的解释。前有庄子的"指穷于为薪,火传也,不知其尽也。"(《养生主》)后有慧远的"火之传异薪,犹神之传异形。"(《沙门不敬王者》)均可用于论证精神不灭。桓谭的这个局限性,到范缜的《神灭论》才得以克服。

第七节 《白虎通》的宗教思想

一、"白虎观会议"和《白虎通》其书

东汉建初四年(公元79年),为了统一思想,克服当时经学"章句繁多"的弊病,进一步加强思想统治,汉章帝在洛阳的白虎观主持了一个理论研讨会,史称白虎观会议。这次会议的基本内容是"讲论五经同异",目的是通过"正经义"以统一思想。参加会议的人上至官僚下至儒生,代表性比较广泛;会期很长,讨论也比较深入、充分。与会者的发言,效仿西汉宣帝时的石渠阁会议,编成了《白虎议奏》。汉章帝特命班固编辑整理出皇帝本人对《白虎议奏》所作的圣裁,定为《白虎通义》(简称《白虎通》)。这部书不仅实现了汉朝皇权和经学经典的结合,成为当时概括今文经学思想的一部权威而简明的百科全书;而且兼有融合道德和法律的意义,在形式上实现了经典和法典的统一,成为规范人们思想和行为的基本依据。《白虎

通》在儒学及经学发展史上占有重要地位,它继承和发展了董仲舒天人感应的世界观和方法论,使谶纬的思想和方法上升到了国家意志的程度。人们从此可以直接使用谶纬的内容和方法作为经学立论的根据,这就在中国老百姓中极大地普及了迷信思想和宗教意识,使独尊儒术具有了现实的社会基础和思想基础。

二、《白虎通》的宗教思想

谶纬是借助宣传迷信思想和宗教仪式而散布的神秘预言。"谶"和"纬"原是不同的。"谶"是"诡为隐语,预决吉凶",古已有之。这种神秘的预言,统治者用,老百姓也用。"纬"是独尊儒术之后产生的,就是用神学来解释儒家的思想,并使这种解释能够从孔子的经典中找到依据。后来,"谶"需要借助孔子及其经典来扩大知名度,"纬"需要以大量的神秘预言来提高可信度,而这就使"谶"和"纬"结合在一起了。在中国,谶纬迷信是一种隐秘的宗教现象。谶纬迷信有助于统治者愚弄人民和统一思想,谶纬迷信对于"罢黜百家、独尊儒术"的过程起到巨大的作用。宣传普及谶纬迷信思想是统治者加强思想统治的需要。西汉到东汉的思想历史充分证明了这个趋势。

随着汉武帝实行"罢黜百家,独尊儒术的"的政策,承载儒家思想传统的经学不仅最终从诸子百家中脱颖而出,而且最终取代了黄老之学,上升为中国封建社会的统治思想。从此,在汉朝王权的扶持下,《诗》、《书》、《礼》、《易》、《春秋》五部经典被抬升到了神圣的高度,成为封建国家的思想信条。汉朝还设立了五经博士,儒生在阐述经学思想上有较大贡献者,即可立为博士。随着五经、经学和儒生地位的上升,经学逐步获得了只许信奉、不许怀疑的神圣权威,并开始了从神圣化向宗教化的转变。把儒学宗教化的过程充满着矛盾。其中有四个问题很值得关注,它们是认识《白虎通》的前提。第一,汉武帝"罢黜百家"之后,他和儒家所共同面临的局面。汉武帝"罢黜百家",先是罢免了一批"治申商韩非苏秦张仪之言"的朝士,但在之后并没有立即独尊儒学。为了最终确立统治思想,汉武帝经历了一个选择和比较的过程。治《诗》的学者申公,治《尚书》的学者倪宽,都曾有机会参与竞争,董仲舒及其治《公羊》的学派并没有明显的优势。第二,确立独尊儒术的过程也是一个充满矛盾的过程。治《公羊》的董仲舒和治《谷梁》瑕丘江公经过复杂激烈的斗争,最终得以胜出,获得了独尊儒术的有利地位。汉武帝选定了《公羊》派,但并没有排斥经学中的其他派别。他对反对《公羊》派的儒生也给予了尊重和礼遇。第三,儒生尊孔子,汉朝重统治,二者也是有矛盾的。经学是汉朝统治者的经学,并不是孔子的经学。因此,当汉儒沉湎于对名物的训诂,过度迷信"以一字定褒贬"

而阐述圣人的"微言大义",就会陷入烦琐的形式主义,甚至引发派系间无谓的争论和斗争。这就违背了汉朝统治者支持创立经学的初衷,必然导致统治者对经学的发展进行干预,以引导经学高效率地为思想统治服务。西汉宣帝时的石渠阁会议,就是汉朝统治者召开的引导经学发展的第一次会议。第四,这个问题的解决是有反复的,因为无论是统治者一方还是经学一方,都在发生着变化。西汉后期,特别是在王莽时期,经学内部的派系斗争日益严重,形成了今文经学、古文经学和谶纬经学三大派别鼎足而立的局面。这种情形对于统治者来说是有利有弊的。使三者并立,可取其制衡融通之势而为我所用,这是有利的。但是,三者并立会使思想混乱争论不休,而不能形成统一的思想;各派为了证明自己的正确及他人的错误而使论证日趋烦琐,削弱了思想统治。到了东汉初期,这些问题已是非解决不可了。白虎观会议及其成果《白虎通》就是针对这些问题的。

《白虎通》对封建统治思想的概括和总结是有较高水平的。《白虎通》的自然观调和唯心论和唯物论,有一个充斥着谶纬迷信思想的体系。它描述宇宙的演化:"先有太初,然后有太始,形兆既成,名曰太素,混沌相连,视之不见,听之不闻"(《天地》),将其分成了"太初"、"太始"和"太素"三个前后相继的阶段,并且不否定"太初者,气之始也"的认识,这是具有朴素唯物论倾向的。但是,《白虎通》的自然观以董仲舒的五行理论为依据,认为太素之后生成了由日、月、星三光组成的天,以及由金、木、水、火、土五气组成的五行,世间的事物及其变化都是天主导五行而形成和运行的。这就打开了从神秘主义走向唯心主义的通路。五行之中以土为尊:"土者,五行之主也。"土的品德是忠诚:"莫贵于忠,土德之谓也"(《春秋繁露·五行之义》)。但地下的土还是要臣服于天上的神:"地之承天,犹妻之事夫,臣之事君也,其位卑。"(《五行》)五行是依据木、火、土、金、水的次序排列的,遵循着比相生、间相克变化顺序,如木生火及木克土,火生土及火克金,以此类推。又将自然界五行的物理属性和社会的伦理关系作出了对应的捆绑联系,为中国封建社会"三纲五常"的信条提供了理论依据。《白虎通》在董仲舒的基础上继续阐述了天命论的思想。它认为人有三种:第一,是决定人的享年的"寿命";第二,是决定遭受灾祸的"遭命";第三;是决定人的行为及对其善恶进行回报的"随命"。这三种命都是由上天来决定的。这种天命思想和谶纬及五行的思想结合起来,确立了孔子的天命论在经学中的核心地位,对后来的中国社会思想产生了极为久远而深刻的影响。

第八节 王充的思想

王充(公元27—约97年),字仲任,会稽上虞(今浙江上虞县)人,出身"细族孤门",6岁始业,后因成绩优异游学京师,"受业太学",唯"家贫无书,常游洛阳市肆,阅所卖书,一见辄能诵忆,遂博通众流在家之言。"(《后汉书·王充传》)因得不到仕进机会,遂回乡授徒。后虽做过几任小官,亦因遭排斥去职,专事教学和著述,"订真伪,辨虚实",矛头直指"虚妄之书"、"奸伪之说",致力于反对宗教神秘主义和神学目的论,捍卫和发展了古代唯物主义,成为两汉时期唯物主义的代表。他一生过着"贫无供养,志不娱快"的潦倒生活。现存《论衡》一书,是研究其哲学思想的基本资料。

一、元气自然的唯物主义世界观

王充生活的时代,是神学经学和谶纬迷信占统治地位的时代,要恢复唯物主义的权威,必须批判天人感应、谶纬迷信等。在这场思想斗争中,王充继承和发展了先秦的唯物主义传统,建构了元气自然的唯物主义世界观。他说:"夫天者,体也,与地同。天有列宿,地有宅舍,宅舍附地之体,列宿著天之形。"(《论衡·祀义》,本节以下引此书只注篇名),"元气未分,混沌为一","及其分离,清者为天,浊者为地。""天地,含气之自然也。"(《谈天》)"万物自生,皆秉元气。"(《言毒》)"气也,恬澹无欲,无为无事者也。"(《自然》)"夫天地合气,人偶自生也,犹夫妇合气,子则自生也。""夫天不能故生人,则其生万物,亦不能故也。天地合气,物偶自生矣。"(《物势》)这就是说,天,纯粹是"自然之天",绝不是"意志之天","天道自然无为"。因此,天人感应论、神学目的论都是虚妄之词。他说:"夫天道自然也,无为;如谴告人,是有为,非自然也。"(《谴告》)"夫天无为,故不言灾变,时至气自为之,夫天地不能为,亦不能知也。"(《自然》)所以,"文王当兴,赤雀适来;鱼跃鸟飞,武王偶见"(《初禀》),出现这种事情完全是巧合。至于"恶人之命不短,善人之年不长"(《偶会》),也是各有原因,绝不是什么力量有意为之。所以他说"自然无为,天之道也。"(《初禀》)"人不晓天所为,天安能知人所行?"(《变虚》)"夫人不能以行感天,天亦不随行而应人。"(《明雩》)那么,人们为什么要虚构这种虚妄之言呢?从认识根源来看,王充指出:"人有喜怒,故谓天喜怒。推人以知天,知天本于人。如人不怒,则亦无缘谓天怒也。"(《雷虚》)这就是把天拟人化,或者说把人的情感意志异化为"天意"、"天谴"、"天怒"和"天罚"。此外,谴告说的出现,还有深刻的社会根源。王充揭示说:"末世衰微,上下相非,灾异时至,则造谴告之言矣。"(《自然》)谴告说是在后世道德衰微,上下互相指责,灾异常常到来的情况下,由统治者制造出来骗人的。有鉴于上,王充得出结论:"谴告之言,衰乱之语也。"(同上)谴责告诫的话,是衰微丧乱时代的话。谴告说是骗人的,那么祥瑞说怎么样呢?谶书说:"尧母庆都野出,赤龙感己,遂生尧。"高祖本纪言:"刘媪尝息大泽之陂,梦与神遇,是时,雷电晦冥,太公往视,见蛟龙于其上。已而有身,遂生高祖。"王充驳斥说:"如实论之,虚妄言也。"(《奇怪》)并进而摆出了科学依据来论证自己的思想:"含血之类,相与为牝牡。牝牡之会,皆见同类之物,精感欲动,乃能授施。""今龙与人异类,何能感于人而施气?"(同上)这段论述不仅批驳了神学目的论的鬼话,也揭穿了刘氏帝王家谱中的疑窦,将事实告白于人间,充分反映了王充唯物主义思想的战斗性。

王充还批驳了当时流行的长生不老说,指出:"天地不生,故不死;阴阳不生,故不死。死者生之效,生者死之验也。夫有始者,必有终;有终者,必有始。唯无始终者,乃长生不死。"(《道虚》)进而又用元气自然论说明了人形体与精神的关系。他说:"天地合气,万物自生,犹夫妇合气,子自生矣。"(《自然》)人生于气,气聚形立;死则形坏,复还为气。犹如水凝为冰、冰释为水一样,根本不存在不灭的灵魂。他说:"人之所以生者,精气也;死而精气灭。能为精气者,血脉也;死而血脉竭。""人之所以聪明智慧者,以含五常之气也。五常之气所以在人者,以五脏在形中也。五脏不伤,则人智慧;五脏不病,则人荒忽。荒忽则愚疾矣。人死,五脏腐朽,腐朽则五常无所托矣,所用藏智者已败矣,所用为智者已去矣。形须气而成,气须形而知。天下无独燃之火,世间安得有无体独知之精?"由此得出"死人精神消亡","不为鬼,无知"(《论死》)的结论。

王充的自然观也有其缺陷,主要是自然命定论。他说人之寿夭、贫富、贵贱"莫不有命"(《命禄》),"有死生寿夭之命,亦有贵贱贫富之命";"凡人遇偶,及遭累害,皆由命也。"(同上)甚至世之治乱、国之安危,"皆在命时"(《治期》)这就陷入了宿命论的泥坑。

二、"疾虚妄"、"重效验"的唯物主义认识论

董仲舒等人认为"圣人"是"前知千岁,后知万世","不学自知,不问自晓"的。王充说:"此皆虚也。"认为"圣贤不能知性(性知)"。"圣者,须学以圣"。"天地之间,含血之类,无性(生)知者。"(《实知》)在《实知》篇中,他举了16件事证明孔子

等"圣人"根本不是生而知之者。王充认为,认识首先"须任耳目以定情实","如无闻见,则无所状。"(同上)如果没有感官对外物的接触,认识就不能发生。这正是反映论的基本原则,但认识不能停留在感觉阶段,还必须在感觉的基础上进行思维,所谓"不徒耳目,必开心意。"(《薄葬》)认识不仅要"信闻见于外",还必须"诠订于内","以心意议"。他得出一个结论:"故是非者,不徒耳目,必开心意。"正如墨子在认识论上的错误正在于不懂得思维的重要。他说:"墨议不以心而原物,苟信闻见,则虽效验彰明,犹为失实。"(同上)这就是说,必须把"耳目"与"心意"即感性认识和理性思维结合起来,才能获得真知。

王充认为,"人之所以聪明智慧者,以含五常之气也。五常之气所以在人者,以五脏在形中也。五脏不伤,则人智慧。五脏有病,则人荒忽,荒忽则愚痴矣。"(《论死》)这是说,必须具备健康的生理条件,才具备认识的物质基础,才可能正确认识世界。

王充在认识论上的一个突出特点是强调效验。他说:"事莫明于有效,论莫定于有证"(同上),"凡天下之事,不可增损。考察前后,效验自列。自列则是非之实有所定矣。"(《语增》)"凡论事者,违实,不引效验,则虽甘义繁说,众不见信。"(《知实》)缺乏事实根据的理论,是根本不会被人们相信的。这种主张以"得其实"、"不违实"作为检验认识真理性标准的思想当然是对的。由此他强调读书"贵其能用之",否则,"虽千篇以上,鹦鹉能言之类也。"(《超奇》)他认为孔孟之道没有什么实用价值,故作《问孔》、《刺孟》等文,指出:"追难孔子,何伤于义?""伐孔子之说,何逆于理?"其中虽有偏激,总体却无大错,2000年后依然可见其理论勇气和思想光辉。王充的认识论存有唯心史观及形而上学的弊病。他所进行的理论创造和批判有不少缺陷。但是,在谶纬迷信盛行、尊孔读经成风之时,他敢于高举"非圣无法"、"疾虚妄"的大旗,针锋相对地展开批判,还是很了不起的。

三、进化与循环矛盾的历史观

王充在历史观上既有"汉盛于周"的近代论思想,又有"百代同道"的循环论缺陷。首先,他认为历史是进化的,并用对比的办法作了说明:"上古岩居穴处,衣禽兽之皮;后世易以宫室,有布帛之饰。"(《齐世》)以社会物质生活的进步证明历史是进步的,批判了董仲舒"古今一天"的历史循环论。他猜测到了社会经济生活对精神生活的制约作用。重视物质生活是王充历史观中的一个突出特点。如,他在批判孔子"去食存信"思想时指出:"使治国无食,民饿,弃礼义;礼义弃,信安所立","夫去信存食,虽不欲信,信自生矣。去食存信,虽欲为信,信不立矣。"(《问孔》)民以食为天,信以食为基。王充正是由此出发,指出了社会治乱并非由圣人主观意志决定,而有一定的客观规律。这规律又与群众的物质生活密切相关。他说:"夫世之所以为乱者,不以贼盗众多,兵革并起,民弃礼义,负畔(叛)其上乎?若此者,由谷食乏绝,不能忍饥寒……传曰:'仓廪实,民知礼节;衣食足,民知荣辱。'让生于有余,争起于不足。谷足食多,礼仪之心生;礼丰义重,平安之基立矣。"(《治期》)这些,都是他历史观中的唯物主义因素。这种肯定物质生活制约精神生活的思想是很有见地的。

王充认为,"天道自然"的原则也适用于人类社会历史。他试图用这一原则去解释复杂的社会现象。指出:"王命之当兴也,犹春气之当为夏也;其当亡也,犹秋气之当为冬也。"(《异虚》)"夫朝之当亡,犹人当死……人死命终,死不复生,亡不复存。""人之死生,在于命之夭寿,不在行之善恶;国之存亡,在期之长短,不在于政之得失。"(同上)"昌衰、兴废,皆天时也。""故世治非贤圣之功,衰乱非无道之政。国当衰乱,贤圣不能盛;时当治,恶人不能乱,世之治乱,在时不在政,国之安危,在数不教。"(《治期》)王充的这些思想对于批判神学目的论的历史观具有积极意义,但是这些思想具有两面性。他强调人类社会历史发展的必然性,把天意和神命从社会发展进程中排斥出去,这是朴素唯物主义的思想,其本质是正确的。但是,他把社会发展进程中的一切都绝对地纳入了自然轨道运转,这是不符合事实的,因而是错误的。

由于历史和阶级局限,王充的历史观中存在着不少缺陷,主要是历史循环论和宿命论。如,他认为上世之天、下世之天,上世之民、下世之民是"古今不异"、"万世若一"、"帝王治世,百代同道。"(《齐世》)"千岁之前,万世之后,无以异也。"(《实知》)这样,又重蹈了董仲舒"天不变道亦不变"、"古今一天"的覆辙。又如,他认为人的宝贵贫贱都是由"禀气"而定的,禀气贵则贵,禀气贱则贱,不能更易。他说:"人禀气而生,含气而长,得贵则贵,得贱则贱,贵或秩有高下,富或资有多少,皆星位尊卑小大之所授也。"(《命义》)可见,他最终没能跳出孔学"死生有命,富贵在天"的宿命论。

王充在中国哲学史上占有突出的地位。他的唯物主义思想体系集中反映了两汉时期广大群众实践和自然科学的成就,对后世有着深远的影响。他的许多"非礼"言论影响了轻慢礼法、蔑视名教的魏晋思潮;他的理论批判,影响了王符、仲长统等人的政治批判;他的无神论思想,对魏晋无鬼论、范缜神灭论、张载、王夫之、戴震等人都有重大影响。尽管他的一些缺陷对后代有过消极影响,但这不能动摇他在中国哲学史上的地位。

第六章　魏晋南北朝时期的思想源流

从公元220年曹丕代汉,到589年杨坚灭陈,历时369年,史称魏晋南北朝。这个时期,是中国封建国家长期分裂、门阀地主阶级统治时期。这个时期的中国哲学思想,反映了这一时代特点。

第一节　魏晋南北朝时期的社会状况和思想源流简说

一、魏晋南北朝时期的社会状况

魏晋南北朝时期,在我国历史上是一个极为重要的阶段。第一,魏晋南北朝时期是处于汉唐两大盛世之间的一段分裂时期,中国的经济、社会、民族、文化等各个方面都处于分化和组合之中,上承两汉,消化吸收了两汉发展的成果,下启隋唐,为隋唐时期的国家大统一和社会大发展准备了条件。第二,这是民族矛盾、民族冲突十分激烈的时期。从春秋战国到秦汉时期,中原汉民族建立的国家和北方游牧民族的冲突主要发生在边境地区。而魏晋南北朝时期的民族矛盾已经转入中国的疆域内部,几个少数民族先后在这个国家的北方建立了政权,中国出现了民族大冲突及其大融合的第一次高潮。第三,这是一个思想发展充满矛盾的时期。自中国社会转向封建社会以后,春秋战国是诸子蜂起、百家争鸣,广泛建立和发展新学派的历史时期;秦的统一及两汉的接续,是中国社会实现封建的大一统和思想在儒家及其经学的基础上逐步统一的历史时期;魏晋南北朝则是各派思想重立山头建立新学派、再起冲突互相吸收,并在汇综和融合中求发展的时期。如果说隋唐时期逐渐实现了儒、释、道三家思想的整合,那么这三家思想在魏晋南北朝时期已经实现了自身的前期转变。玄学的出现,道教的发展,以及佛教思想的传播和普及,构成了这一时期中国社会思想的三大流派。

在中国历史上,魏晋南北朝时期是一个混乱、黑暗的时期。这种混乱和黑暗起于东汉末年的战乱,三国鼎立下的连年战争和后来晋室南迁之后的南北分裂及其战争又加重了它们的程度。这一时期,社会生产的破坏、人口及财产的损失,文化的凋敝,都是相当严重的。这种情况在北方,尤其是中原地区更为惨烈。但是,中国社会经济文化的发展并没有停滞。在北方,曹魏、西晋初期及后来鲜卑拓跋魏统一时期,先后实行了屯田、占田、均田政策,对生产的恢复和发展起到积极的作用。东晋政权和北方的少数民族政权隔江对峙,获得了200余年的偏安时期,使江南农业、蚕丝业有了进一步发展,进而代替中原成为全国的富庶地区。

魏晋南北朝时期的政治,是门阀士族地主阶级专政的政治。门阀士族,是指当时拥有显赫的家世、掌控着经济资源、把持着思想文化发展的当权者和社会精英。这个阶级是从东汉豪强地主发展而来的。它占有大量土地,拥有大批奴婢、佃客、部曲和家丁,享有免税、免役等特权。它凶残狠毒,荒淫放荡、腐朽堕落,内部充满了倾篡夺和残杀。社会处在分裂变乱之中,阶级矛盾和民族矛盾都很尖锐,爆发了多次农民起义和民族战争。

魏晋南北朝时期,科学技术有了新的发展。三国时刘微写了《〈九章算术〉注解》,发明了重差术,对数学和测量学作出了重要贡献。葛洪、陶弘景等人在炼丹过程中促进了化学元素和药物学的发展。在医学方面,三国时张仲景《伤寒论》,建立了阴阳表里的辨症学说;后来王叔和又根据张仲景的脉学原理著《脉经》,对生理、病理和疾病的关系作了系统说明。南北朝时的祖冲之对圆周率的计算,达到了当时世界最精密的水平;他制定的大明历,在我国历史上第一次使用了岁差。北魏贾思勰著《齐民要术》,对我国农业生产经验进行了系统总结。钱乐之制造的铜浑象,著录1464颗星,是世界上著录星座最早、最多的星球仪。科学技术的进步,推动了哲学思想的发展。

二、魏晋南北朝时期思想源流简说

魏晋南北朝时期的经济政治反映在哲学上,在魏晋时期有玄学的兴起;进入南北朝之后,宗教思想有了长足的发展。道教滋润、丰富了玄学,也从玄学中获取了有益的元素。佛教思想在北方和南方采取了不同的发展形式,形成了南方佛教和北方佛教的不同特点。这一时期,佛教思想的地方化特色不仅奠定了中国佛教流派的基础,同时充实并丰富了佛教的民族特色,使佛教整体获取了更多的中国化的思想内容和文化形式,为隋唐时期的佛教大发展准备了条件。关于宗教问题,我们还有专门的章节做介绍和分析,这里主要说说魏晋玄学。

老子说:"无名天地之始,有名万物之母,此二者同出而异名,同谓之玄,玄之又玄,众妙之门。"这是玄学的理论来源。在中国哲学史上,玄学一词有广义狭义之分。广义的玄学,泛指一切抽象的理论,也称"形而上学,即研究超经验东西的学说;狭义的玄学,专指魏晋时期特有的思潮,即魏晋玄学。

魏晋玄学作为汉代经学之后的社会意识形态,是对经学的扬弃。随着东汉王朝的被摧毁,传统儒学的威严扫地。司马迁、王充、仲长统等唯物主义思想家,从不同方面批判地吸收了道家天道无为等思想,对经学思想中的唯心论进行了激烈批判,其作为统治思想的地位已经有所动摇。特别是到了东汉末年及三国时期,在农民战争和军阀战争的双重冲击下,经学虚伪烦琐、空洞无用的本质更是暴露无遗,经学作为名教,声誉濒临破产,地位岌岌可危,已经不再适应新统治者的需要了。魏晋的统治者为了更新和挽救名教,使之适应门阀士族掩盖奢侈生活及标榜立身行事的需要,便努力寻找新的思想武器以代替传统的经学。他们试图以老庄解释儒经,特意为《老子》、《庄子》、《周易》三本书戴上了"三玄"的桂冠,堂而皇之地抬出来寻找自己所需要的理论根据,又用"玄谈"替他们腐朽的生活方式辩护,这就是魏晋玄学产生的背景。

魏晋玄学不仅和传统的经学及佛教、道教思想有矛盾,其内部也充满矛盾。围绕着有和无、本和末、体和用,以及名教和自然的矛盾关系所展开的争论与斗争,贯穿了玄学发展的全过程。这些争论和斗争构成了玄学和反玄学矛盾关系的基本内容。魏晋玄学主要经历了三个发展阶段。第一阶段,何晏、王弼以"贵无论"开创了所谓"正始玄风"。他们提出了"天下万物皆以'无'为本"的思想,为玄学唯心主义奠定了理论基础。第二阶段,在玄学内部争论中出现了嵇康、阮籍为代表的"名教不合自然"的思想,表现出对玄学的背离倾向。在此情况下,出现了乐广、裴頠的纠偏之论。乐广针对士族子弟坐享特权而背离名教的倾向,发现了"名教中自有乐地,何必乃尔"(《世说新语·德行》)的警告,认为"自然"不能脱离"名教"。裴頠以"当朝名士"的身份,对"以无为本"进行了修正,提出了"崇有"论。第三阶段,在裴頠"崇有"思想的基础上,郭象以他的《庄子注》综合了"贵无"和"崇有"的主张,提出了"独化"论,把玄学推向了顶峰,完成了为门阀士族垄断政权提供了理论论证的任务。除上述的争论和斗争之外,玄学与反玄学斗争的另一个重要理论问题是言意之辨。针对玄学家们抓住认识过程的复杂性,夸大言意之间的差异和矛盾,为虚无本体论作论证的弊端,欧阳建写出《言尽意论》进行驳斥。他驳斥了玄学家们的"言不尽意"论。魏晋玄学的主要流派、代表人物及其思想,我们将分节论述。

第二节　何晏、王弼的"贵无"思想

魏晋玄学的创始人是何晏和王弼。他们最早探讨了玄学的"有无"、"本末"等问题,并提出了"以无为本"的问题。何晏、王弼开启了玄学的先河,后来影响不断扩大,形成了和此前的两汉经学及此后的宋明理学鼎足而立的思想流派。

玄学思想的基础是以无为本,既背离了汉代唯物主义的气本论,也不同于经学的考据和谶纬,是对两汉时期主流思想的一种破坏和再造。玄学背离汉代唯物主义的气本论,从思想发展大趋势上说是一种倒退;但是何晏、王弼等玄学家给中国的思想界充实了体用、本末等新的哲学范畴,有助于人们更深刻地去揭示事物的本原,这又是一种进步。汉儒思想守旧、狭隘,形式空洞、烦琐;相比之下,玄学的奇思妙想和简易行文简直是一场思想解放。但是这种思想解放并不真正具备跨越时代的思想内容,对于新掌权的统治者而言,何晏、王弼等人再造的玄学更长于思想形式的改革。而且,他们倡导的表面化的思想解放采取了十分夸张的形式,甚至是一些纯粹抽象的形式。但是,他们的抽象的思想内容及其离奇古怪的表述形式,正是那个时代社会生活及其矛盾的概括和总结。只是何、王二人并不真正了解,随着他们所倡导的思想在形式上的解脱具有两面性:一方面,统治者在选择和接受某种完成了变更的思想来作为新的统治思想的时候,必然会对创立和倡导这种思想的知识分子给予一些较他人更加优厚的权利。另一方面,知识分子会为自己提出或推动的思想在形式上的解放及其成果而得意一时,但是这种形式上的思想解放却会使知识分子再一次陷入更深的思想束缚,失掉更多的自由,付出更大的代价。何晏、王弼二人的命运正好说明了这个问题。

一、何晏的思想

何晏(公元190—249年),字平步,南阳宛(今河南南阳)人。何晏是曹魏统治集团的核心人物,是一个带有传奇色彩的人物,但在曹氏集团和司马氏集团争夺统治权的斗争中难以自由取舍,几经徘徊,最后还是被司马氏集团杀掉了。何晏是清谈领袖,有《论语集解》等著作。他把《老子》、《庄子》和《周易》沟通起来,用以解释《论语》,这是一个创造。何晏的思想和王弼很接近,但也有自己的内容。在宇宙观问题上,何晏说:"有之为有,恃无以生。事而为事,由无以成。"(《列子·天瑞》注)"夫道者惟无所有者也。自天地以来,皆有所由矣。然犹谓之道者,以其能复用无所有也。"(《列子·无名论》注)他认为,天地万物的本体是"无所有"的"道"。"道"是一切"有"的根源,"有"是从"无所有"中产生出来的。因此,就"有"和"无"的关系说,"无"是"有"的根本。"无所有"的"道",是不可名状和超越感觉的"道之而无语,名之而无名,视之而无形,听之而无声"(《列子·天瑞》注)。在这里,"道"几乎成为有了超感觉的神力,它可以"开物成务",创造出一切具体的东西来。可见,何晏的宇宙观具有客观唯心主义的倾向。

在社会政治思想上,何晏主张"无为而治"。他说:"德者无为,犹北辰不移,而众星共之。"(《论语集解·为政》注)但是,他的"无为"并不是不要任何作为,而是要唯道是从,不违背自然而强为。若能做到人人"无为",那么封建统治者就能"恃以成德";被压迫的"不肖者"则可"恃以免身"。可见,何晏力倡无为而治的目的,是为了巩固门阀士族的统治。这和他论述"道"的"无所有"属性一样,最终的目的是要掌握整体的话语权。

二、王弼的思想

王弼(公元 226—249 年),字辅嗣,魏国山阳(今河南焦作)人。少年老成,其著甚多,主要有:《周易注》、《周易略例》、《老子注》、《老子指略》、《论语释疑》等。王弼是魏晋玄学的主要创始人,他为玄学奠定的理论基石,一是贵无,二是主静,三是言不尽意。他通过对有无、动静、言意关系的抽象论证,建构了颇为系统的玄学世界观,使我国封建时代前期唯心主义哲学的思辨水平大大提高了一步。

王弼以《老子》的"有生于无"作为自己思想的起点,建构了"以无为本"的唯心主义本体论。在《老子》第一章的注释中,他开宗明义地指出:"凡有皆始于'无',故未形无名之时,则为万物之始;及其有形有名之时,则长之育之,亭之毒之,为其母也。言道以无形无名始成,万物以始以成而不知其所以,玄之又玄也。"王弼所说的"无"不是有无的无,而是指宇宙一切现象赖以存在的本体。它超言绝象,是抽象化了的绝对。一切有形的具体事物都是它的体现。王弼说:"凡物之所以生,功之所以成,皆有所由。有所由焉,则莫不由乎道也。""道者,物之所由也。"(《老子注》五十一章)那么,"道"是什么?他说"道者,无之称也","寂然无体,不可为象"(《论语注疏·述而》注引)。又说:"神,无形无方也。"(《老子注》二十九章)在王弼那里,"道"与"无"似乎成了"神"的别名。王弼"以无为本"的唯心主义哲学,史称"贵无"哲学。

王弼认为,"无"作为绝对的本体是不动不变的永恒存在。他坚持"静与躁君"的形而上学动静观,指出:"凡有起于虚,动起于静。故万物虽并动作,卒复归于虚静,是物之极笃也。"(《老子注》十六章)天地万物变化万千,这只是相对的现象世界。至于绝对本体"无",则是绝对静止的。他说:"天地虽大,富有万物,雷动风行,运化万变。寂然至无,是其本矣。"(《周易·复卦注》)人们必须从千变万化的现象中把握不动、不变的本体,以不变应万变,以静制动。这一原则导出的政治哲学原则是:"静为躁君,安为动主。故安者,止之所处也。静者,可久之道也。"(《周易·恒卦注》)要求统治者善于以静制动,"息乱以静",求得"可久之道"即长治久安之道。

王弼以庄子"得鱼而忘筌"、"得兔而忘蹄"、"得意而忘言"为出发点,建构了自己"得意忘象"的认识论。他在《周易略例·明象》中说:"夫象者,出意者也;言者,名象者也。尽意莫若象,尽象莫若言。"这是说,"象"是达意的工具,"言"是明象的工具。这里所说的"象",是指《周易》卦象,"言"是指《周易》中对"象"所作的解释。不过,王弼并非特指《周易》,而是泛指一般的认识原则和方法。这里含有承认语言、概念(象)有认识事物工具的意思。他又说:"意以象尽,象以言著。故言者所以明象,得象忘言;象者所以存意,得意而忘象。"(《周易略例·明象》)这是说,"意"通过"象"而得到表达,"象"通过"言"而显现其义。言语忘象,犹如人们过河后可把桥拆掉。王弼提出了认识对象和认识媒介有区别,这有正确的一面;但他过分强调概念和它所代表的事物不同的方面,否认概念是事物的反映。把象与意、言与象,绝对对立起来,暴露了他的认识论的唯心主义和形而上学的实质,由此继续前进,终于陷入了神秘主义的不可知论。

在社会政治观上,王弼提出了"名教出于自然"的观点。所谓"名教",是封建社会的政治制度和伦理道德的总称。所谓"自然",是玄学所讲的"道",包括自然观和人生观。王弼提出名教出于自然,把二者作为自然原则和社会原则统一的哲学提出来并进行了论证。一方面,王弼把名教纳入唯心主义本体论哲学体系,认为名教是宇宙万物主体"无"或"道"的产物。他说:"始制,谓朴散始为官长之时也。始制官长,不可不立名分以定尊卑,故始制有名也。"(《老子注》第三十二章)封建等级制度和道德教化都是从最高的"道"派生出来的,"立名教以定尊卑",是"朴散",是必然结果。这样,名教与自然不但不矛盾,而且在原则上是一致的。另一方面,王弼在论证中,又强调不要忘了根本。既然名教是自然派生的,自然就是本,名教就是末。因此,要抓根本,不要追求那些名教形式。统治者的作用就在于使"名教"反映"自然",自然无形无为,而"民济万物",统治者只要"考行无为之事,立不言之教",使众人各安其位,返璞归真,"名教"就合乎"自然"了。因此,一个贤明的统治者,不仅"不立形名以检于物",而且要使众人"无欲"、"无惑"、"无为",这样的社会自然就太平无事,封建秩序也就可以巩固了。

第三节 阮籍和嵇康的思想

阮籍(公元210—263年),字嗣宗,因做过步兵校尉,后人又称阮步兵,陈留尉氏(今属河南)人。他博览群籍,尤好《老》《庄》,纵酒谈玄,蔑视礼法,为"竹林七贤"之一,现存著作有《阮籍集》。

阮籍的宇宙观是朴素唯物论的,虽然比较简单,但是清楚明白。关于宇宙的生成,他认为:"天地生于自然,万物生于天地。自然者无外,故天地名焉;天地者有内,故万物生焉。"关于事物的规律及其运动,他认为:"自然一体,则万物经其常";"一气盛衰,变化而不伤"(《达庄论》)。在阮籍看来,广大无边、千差万别的自然界统一于"气",一切具体的事物都处在有规律的变化中间。

阮籍在历史观上受道家思想的影响。他借用老庄学派倒退的历史观来批评现实的社会政治,抒发自己的不满。阮籍指出:"三皇依道,五帝仗德,三王施仁,五霸行义,强国任智,盖优劣之异,薄厚之降也。"(《通老论》)他认为三皇五帝之后,由于人们追求竞争和发展而纵容各种任智妄作的行为,导致了社会道德和人的精神风貌的倒退和下降。这是老庄的历史倒退论。阮籍以此揭露和批判当权者的残暴、伪善,具有一定进步意义。他揭露礼法的虚伪,幻想建立无君无臣的社会。认为只要存在富贵贫贱之间的怨争,王朝就必然会灭亡,这个认识是深刻的。

嵇康(公元223—262年),字叔夜,谯国(今安徽宿县西南)人。在"竹林七贤"中,他和阮籍是核心人物、精神领袖。嵇康有思想、有风骨,坚持主见决不妥协,不像阮籍那样圆滑,后来在曹氏集团和司马氏集团的斗争中,被司马氏杀掉。著有《嵇康集》。

在自然观上,他继承王充的唯物主义元气自然论,指出:"元气陶铄,众生禀焉。"(《明胆论》)又说:"天地合德,万物资生,寒暑代往,五行以成。"(《声无哀乐论》)认为万物的产生,寒暑的变化,都是阴阳二气矛盾运动的结果。这是对董仲舒神学目的论的否定。在形神关系上,嵇康说:"形恃神以立,神须形以存";"形神相亲,表里俱济"(《养生论》)。初步树立了形神相即的观点,是对王弼"神则无形者也"理论的否定。

在认识论上,嵇康肯定事物是可以认识的。他说:"夫推类辨物,当先求自然之理。理已定,然后借古义以明之耳。今未得之于心,而多恃前言以为谈证。自此以往,恐巧历不能纪。"(《声无哀乐论》)人们首先要认识事物自身的"理",在此基础上再参考"古义"。如果没有掌握事物的规律,却以古人的话为依据,那是不能得到正确认识的。在认识的非标准上,嵇康反对"立《六经》以为准","以周礼为关键"(《难自然好学论》),主张用"效验"鉴别认识的真伪。他说:"所知麦之善菽,稻之胜稷,由有效而识之"(《答难养生论》)。说明他看到了判断认识的是非应有客观标准。

嵇康提出了"越名教而任自然"的社会政治思想。他尖锐地批判了名教,认为名教与自然是矛盾的。嵇康认为:"夫民之性,好安而恶危,好逸而恶劳。故不扰则其愿得,不逼迫,他把"不扰"与"不逼"的社会当作合乎自然的社会。嵇康指出"《六经》以抑引为主","仁义务于理伪","廉让生于争夺"(《难自然好学论》)。这"道"出于自然,《六经》并非天理。在此基础上,嵇康明确提出了"越名教而任自然"的口号。指出:矜尚不存乎心,故能越名教而自然;情不系于所欲,故能审贵贱而通物情。"(《释私论》)嵇康这种主张,不是真正要人超越名教,只是对司马氏集团借名教之名,行巧取豪夺之实的软弱抗议。

第四节 裴頠的思想

裴頠(公元267—300年),字逸民,河东闻喜(今山西绛县)人。曾在西晋朝廷中做官。现存著作仅《崇有论》一篇,收入《晋书》中。在魏晋玄学发展中,裴頠是对"以无为本"的"贵无论"发起挑战的重要思想家。裴頠作《崇有论》,对"以无为本"、"崇尚自然"的前期玄学提出了批评,论证了"崇有"的观点。

一、"崇有"的唯物论思想

裴頠旗帜鲜明地反对"以无为本"的理论主张。他针对王弼"贵无"说,提出了"崇有论"。裴頠指出,世界上最根本的东西是"道","道"是万物的根源,是一个总括万事万物又混沌不分的整体。他认为,世界万物的根源只能是"有",不能是"无"。他所说的"道"不是无,而是有。他说:"夫总混群本,宗极之道也;方以族异,庶类之品也;形象著分,有生之体也;化感错综,理迹之原也。"总括万有的"道",并不是虚无,根据万有不同的形象,可以分为不同的类别;一切从"有"当中生出的事物,都是有形象的;万物错综复杂的变化和相互作用,这是客观规律的根源。裴頠的"崇有"思想与何晏、王弼等人的"贵无"主张是根本对立的。在说明宇宙万物的根源时,究竟"有"是第一性的,还是"无"是第一性的,是这两派思想对立的根源。"贵无"派认为"无"是宇宙万物的根源,否认"有"是宇宙万物的根源;又主张"无"是"非有","有"是从"无"中产生的。裴頠却与"贵无"派的思想针锋相对,他认为:"夫至者,无以能生,故始生者自生也。自生必体有,则有遗而生亏矣;生以有为已分,则虚无是有之所谓遗者也。""无"不能生"有",自生的万物的本体只能是"有"。如果失掉了"有",万物的滋生就会缺失。万物以"有"为立脚点,"虚无"不过是"有"隐匿而缺失的状态,或者说,"无"也是特殊的"有"。在裴頠看来,世界是"有"而不是"无","无"是相对于"有"而说的,没有离开"有"而单独存在的"无"。裴頠这种唯物主义的思想发扬了王充唯物主义实体论的思想,丰富了中国古代唯物主义实体论的理论基础。

裴頠的思想中也论述了认识论和辩证法的问题,但是并不系统,没有达到他批判"贵无"思想及论述"崇有"问题时的理论高度。裴頠看到了事物之间的联系及由此而生的差异,看到了每一类据此而有着各自的特点,也看到了一种事物的存在对另一种事物的依赖关系,因而世间没有孤立存在的事物。正因为世界上存在不同类别的事物,而事物都是彼此联系的,"理"就存在于这种联系之中。他揭示这种关系说:"夫品而为族,则所禀者偏,偏无自足,故凭乎外资。"在裴頠的思想中,事物之间的关系、联系就是"理",就是事物的规律。他进一步指出:"是以生而可寻,所谓理也;理之所本,所谓有也。"追寻事物之间的联系和变化,就能寻找到万物之"理"。因此,世界上不会存在离开"有"的"无",也不会有离开事物而独立存在的"理"。这是从朴素辩证法、认识论入手,重申了"崇有"论的唯物主义结论。

二、裴頠的社会历史观

在社会历史观上,裴頠的思想具有两面性。当裴頠站在封建统治阶级立场上为统治者说话的时候,他的社会历史思想中总是存在着地主阶级的偏见;但当他从社会实际出发,用朴素唯物论和辩证法的观点观察和分析问题的时候,他也有一些带着真知灼见的思想。裴頠出身士族大家,又担任着朝廷的要职,享有很高的威望,但他同情中小地主阶级,在政治上主张实行有利于中小地主阶级的政策,敢于坚持自己反潮流的意见,因此受到庶族寒门知识分子的拥戴。他批判"贵无",主张"崇有",这种思想从一个侧面批判了当时豪门巨族崇尚"玄谈"、不切实际的态度。他抨击贵族奢靡放荡的行为,提倡"躬其力任,劳而后飨,居以仁顺,守以恭俭"的生活态度。这种亲身效力本职工作,劳动而后享用成果,以仁爱恕顺的态度对待生活,以恭敬节俭的态度保持事业的情景,概括了两晋时期中小地主阶级所渴望的生活状态及精神状态,符合那时中小地主阶级的利益和要求,在反对门阀士族统治方面具有一定的积极意义。但是,裴𬱟及其《崇有论》在政治上还是保守的。他说:"众理并而无害,故贵贱形焉失得由乎所接,故吉凶兆焉。"这就是说,各种规律并存而不相妨害,就形成了贵贱等级;人们和外界的接触会发生得失,就有了吉凶的后果。在裴𬱟看来,社会贵贱贫富的差别是自然存在的;人们生活中的不同遭遇,都是由自己的行为造成的,应由自己负责。他否认阶级剥削和压迫给人民带来的贫困和灾难,这是在为封建剥削制度作辩护。

第五节 郭象的思想

郭象(约公元252—312年),字子玄,河南(今河南洛阳)人。他的主要哲学著作是《庄子注》。郭象在裴𬱟"崇有"思想的基础上,又提出"独化论",继续批评"贵无论"。这两个人的思想具有两面性:一方面,为门阀士族垄断政权提供了理论支柱;另一方面,丰富了玄学的内容,拓展了玄学的领域。

郭象的思想中存在着两种不同的倾向和风格:第一,郭象和裴𬱟一样,也是旗帜鲜明地反对何晏、王弼"以无为本"的理论。他批判了"贵无"派的"造物主"及"先物者"的理论,论述了"有"的客观性和永恒性,还论述了天地万物的变化问题,坚持了唯物主义的思想路线。第二,郭象虽然批判了"无能生有"的错误思想,但他又提出了"独化于玄冥"的晦涩理论,留下了一道从神秘主义滑向唯心主义的后门。郭象的思想虽然具有摇摆性,但其反对"贵无"、主张"崇有"的思想倾向是主要方面。

一、批评"贵无"论、论证"崇有论"

郭象批评"贵无"论、论证"崇有论"的路径和裴𬱟有所不同。裴𬱟比较侧重于论述"济有者皆有",径情直遂地阐述了万事故自古无未有之时而常存也,万物只能从"有"中产生的道理;郭象则比较侧重论述"无不能生有",以退为进地阐述了本质上与裴𬱟的"崇有论"一样的道理。郭象指出:"无既无矣,则不能生有;有之未生,又不能为生。"(《齐物论》注)"无"既然是无,就是"非有",什么都没有,所以不能生出"有";"有"如果尚未出现,也不能被产生。宇宙万物是客观存在的,不能被自身以外的东西派生出来。这就叫做"万物皆自然,无使物然也。"(《齐物论》注)郭象还论述了"有"具有永恒不灭的属性。他说:"非唯无不得化而为有也,有亦不得化而为无矣。是以有之为物,虽千变万化,而不得一为无也。不得一为无也,故自古无未有之时而常存也。"这段话的最后一句有两重含义:一是自来根本没有"未有"的时候,"有"是永恒存在的。二是自来根本没有像"无"一样离开物质内容的纯粹存在。郭象的这些思想及其所达到的深刻程度,在玄学中是少见的。

郭象还批评了"造物主"和"先物者"的思想。他指出:"造物主无主而物各自造。物各自造而无所待焉。此天地之正也。""物各自造而无所待焉"是一种形象的说法,其本意是强调物的客观性和无条件性。物质世界中的不同物体是有条件的。这一点郭象似乎有所忽视;但他强调的是各个物体中的客观实在性是"无所待"的,是无条件的。郭象又指出:"谁得先物者乎哉?吾以阴阳为先物,而阴阳即所谓物耳。谁又先阴阳者乎?吾以自然为先之,而自然即物之自尔耳。吾以至道为先之矣,而至道者乃至无也。既已无矣,又系为先?然则先物者谁乎哉?而犹有物无已?名物之自然,非有使然也。"(《知北游》注)郭象批评"造物主",比较而言侧重从空间的并存关系来分析"有",而他批评"先物者"则比较侧重从时间的顺序关系来分析"有"。阴阳如果在物先,阴阳也是物自身;自然如果在阴阳之先,自然还是物自身;所以"先物者"并不是实际存在。郭象用唯物论的观点阐述了有、无、先、后的问题,同时借助庄子提出的"有未始有夫未始者也"过程关系,回答了老子提出的"吾不知其谁之子,象帝之先"的问题。

郭象没有从正面使用"道"这个概念,因为他看到了"道"在玄学中变质的现实。何晏、王弼等人离开了"物"和"有"来谈"道"和"无",以此论述"造物主"和"先物者"的问题,背离了老庄"自然无为"的"道",而且越走越远,所以他概括出"道乃至无"的思想,并使用阴阳、自然、物、有这些概念来表达自己的唯物论思想。当他感觉这些概念仍有不足以充分表达自己思想的时候,便又引入了"玄冥"、"独化"等新的概念。

二、"玄冥"和"独化"的思想

"玄冥"和"独化"的思想是郭象思想的重要组成。玄冥语出《庄子·大宗师》:"于讴闻之玄冥";玄是深远,冥是幽寂,玄冥,是指一种昏暗幽深、神秘隐蔽的混沌状态。郭象说:"玄冥者,所以名无而非无也。"(《大宗师》注)他所说的"玄冥"是"有"与"无"的统一。"独化",是指事物自身如是并按照自身的规定运动变化。哲学思想是要有一个逻辑起点的。唯心主义哲学是这样的,唯物主义哲学也是这样的。"独化"是郭象哲学思想的逻辑起点。庄子说:"有始也者,有未始也者,有未始有夫未始也者。"从逻辑上说,这种对时间过程的反方向追问,也包含着对事物已成状态之起因的追问。一个事物有原因,原因的背后还有原因,如此追问下去,总有一个没有外在原因而自身如是的东西。郭象把这个东西及其自身状态叫作"独化"。"独化"是他对于世界终极原因的回答。他说:"若择其所待而寻其所有,则寻责无极而至于无待,而独化之理明矣。"

在这个基础上,郭象把"玄冥"与"独化"联系起来,将独化置于玄冥之中。他认为世界上的一切,"未有不独化于玄冥者也"(《齐物论》注)。这个思想具有两面性:一方面,郭象用"独化于玄冥之中"来反对万物是有意志的"上帝"创造的,反对在物质之外寻找一个超越于物质的原因,这是正确的。另一方面,郭象把万物看成是一个个孤立的独有,每一个事物都以自己为原因,处于"外不资于道,内不由于己"(《大宗师》注)的绝对孤立状态。这就否认了事物之间的联系,因而是错误的。

郭象"玄冥"、"独化"的思想在认识论上有不可知论的倾向。他说:"夫物物自分,事事自别;而欲由己以分别之者,不见彼之自别也。"(《齐物论注》)他肯定了事物各有自身的特性,但又认为这些特性是不可认识的。郭象反对寻找事物的超物质性的原因,但他向前多走了一步,认为具体事物生成的原因是不可知的。他说:"夫死者己自死,生者己自生,圆者己自圆,方者己自方,未有为其根者,故莫知。"(《知北游》注)世界上的万事万物处于一种"皆不知所以然而然"的状态(《齐物论》注)。他把这种冥昧不可知的混乱状态称为"芒"。郭象的这些思想显然是错误的。

三、郭象的社会历史观

郭象在社会历史观方面少有进步性,在这方面他不如裴頠。他认为,人类社会与整个宇宙一样,也是从"玄冥"中"独化"出来的。宇宙万物有一个自然和谐的秩序:"大物必自生于大处,大处亦必自生此大物";"质小者所资不待大,则质大者所用不得小。"(《逍遥游》注)人类社会也是"理有至分,物有定极"的(同上)。郭象在社会历史观领域里对玄学的"道"和"理"作出了极大的妥协。他说:"千人聚,不以一人为主,不乱则散,故多贤不可以多君,无贤不可以无君。此天人之道,必至之宜。"(《人世间》注)"故知君臣上下,手足内外,乃天理自然,岂真人之所为哉!"(《齐物论》注)这就是说,封建制度的存在是必然的,不可移易的。君臣上下的关系是"天理自然"、无法改变的。面对地主阶级的剥削压迫,面对豪门巨族的奢侈放荡,面对一切不合理的社会现象,郭象说:"故天地万物凡所有者,不可一日而相无也。"(《大宗师》注)这样,他就为封建君主及门阀士族的统治找到了合理的根据。为迎合门阀士族政治上的需要,郭象还提出了名教即自然的思想。他说:"夫圣人虽在庙堂之上,然其心无异于山林之中,世岂识之哉?"(《逍遥游》注)又说:"圣人常游外以弘内,无心以顺有。"(《大宗师》注)统治阶级只有按照名教去做,才最符合自然。郭象这种对名教与自然关系的简单化处理,是对阮籍、嵇康"越名教而任自然"思想的反动,是对王弼调和名教和自然思想的发展。

第六节 范缜的思想

范缜(公元450—515年),字子真,南阳舞阴(今河南泌阳)人。他出身寒微,少曾就学于刘瓛门下。他"好危言高论",表现勇于战斗的精神,对当时门阀士族统治者崇尚佛教和政治腐败十分不满并提出严正批评。他虽曾为吏,但在政治上和思想上屡遭当权者的打击和排斥,以至被流放广东。范缜是南北朝时期杰出的战斗无神论者。其大部分著作已佚,现存的主要哲学著作有《神灭论》和《答曹舍人》两篇。由于他坚定的唯物主义立场、深刻的说理分析和不妥协的战斗精神,使他在中国哲学史上占有不朽的地位。

一、范缜神灭思想的形成

范缜的神灭思想是在反佛教神学的斗争中形成的。魏晋南北朝时期,民族大分裂、社会大动乱、人民生活极其痛苦,出现了"百家为村,不过数家有食。穷迫之人什八九,束缚之使旬二三。"(《南史》卷五五)的悲惨局面。人民起义此落彼起,统治者除了血腥镇压外,又利用佛教作为麻痹人民斗志的鸦片烟。南朝宋文帝说:"佛法汪汪,尤为名理,并足以开奖人意。若使率土之滨,皆纯此化,则吾坐致太平,夫复何事?"(《广弘明集》卷一)梁武帝说:"道有九十六种,唯佛一道,是为正道;其余九十五道,皆是外道,朕舍外道,以事如来!"(《全梁文》卷四)他三次舍身同泰寺为奴。公元504年,他宣布佛教为国教。许多王公朝贵皈依佛门,佛教迅速蔓延,出现了"普天信向,家家斋戒,人人忏礼,不务农桑,空谈彼岸"(《南史》卷七十)的局面。由于佛教徒享有钦定的免役特权,投身寺庙者越来越多,"天下户口,几亡其半",梁朝面临"处处成寺,家家剃落,尺土一人,非复国有"(同上)的危险境地。这时,范缜起而辟佛,先是当面批驳齐相萧衍宣扬的神不灭论,写下了战斗檄文《神灭论》,表现了战斗唯物主义者的无私无畏精神。

二、范缜对佛教因果报应说的批判

范缜反对佛教神学唯心主义的斗争,是从反对佛教因果报应说开始的。佛教认为人死而灵魂不灭,人生时灵魂寄托在此人的肉体上,死后,灵魂就移到另一个人的肉体上去。灵魂在"前世"的行为是"因",在今世会得到相应的"果"。同样,"今世"的行为又成为"来世"的"因"。

范缜继承了王充的元气自然论,指出:"陶甄禀于自然,森罗均于独化,忽焉自有,怳尔而无,来也不御,去也不追,乘夫天理,各安其性。"(《神灭论》)万物的生物的生成是由于它自己的原因,忽然自己发生了,忽然自己消失了。对它的发展既不能防止,对它的消失也无须留恋。顺从自然的法则,各自满足自己的本性。这是范缜元气自然的偶然论。范缜运用这种理论反对佛教的因果报应论。据《南史·范缜传》记载,当范缜在齐朝做官时,与齐竟陵王萧子良有一场关于因果报应的激烈辩论:"子良问曰:'君不信因果,何得富贵贫贱?'缜答曰:'人生如树花同发,随风而堕,自有拂帘幌坠于茵席之上,自有篱墙落于粪溷之中。坠茵席者,殿下是也。落粪溷者,下官是也。贵贱虽复殊涂,因果竟在何处?'子良不能屈,然深怪之。退论其理,著《神灭论》。""精信释教"的萧子良与"盛称无佛"的范缜之间展开的这场因果报应之辩,是范缜写作《神灭论》的直接原因。

三、范缜的唯物主义形神思想及其论证

为从理论上摧毁佛教神学,范缜抓住佛教的理论基础——"神不灭"论,进行了尖锐的批判,鲜明地举起"神灭"论的旗帜。在《神灭论》中,他对形神关系问题作了系统而深刻的阐发,并作了唯物主义的论证。其要点是:

第一,"形神相即"。"即"是"不离"之意。形神相即,就是形和神不能分离。佛教神不灭论的基础命题是形神相异、形神相离、形神非一。范缜针锋相对地提出"形神相即"的命题。他说:"神即形也,形即神也。是以形存则神存,形谢则神灭也。"(《神灭论》)"神即形"、"形即神",是说形与神不能分离。他把这种形神关系叫作"形神不二"或形神"不得相异"。在范缜看来,形和神是既区别又联系的统一体。他把这叫作"名殊而体一"。但"形神相即"并不是说形神是并列关系,而是神随形有,神随形谢,形是神的物质基础,是第一性的,神是第二性的。这是唯物主义的形神一体论。

第二,形"质"神"用"。"质"即形质、本原,引申有本体、实体的意思。"用"即作用、功用,包含有派生、从生的意思。范缜针对佛教"形神非一"的观点,分析了

形和神的各自特点,以此说明它们"不得相异"的关系。他说:"形者神之质也,神者形之用也;是则形称其质,神言其用;形之与神,不得相异。"(《神灭论》)范缜用"质"和"用"的关系来说明形与神的关系,具体论证了形体和精神不是两个不同的东西,而是一个统一体的两个方面。物质形体是本体,精神只是物质形体的作用。形体死亡了,作为作用的精神也就必然消失。范缜举例说:"神之于质,犹利之于刃;形之于用,犹刃之于利。利之名非刃也,刃之名非利也;然而舍利无刃,舍刃无利。未闻刃没而利存,岂容形亡而神在?"(《神灭论》)精神和形体的关系。犹如锋利和刀刃的关系一样。刀刃是实体,锋利是作用。刀刃的锋利是不能离开刀刃而存在的;同样,世界上也没有离开形体而独立存在的精神。形象地论证了"形神相即"、"不得相异"的唯物主义观点,沉重打击了"形神相异"的佛教思想,从理论上杜绝了佛教灵魂不灭论的后路,这是对中国古代唯物主义形神思想的重大发展。

第三,精神是人之"质"特有的作用。佛教徒无法否定刃利之喻,却在质用关系上继续进行诡辩。他们想用"木之质无知,人之质有知"来论证"木有其一,人有其二",即人是"知"和"质"两种东西的"相合",而不是"名殊而体一""神"不是"质"之用。范缜坚持形神、质用的唯物主义一体论观点,从质的多样及不同用进行论证。指出"人之质"与"木之质"是有区别的:"人之质,质有知也。木之质,质无知也。人之质,非木之质也;木之质,非人之质也,安在有木之质而复有异木之知哉?"(《神灭论》)人与木本质不同。人有知,木无知,是自然的事情,毫不足怪。佛教徒又提出,人死后,形体还在,应该有知,灵魂还是不灭。范缜反驳说:"生形之非死形,死形之非生形",活人和死人的质是不同的,正像荣木与枯木不同一样。死者的形骸"是无知之质",与木质一样,所以无知。人死神灭,绝无形谢神存之理。

第四,人的精神活动以一定生理器官为基础。范缜指出,即使用活人的质,人体内不同的器官也有不同的作用。人的精神活动分为两类:"浅者为知,深者为虑。"痛痒等感觉、知觉,叫作"知";判断是非的思维,叫作"虑"。痛痒等感觉以手脚为基础,听的感觉以耳为基础;判断是非的思维活动,则以"心"为基础。明确肯定了人的"神"以一定的生理器官为基础,从而批判了神不灭论者"虑体无本"的唯心主义观点。范缜关于特定物质产生特定作用的思想,是对朴素唯物主义形神理论的一大贡献。

四、《神灭论》的历史评价

范缜的唯物主义理论继承和发展了前辈的唯物主义形神思想。先秦时期《荀子·天论》已明确提出"形具而神生"的命题;两汉时的桓谭指出:"精神居形,犹火之燃烛矣";"烛无,火亦不能独行于虚空。"(《新论·形神》)王充说:"人死血脉竭,竭而精气灭,灭而形体朽,朽而成灰土,何用为鬼?"(《论衡论死》)东晋戴逵针对佛教"神不灭"说:"火凭薪以传焰,人资气以享年。苟薪气之有歇,何年焰之恒延?"(《流火赋》)南朝何承天也明确反对"神不灭"论。他说:"生必有死,形毙神散,犹春荣秋落,四时代换,奚有更受形哉!"(《达生论》)根本否定"神"可以"更受形"而有来生。戴逵、何承天反对"神不灭",但他们把神看成是某种特殊的物质,甚至可以离开形体。所以,他们不能驳倒佛教的"神不灭"论。范缜继承了他们的思想,克服了其中的理论缺陷,提出了形"质"、神"用"的观点,集中批判"神不灭"论,在朴素唯物主义和辩证法的基础上,对形神关系作了比较正确的解释。至此,中国哲学史上的形神关系问题已基本解决。当然,由于历史和阶级的局限,范缜的理论也存在一定的缺陷,如他用偶然论反对因果报应论;他肯定"圣凡之殊"在于"形器不一";他肯定"神道设教"的必要性等。这些都反映出他的无神论思想的不彻底性。这要从历史条件上加以说明,而他的神灭论思想和顽强不屈的战斗精神,才是我们应当加以继承和弘扬的。

第七节 欧阳建的"言尽意论"

欧阳建,生年不详,卒于晋永康元年(公元300年),西晋渤海南皮(今河北南皮)人,唯物主义思想家,著有《言尽意论》。

"言"和"意"的关系问题最早出现在《易·系辞》中。其中提出了"言不尽意,书不尽言"的命题。《庄子·外物》提出:"言者所以在得意,得意而忘言。"这个问题从先秦时期一直争论到了魏晋时期,表面看去,是在讲语言和思想内容的关系问题,实际上蕴含着客观世界能否认识的认识论问题。魏晋时期,这个问题更是被重视起来,成为思想界争论的大问题。当时王弼提倡"得意忘言",荀粲等玄学家提倡"言不尽意"。他们认为天道和义理是事物的本质,而天道和义理存在于现象之外,超越了感官和思维,所以语言不能反映事物的本质,自然也就无法清楚地表达天道和义理等事物。这种刻意拔高天道和义理的观点不仅是唯心论的,也是不可知论的。

追溯源头,这种观点来源于对《论语》中"夫子之言性与天道,不可得而闻"。这段记载所作的唯心论与不可知论的解释,本来是记述孔子不大谈及"性与天道"这一类的问题,但是经过玄学家的解释和发挥,却成了孔子因知晓"性与天道"本不可言谈于是不谈,成为玄学"言不尽意"的理论先河。"言不尽意"的思想和儒家思想及其不同理论形态既有一致的方面,又有差异的方面。在先秦儒学和魏晋玄学之间,隔着两汉400多年的实践。其间占统治地位的思想是经学。经学是儒家思想适应两汉时期的社会历史状况和统治阶级的需要而更新了的理论形态。到了魏晋时期,经学的缺点暴露得一览无余,儒家思想又需要进行更新,玄学便成为魏晋时期儒家思想再次更新的理论形态。玄学和经学在这方面是基本一致的。但是,玄学家认为经学的言教过于烦琐,烦琐的章句不仅耗散人的精力,而且废话和空话越说越多,扭曲了儒家思想的正道,甚至湮没了圣人思想的原意。所以王弼等人认为必须改弦更张:"是以修本废言,则天性而化。"就是要抛开经学烦琐的言教,忘言忘象,通过内心直达天道和义理。这是玄学和经学不一致之所在。王弼等人的本意,并不只是反对经学烦琐的章句。他们反对烦琐提倡简洁的根本目的,还是要建立玄学的主观唯心论体系。欧阳建反对"言不尽意",根本目的是批驳王弼等人的主观唯心论思想,但他也看到了王弼等人的反对经学的表面用心,所以他的《言尽意论》虽然立论扎实犀利,内容酣畅淋漓,却只写了数百文字。

首先,欧阳建是从唯物论的观点出发论述"言"和"意"的关系。客观世界是人的认识的对象,但客观世界是不依赖于人的思想和语言而独立存在的。他正确地指出:"形不待名,而方圆已著;色不俟称,而黑白已彰。然则名之与物,无施者也;言之于理,无为者也。"在欧阳建看来,事物的方圆黑白,是事物自身所有的客观属性,而不是由于人给出了这些规定,事物才有了这些属性。思想和语言可以反映客观事物及其属性,但思想和语言不能改变事物及其规律。

其次,他进一步运用唯物主义的观点和方法,阐述了思想和语言的形成及语言的社会功能,指出:"以理得于心,非言不畅,物定于彼,非名不辩。言不畅志,则无以相接。名不辩物,则鉴识不显。鉴识显而名品殊,言称接而情志畅。"思想只有借助语言才能进行,认识了客观事物及其规律而不借助语言就无法表达。客观事物存在于思想之外,不借助语言和概念就无法使它们区别开来。人如果不借助语言表达自己的认识和思想,相互之间就无法进行交往。人如果不用名称、概念把事物区别开来,人的认识就无法表达出来。运用概念把认识清楚地表达出来,可以分辨事物的不同种类;思想和语言与其所反映的客观对象相一致,人们之间才能有思想和感情的交流。

再次,他在语言和思想根源于客观事物的基础上,进而阐述了语言和思想的主观性特征。事物本身是什么,其本身的性质是怎样的,这是由事物的客观性决定的,不以人的意志为转移。但是事物本身是没有名称的,人们为了区别和把握不同的事物及其性质,给它们取了不同的名称,用不同的概念来表述它们。由此可见,名称和概念是根据客观事物的情况而制定的,但名称和概念并不是事物本身。这两个方面既是相互区别的,又是相互联系的,如果用这样的观点看问题,"言不尽意"的观点就是站不住脚的。就像欧阳建指出的那样:"名逐物而迁,言因理而变,此犹声发响应,形存影附,不得相与为二。苟其不二,则言无不尽矣。"

欧阳建的《言尽意论》,虽是一篇短短300余字的小文,但观点正确坚定,立论言之凿凿,虽有未及论到之处,仍在中国唯物主义思想史上,特别是在唯物主义认识论方面,占据着十分重要的位置,至今还有着积极的影响。

第八节 魏晋南北朝时期的道教思想和佛教思想

东晋时,儒、道、释鼎立的局面已经初步形成。道教、佛教之所以能产生、兴盛和发展起来,有三个方面的原因:

第一,是由于封建统治者的提倡。汉初形成的一套以儒学、经学为基础的封建意识形态,历经两汉400年社会政治生活的检验,特别经过了东汉末年黄巾起义和其后的军阀混战,已经到了必须进行调整和补充的时候。

第二,是由于历经社会长期混乱,人民中的许多人忍受着深重的苦难,感到自己不能掌握自己的命运,有了要到宗教的虚幻世界中去寻找安慰的需要。

第三,是由于社会经济文化的发展,推动了东西方思想文化的交流,使佛教逐渐进入了中国社会,而佛教影响的扩大,又引起了道教和佛教间的竞争,还影响了儒学宗教化的历史进程。这种情形,在魏晋和南北朝时期表现得十分突出。

一、魏晋南北朝时期的道教思想

1. 道教和玄学

魏晋玄学的命运可谓是"其兴也勃焉,其亡也忽焉",发展到南北朝时期就衰落了。道教的兴起和繁盛历经了两汉时期,到魏晋南北朝时期已是相当成熟了。这是中国土生土长的宗教。中国的封建统治阶级以儒学作为其统治思想,虽然也不排斥道家思想和道教,但是道教毕竟不如儒学显赫,所以道教中的许多思想对统治阶级和整个社会的影响没有儒学来得那么直接和鲜明。道教在中国的历史上几乎没有过显赫的时光,但是道教及其思想影响却绵绵若存,不曾中断。如果拿道教和玄学作比较,不难发现,二者不仅有着明显的差异性,而且有着明显的相似性。

第一,玄学在许多方面借鉴并吸纳了道家和道教的思想,但玄学不是道家和道教,而是继承了儒家的道统和衣钵,成为魏晋时期的封建统治思想。

第二,玄学的思想内容和形式更接近于道家思想和道教,研究"有无本末",追求清静无为,但其思想的本质和功能却承担着儒家"修身齐家治国平天下"的使命。

第三,玄学思想和道教思想都融合了儒家和佛教的思想,有了新的发展,但玄学思想更适合封建统治者和贵族阶层。道教思想能兼而照顾到广大的社会中下层人士的思想需求,其特点决定了它不能像儒家思想那样粉墨登场直立在封建统治的朝堂,而更适合作为隐性的和辅助的统治思想,主要在官场之外,在社会的中下层中,在民间的三教九流、五行八作相互连接的缝隙之间,发挥不可替代的精神影响作用。道教的这种情形也反映了各种宗教的一般性规定。宗教是维护封建统治的工具,同时也是满足信众精神需求的信仰。宗教的命运和鸦片相似,鸦片在鸦片贩子手中是赚钱的工具,在吸食者那里是使精神暂时得到解脱的途径。

2. 道教的发展进程及其流派

道教的中心思想是追求长生不死,成为神仙。这种理论渊源于古代的神仙说和巫术,后以道家思想及秦汉时的神仙方术、黄老学说为主,吸收儒家的纲常名教和佛教的轮回之说,经过长期融合演变而成,构成从三清仙境、玉皇大帝、阎国天子到城隍土地等一套神仙鬼怪系统。道教的理论创作及教团组织活动兴起于汉代。西汉成帝时,齐人甘可忠写了《包元太平经》,并传播"赤精子"之道(《汉书·李寻传》)。东汉时期,张道陵建立"五斗米道",修订了道教的经典,创建了仪式、戒律体系及道教的传承系统,标志着道教的形成。东汉末年,道教形成了三个主要流派。

第一,于吉编纂《太平青领书》,推动了道教的传播;张角通过传播"太平道"发动了黄巾起义,但被封建统治者镇压下去,太平道教从此逐渐消亡。

第二,汉末、三国时期,张鲁在汉中地区推广"五斗米道"(《天师道》),尊崇老子思想,扩大了道教的影响。张鲁投降曹魏政权后受到了优待。他的"五斗米"教派得以流传,后来逐渐成为道教的正宗。

第三,魏伯阳写《参同契》,奠定了后世道家丹鼎派的理论基础。早期道教信仰神仙鬼怪,后来道教发展了,遂用比较系统的神学思想奠定了自己的理论基础。在道教发展过程中,一部分道教人士比较关注民间,与民间的原始宗教思想、巫医的实践及理论结合起来,在养生理论及依托炼丹术的原始化学实验等方面进行了探索。魏伯阳的《参同契》,从一个侧面反映了道教的探索及其成就。

道教在魏晋南北朝时期,进入了一个蜕变更新和蓬勃发展的历史时期,出现了葛洪、寇谦之、陆静修、陶弘景等道教重要的代表人物。这一时期,道教也处于自身发展的关键时期,下面做一简要介绍和分析。

第一,曹操平定张鲁后把汉中的老百姓迁移到了关中平原一带,使天师道北移。其本意是为了消弭张鲁的教团势力,然而却促成了天师道在北方更广大地域的流传。随着魏、蜀、吴三国的战争与交往,天师道后又传向了江南。

第二,葛洪(公元283—343年)写了《抱朴子》一书,"《内篇》言神仙方药、鬼怪变化、养生延年、禳邪却祸,属道家;《外篇》言人间得失,世事臧否,属儒家。"系统记述了道教的哲学思想、基本内容及修行方法。葛洪在魏伯阳的基础上进一步融合了方术与神学,提出了"我命在我不在天"的思想,确立了道家的金丹道神仙理论。但他又吸纳了儒家和玄学的思想和主张,不主张做那种"委弃妻子"、"块然与木石为邻"的神仙,而向往在人间做活神仙。这不仅推进了道教与玄学的融合,也为日后广有影响的人间道教、人间佛教开出了理论先河。

第三,孙恩(公元?—402年)等人传布"五斗米道"。其党徒称"长生人",聚众数万人造反,占据了江南会稽等八郡。从西晋至刘宋,利用宗教起兵的事件时有发生,已经提出了统治者需要干预道教事物的问题。孙恩造反是继黄巾起义后又一次举着道教旗帜而进行的大规模群众起义,引发了封建统治阶级对道教的严重关注。

第四,北魏嵩山道士寇谦之(公元365—448年)通过对道教进行"清整",把具有民间朴素特征的"五斗米道"改造成了"新天师道"。他借鉴儒学及玄学,把遵从封建礼法当作修道成仙的首务,从而密切了道教与皇权的关系,奠定了新天师道流行于世的政治基础。

第五,南朝刘宋金陵道士陆静修(公元406—477年),推进了对道教的总结和改革。晋人好造伪书,当时世上有大量托古的道书,内容和体系十分混乱。陆静修将道教的典籍进行了"总括三洞"的整理。三洞,是指道家经典的三大部类。他对以《上清经》为中心的洞真部、以《灵宝经》为中心的洞玄部、以《三皇经》为中心的洞神部等道家经典进行了系统的理论整合,处理了其中可能引发造反的思想,增加了适合封建统治的宗教思想和修炼形式。他又融合儒家思想提倡道教教仪,强调要以内持斋戒、外持威仪作为修道之根本的主张,对道教内部以炼形为主的金丹道,和以存想为主的上清道进行了重大的修正。

第六,南朝道士陶弘景(公元456—536年)一生经历了宋、齐、梁三个朝代,是对南北朝时期道教完成总结和改革的人物。他主张通过儒、道、佛的兼容并包而实现三教调和。他说:"万物森罗,不离两仪所有;百法纷凑,无越三教之境。"为此,他创立了道教的茅山宗,对后世道家产生了深远的影响。

二、魏晋南北朝时期的佛教思想

佛教于汉代传入中国,当时被认为是一种方术。佛教的基本思想是精神不灭、生死轮回、因果报应。因佛教是外来宗教,与中国传统思想有颇多抵触,不易为中国人所接受。由于它在印度、西域已经历了长期发展,思辨水平相对较高,加上佛教文化还包含着丰富的艺术、科学思想等,逐步引起中国人的兴趣。佛教在中国经历了一个消化过程,才逐步与中国传统结合起来。魏晋时期,佛学的中国化表现为玄学化,以适应门阀士族的需要。南北朝时期,佛学代替玄学成为占主要地位的思想。佛教的传入,对中国唯心主义的发展起到了巨大的推动作用。在南北朝时期,唯物主义同佛教唯心主义展开了大论战,其中心是形神关系问题。形神问题的争论,早在先秦就开始了,但魏晋南北朝时期争论更加激烈了。佛教的因果报应、三世轮回、天堂地狱等,都是建立在精神不灭基础上的。否定了精神不灭,其他说教就不能成立。因此,佛教思想家特别仇视唯物主义形神思想,都极力维护神不灭论,东晋的慧远就是一个代表。他反对唯物主义的"形神俱化"观点,认为形有聚散,精神却可以脱离形体而永恒存在。这一理论成为佛教徒反对唯物主义的思想武器。对神不灭论,南朝宋代的何承天等进行了驳斥。齐梁时,战斗唯物主义哲学家范缜作《神灭论》,对形神关系作了深刻的论述,把我国古代朴素唯物论和无神论提高到新的水平。关于佛教的其他情况,我们将在下一章作出介绍和分析。

第七章　隋唐时期的思想源流

隋唐时期,中国封建社会发展到鼎盛阶段,并开始由盛及衰的历史性转变。为了维护封建统治,统治者以儒家思想为主干,利用佛教和道教,加强对人民的思想控制。儒、道、释合流,为封建社会后期的统治思想学奠定了基础。由于统治阶级的大力扶植,佛教发展到全盛时期,形成以天台宗、唯识宗、华严宗、禅宗为代表的佛教宗派,影响遍及社会各个阶层。佛教地位的上升,引起世俗地主和僧侣地主的矛盾,出现了韩愈为代表的反佛思想家。隋唐时期,唯物主义思想有了进一步的发展。柳宗元、刘禹锡等唯物主义者所进行的新的理论探索,丰富了唯物主义的思想内容。

第一节　隋唐时期的社会状况和思想源流简说

隋朝的建立,使中国重新建立了统一的多民族国家。特别是唐朝前期,采取了一系列有利于生产发展的国家措施,社会经济、文化空前繁荣,使唐朝成为当时世界上的强国。为了巩固统治,唐统治者加强了思想控制,利用佛教麻痹人民斗志,佛教哲学空前繁荣。针对佛教蔓延,世俗地主阶级哲学家进行了猛烈抨击。韩愈、柳宗元、刘禹锡,就是其中的重要代表。

一、隋唐时期的社会状况

公元589年,隋朝统一了中国,结束了东晋以来长期分裂的局面。隋朝初年,一度出现了生产发展、人口增多的繁荣景象。但好景不长,到第二代皇帝时,由于统治阶级横征暴敛、滥用民力,加上连年发动战争,弄得民穷财竭,终于爆发了全国性的农民大起义,推翻了隋王朝。618年,唐王朝建立。

隋朝兴衰的短暂历史,隋末农民起义的巨大威力,给了李世民等唐朝统治者以严重的教训,迫使他们对农民作出一些让步。唐初继续实行隋初"均田"、"薄赋"的政策,政治上也作了相应的改革,清除了隋末的弊端。这从根本上说当是为了巩固统治,但也打击了门阀世族势力,加强了中央集权,对稳定社会、发展生产有一定积极作用,使唐朝较快地摆脱了隋末战乱的影响,走向繁荣。这就是"贞观之治"。由此直至"安史之乱",唐朝经历了130余年的和平发展时期。这一时期,政治安定、生产发展、商业兴旺、人口骤增,呈现出国力强盛、文化繁荣的景象。但唐王朝内部也潜伏着严重的危机,公元755年,统治阶级内部爆发的安史之乱,给唐朝人民带来了无穷的灾难,结束了唐朝兴旺繁荣的历史。从此,唐朝日益衰败,中央政府逐渐为宦官把持,政治日益腐败;形成了与中央抗衡的地方割据势力,酿成"藩镇之祸"。中唐以后,中央政府辖区缩小,收入减少,而统治阶级的开销却有增无减,从而激化了与广大农民阶级的矛盾。唐朝末年,爆发了以王仙芝、黄巢为首的农民大起义,促使风雨飘摇中的李唐王朝于公元907年灭亡。

隋唐时期,中国的封建社会发展到了鼎盛时期。由于国家统一、社会安定,使生产力和科学文化有了较快的发展,隋末开凿的运河水系,不仅有利于农业灌溉,而且促进了航运交通。唐朝的采矿业已相当发达,并掌握了金银合铸的冶炼技术。僧一行和梁令瓒创造的黄道游仪和浑天仪,是当时最精密的天文仪器;王孝通的《缉古算经》,提出了三次方程式的解法。《新修本草》收药1844种,是世界上最早由国家颁布的药典。手工商品经丝绸之路远销到波斯和阿拉伯。特别是盛唐时期的科技文化和政治制度,对邻国产生了巨大影响。

隋唐时期的阶级斗争、社会生产和科技文化的发展,推动了这一时期哲学思想的发展。

二、隋唐时期的思想源流简说

隋唐时期,封建统治者为巩固自己的统治,竭力宣扬唯心主义的天命论和宗教迷信思想。隋朝统治者曾大力提倡佛教,同时又借助道教和儒学,加强思想统治。隋代的王通首先提出儒、释、道三教归一的理论,企图以儒学为主,调和释、道二教。唐朝统治者更是从思想上加强了对人民的控制。他们继续采取调和儒、道、释三家的政策,使儒家思想居于正统地位,同时又辅之以佛、道二教。三者既紧密结合,又有不同侧重,以便更好地为地主阶级政治服务。他们利用儒家的"三纲五常"和"君权神授"来巩固封建秩序,利用道教攀太上老君李耳为始祖,借以提高皇室的门第;利用佛教的"出世解脱"、"因果轮回"欺骗麻醉人民,使人民安于被统治地位,不再起来造反。三家合流的政策,是地主阶级在封建社会由盛及衰形势下,对上层建筑所作的调整。唐初的唯物主义者傅奕、吕才分别作《请除释教疏》、《请废佛法表》和《叙宅经》、《叙禄命》、《叙葬书》等,列数释教弊端,反对卜宅、禄命、丧葬、风水等迷信。但是,终因势孤力单,作用不大。这时,佛教宗派哲学在雄厚的寺院经济物质基础和封建统治阶级的大力支持下,迅速发展起来。在佛教哲学发展的同时,道教哲学在唐代也有所发展。司马承祯作《坐忘论》等,提出"修心主静"、"收心离境"学说,主张修炼要收心、守静、简事、真观,去知识,绝欲望,把认识的本体和客体结合起来,应物而不为物累,达到"形为槁木,心若死灰"的境界。陈传著《无极图》和《先天图》,前者为宇宙生成图说,后者为六十四卦图式,认为万物一体,宣扬超绝万物的观念性本体。其说受到佛教的影响,对宋代理学的形成有直接影响。

由于宗教思想在本质上与人民处于敌对的位置,因而遭到人民的反对。唯物主义反对唯心主义的斗争,也和反对宗教的斗争交织起来。隋唐时期统治阶级特别看重和扶植佛教。这使得思想战线上尊佛和反佛的斗争愈演愈烈,以至发展到大臣反对皇上信佛。其杰出代表当推韩愈。佛教地位的上升,加剧了儒、道、释三种势力的内部矛盾。它们之间也有斗争,但是,这种斗争一般来说并不具有思想斗争的原则性。它是世俗地主阶级和僧侣地主阶级(僧侣地主阶级内部)之间,在经济利益和政治利益方面斗争的反映。

和儒、道、释三家的唯心主义相对立,隋唐时期的唯物主义哲学也有了新的发展。庶族地主在面临贵族地主和门阀世族地主的兼并与压迫时,经常借助人民的力量和名义来反抗。他们的代表人物还以朴素唯物主义哲学作为武器。这是朴素唯物主义哲学发展的社会基础。同时,隋唐时期科技文化发展的成果,也为唯物主义思想提供了科学依据。隋唐时期的唯物主义哲学,仍然处在元气自然论的发展阶段,但在一些具体问题上,又超过了王充、范缜所达到的水平。这一时期唯物主义哲学的代表人物,有柳宗元和刘禹锡。

第二节　韩愈的思想

韩愈(公元768—824年),字退之,问阳(今问南孟县西)人,自谓郡望昌黎,世称韩昌黎。著有《昌黎先生集》。主要哲学著作有《原道》、《原性》、《原人》《谏迎佛骨表》等。

一、反佛斗争和"道统"思想

在唐代的反佛斗争中,韩愈是一个有影响的人物。但是,韩愈的反佛和傅奕、吕才等唯物主义者的反佛斗争不一样,他不是批判佛教的唯心主义,而是反对佛教侵害儒家的正统地位。公元819年,韩愈上《谏迎佛骨表》,批评唐宪宗带头迎奉"佛骨"。他列举佛教带给中国的祸患,规劝皇帝将"佛骨"投诸水火,永绝根本,断天下之疑,绝后世之惑。在《原道》中他更提出了对佛教采取"人其人,火其书,庐其居"的极端政策。韩愈发誓说:"佛如有灵,能作祸祟,凡有殃咎,宜加臣身。"(《谏迎佛骨表》)在佛教极盛的唐朝,如此言行,确实是一种大无畏之举。

韩愈从儒家思想的正统地位出发,反复论述了佛教流行的弊端和他反佛的理由。在《原道》中,他列举了三条。一是政治上:佛教"弃而君臣,去而父子,禁而相生养之道,以求其所谓清净寂灭"。二是经济上:"古之为民者四,今之为民者六。古之教者处其一,今之教者处其三。农之家一,而食粟之家六;工之家一,而用器之家六,贾之家一,而资焉之家六,奈之何民不穷且盗也!"三是民族的:信佛是"举夷狄之怯而加之先王之教之上,几何其不胥而为夷也。"在《谏迎佛骨表》中,他又提出了反佛的三条理由:一是列举历代皇帝信佛者短命,"事佛求福,乃更得祸。由此观之,佛不足事亦可知矣"。二是指出天子带头信佛的严重社会后果:造成"焚顶烧指"、"解衣散钱",以至"断臂裔身,以为供养者伤风败俗"的宗教狂热。三是很灭了华夷之别:"佛者夷狄之一法","口不言先王之法言,身不服先王之法服,不知君臣之义、父子之惰。"这政治、经济、民族三方面的理由,反映了世俗地主阶级同僧侣地主阶级之间的矛盾,包括哲学观点上的矛盾。韩愈不是从唯物主义立场,而是用儒家道德观念反对佛教的道德观念,用儒家的天命论反对佛教的因果报应论。例如,在《谏迎佛骨表》中,在表示不怕反佛遭殃后,马上说:"上天鉴临,臣不怨悔。"说明他反佛是要维护儒家传统的"上天"即天命论。韩愈反佛,揭露佛教的寄生性、腐朽性,有利于信教群众的觉醒,有助于移风易俗、促进国家的统一和生产的发展,这是它的积极意义。但是,韩愈相信天命鬼神,不可能用无神论去批判佛教有神论。他同佛教的斗争只是唯心主义内部的斗争,且主要是对佛教活动形式的厌恶,而对佛教哲理则有仰慕之情并与之相通。这从他与大颠和尚的关系(《韩昌黎集·外集》中有《与大颠师书》三封)可见佛学已入其心。柳宗元说,对于佛教"退之忿其外而遗其中"(《送僧浩初序》),是有根据的。同时,他主张对佛教采取极端政策。这些,都是他反佛的局限性。

为了证明儒家思想的正统地位,韩愈效仿佛教法统,编造了一个儒家"道统"。指出:"君者出令者也,臣者行君之令而致之民者也。民者出粟米麻丝,作器皿,通货财,以事其上者也。"(同上)这就是中国自古以来唯一的"道"。"尧以是传之舜,舜以是传之禹,禹以是传之汤,汤以是传之文、武、周公,文、武、周公传之孔子,孔子传之孟柯。柯之死,不得其传焉。"(同上)"道统"的中断,佛、道的蔓延,造成了"子焉而不父其父,臣焉而不君其君,民焉而不事其事"(同上)的混乱局面,严重破坏了三纲五常等封建秩序。韩愈以继承道统为己任,表示"使其道由愈而粗传,虽灭死万万无恨"。(《与孟尚书书》)他用"道统"说重新解释儒家的仁义道德,指出:"博爱之谓仁,行而宜之之谓义,由是而之焉之谓道,足乎己无待于外之谓德。仁与义为定名,德与道为虚位。"(《原道》)"仁"就是实行"博爱","义"就是行为合于封建秩序。"仁"与"义"是"道"与"德"的实际内容,实行"仁义"就叫作"道",具备"仁义"的本性就叫作"德"。所以,他说:"凡吾所谓道德云者,合仁与义言之也。"(同上)韩愈认为,仁与义在社会生活的各个方面都有着具体的规定:"其文《诗》、《书》、《易》《春秋》,其法礼、乐、刑、政,其民士、农、工、贾,其位君臣、父子、师友、宾主、昆弟、夫妇,其服麻丝,其居宫室,其食粟米、果蔬、鱼肉。"(同上)这些经济、政治、文化、伦理生活中的封建秩序,都是先天的,经过圣人体验,教给人民,组成社会,并作为"道统"代代相传。韩愈指出,如果抽掉"仁"与"义"的这些实际内容,"道"与"德"只是空洞的形式,佛道也可利用它来表达自己的思想内容。韩愈发挥了《大学》中的思想,强调个人的道德修养。他认为,儒家讲诚意、正心、修身,是为了齐家、治国、平天下,是劝教人们积极"有为",这是"天下之公言"。佛道宣扬"清静寂灭",是劝教人们消极"无为",这是"一己之私言"。因此,他说:"吾所谓道也,非向所谓老与佛之道也。"(《原道》)显然,韩愈宣扬"道统"说,是要论证只有儒家的仁义道德才是封建社会唯一合法的思想,是要在思想、文化、道德领域中全面清除佛、道的影响。

韩愈对佛道虚无主义和出世主义的批判,是以儒学唯心主义为武器的。但在对待统治者和人民的态度上,他与道、佛两家并无实质区别。如,他说:"民者,出粟米麻丝,作器皿,通货财,以事其上者也。""民不出粟米麻丝,作器皿,通货财以事其上,则诛。"(同上)儒家本质,跃然纸上。

二、性三品和复性说

在人性问题上,韩愈既不赞成孟子的性善说和荀子的性恶说,也不赞成扬雄等人的善恶二元说。他认为,这"三子之言性也,举其中而遗其上下者也,得其一而失其二者也。"(《原性》)韩愈继承董仲舒性三品说,认为人性"与生俱生",表现为仁、礼、信、义、智五德;情"接于物而生",表现为喜、怒、哀、惧、爱、恶、欲七情。人性分三品:上品生来具备五德,"主于一而行于四",因而是善的;中品五德"一不少有焉,则少反焉,其于四也混",因而是可善可恶的;下品"反于一而悖于四",因而是恶的。情也分为三品：上品七情发作时能"处其中"，完全符合封建道德标准；中品七情发作时不完全符合封建道德标准，"有所甚，有所亡"；下品七情完全不符合封建道德标准，"亡与甚，直情而行"。韩愈认为，性的品位和情的品位是互相对应："性之于情视其品"，"情之于性视其品"。然而，他更强调的是先天的性决定后天的情。在他看来，上品的性，是因先天具备五德，七情才完美无缺。中品的性必发为中品的情，下品的性必发为下品的情。韩愈认为，上品和下品的人性，都是先天划定，不能改变的；只有中品的人性，通过教育可以转化为善。因此，教育只适合于中品以上的人性。韩愈所谓的下品之性，是指广大劳动人民。他认为下品之性生来就恶，不可教化，只有用"制"或"诛"的办法，使他们"畏威而寡罪"。显然，韩愈提出性三品说，是为了用先验的人性论来证明封建等级秩序的绝对合理。但是，韩愈并不主张消灭一切情欲，而是主张因情见性，把人的情欲调节到合于封建道德的需要。这是对佛教的灭情见性观点的批判。韩愈这种先天之性与后天之情既相联系又相矛盾的理论，为宋儒提出"存天理，灭人欲"奠定了基础。

韩愈的学生李翱（公元772—841年）作《复性书》，以《中庸》为依据，对性三品说的基本原则作了修正。他说："人之所以为圣人者，性也。人之所以惑其性者，情也。喜、怒、哀、惧、爱、恶、欲七者，皆情之所为也。情既昏，性斯匿矣。非性之过也，七者循环而交来，故性不能充也。"人的本性是善的，圣人和凡人并无差别。圣人之为圣人，是因他的本性未受七情污染。而凡人之不能成为圣人，是因为七情蒙蔽了他的本性。只要通过教化，清除七情，恢复本性，人人都能成为圣人。这种观点，带有佛教灭情见性的色彩。李翱赞同韩愈关于先天之性决定后天之情的观点，但不赞同三品之性对应三品之情的说法。他说："情有善有不善，而性无不善。"就是说"性善情恶"，这是李翱"复性"论的理论基础。复性就是回到人的本性去，人的本性是寂静的。他说："人生而静，天之性也。"圣人通晓这种天性，摆脱了情欲的束缚。情欲是普通人成为圣贤的最大障碍，要做圣贤，就要"复性"，就要克制情欲。李翱认为，如果面对七情干扰而"不动心"，保持寂然宁静，一切循礼而动，把情欲调控在"中和"境界，人就超凡入圣了。可见，"复性"的目的，是要人们去掉"嗜欲爱憎之心"，遵守封建礼法。李翱的"复性"说吸收了禅宗"见性成佛"的思想，修正了韩愈的"性三品"说。但是，他的"性善情恶"论也存在矛盾：既然人性是善的，那么，善性怎么生出了恶情，恶情又怎么表现善性？这个矛盾，到宋代理学家把人性分成"义理之性"和"气质之性"后，才从形式上得到解决。与韩愈一样，李翱的思想也是宋代理学唯心主义的一个理论来源。

第三节 隋唐的佛教思想

佛教在两汉之际传入中国,经过魏晋南北朝的发展,在经论翻译研究上形成了不同的体系,僧侣队伍逐步扩大;佛教教义与中国传统思想经过长期的撞击与摩擦之后,日益趋向于融合、统一;形成了中国化的佛教流派。隋唐时期,随着寺院经济和僧侣地主力量的壮大,佛教在原有流派的基础上,形成了不同的宗派,发展到了全盛时期。

一、隋唐佛教思想源流简说

隋唐时期重要的佛教宗派有:天台宗、唯识宗、华严宗和禅宗。它们不仅对中国,也对一些邻国产生了深刻的影响。这里先对前三宗作一简介。

天台宗的实际创始人是智𫗱(公元531—597年),因其常住浙江天台山,故名,又因其以《法华经》为经典,故又称"法华宗"。天台宗的创立,适应了隋王朝的政治需要,其兴衰,始终和隋唐王朝密切相关,唐以后就逐渐衰落。天台宗以大乘空宗为理论依据,基本教义可概括为"一念三千"、"一心三观"、"三谛圆融"。"一念三千",是一种主观唯心主义的创世说。"一念"亦称"一心";"三千",指世间万物的总和。对此,智𫗱解释说:"一心具十法界,一法界又具十法界,百法界。一界具三十种世间,百法界即具三千种世间。此三千在一念心。"(《法华玄义》)世间万物本来存在于"一念"之心中,所谓"此三千在一念心。若无心而已,介尔有心,即具三千"(《摩诃止观》卷五上)。"一心三观",是说只有把客观世界都视为真如随缘而起的产物,皆虚幻不实,从而建立起"假观",把它们当作一种假借的概念,从而建立起"假观"。空假不二,空即假,假即空,这就是"中观"。空、假、中三谛互相融通,系于信仰者一心,三谛"量三而一,虽一而三,不相妨碍","一念心起,即空、即假、即中"(《摩诃止观》卷一下)。只有这样观察和分析世界,才能把握"诸法实相",达到认识佛教最高最后的绝对真理。空、假、中都是真实,称为三谛。三即一,一即三,三一融通无障无碍,是为三谛圆融,或称圆融三谛。"三谛",是指空、假、中三条"真理"。"空谛",亦称真谛、无谛,意指世界万有因缘和合而成,空无自性。"假谛",亦称俗谛、有谛,意指万有空无自性,但并非纯无所有,仍有假相存在。"中谛",亦称中道第一义谛,意指既看到现象有空的一面,又看到其有假的一面,非空非假、亦空亦假即是"中道"。修此三谛圆融,见"空"为一切智,见"假"为道种智,见"中"为一切种智。所以,三谛圆融也就是三智圆融。通过圆修三谛,达到顿断三惑,圆证三智。这就是天台宗的中心理论。用"一念三千"和"三谛圆融"之"实相说"去观"法修行",那么,"三千大千"、"三谛诸法"俱现一念之心,"心"即"诸法","诸法"即"心",心法一体,无待绝待,就达到了涅槃境界。这是佛教追求的最高精神境界。天台宗还提出了"止"、"观"并重的修行方法。"止",就是入静、禅定;"观",就是智慧,也叫"般若",即掌握佛教的世界观和方法论。天台宗强调止观并重,并把这个方法作为自己最高的修行原则,表明中国佛教经过隋唐时期的南北融合,越来越具有自己的理论特色。天台宗是中国最早创立的一个宗派,得到当时朝野的支持和信仰,对隋唐以后创立的各个宗派多有影响。同时,对邻国亦多有影响。

唯识宗,是唐代佛教的第一个宗派,因以《成唯识论》为经典故名,又因其主旨在分析法相而阐扬"唯识真性"的义理,故又名"法相宗"。创始人玄奘(公元600—664年)是唐代有名的佛经翻译家和旅行家。唯识宗以阐发外境非有、内识非无、"万法唯识"、"心外无法"为宗旨。它通过对古印度瑜伽行派学说的烦琐考证,创立了有别于其他宗派的"三自性"说、"阿赖耶识"说。"三自性"说集中概括了唯识宗的世界观和认识论。玄奘认为,客观世界的万事万物有三种"自性"(或"自相"):遍计所执自性、依他起自性、圆成实自性。意思是说,物质世界之所以客观地呈现出森罗万象,完全是人们内心对各种现象"虚妄分别",以致"周遍计度"、执著于名词概念的结果。这种对物质世界的分别和认识,只是万物的假名,是以"无"为有。人们这种遍计所执并非凭空而来,而是由于世界万物皆"依他众缘而得起",亦即人们将客观世界视为"无",完全是主观的"识"在起作用。因此,只有破除遍计所执性,才能在依他起性之上显示出一切事物的"实性",获得对事物的圆满认识,达到"圆成实性"。"阿赖耶识"说是唯识宗论述其认识论的继续和延长。他们认为,"三性"不离"识"。"依他起"的"他"是"缘",也就是"识"。"识"能创造万物,叫"能变",世界万物都由"识"所创造,叫作"所变"。唯识宗的能变识共有八个,分为三种。第一种,是眼、耳、鼻、舌、身和意前六识。这前六识以外境为对象,人依靠它们来辨别视、听、臭、味、触和想到的事物,因此又叫"了别境识"。但是,唯识宗的所谓外境,并不是客观世界,而是"识"的显现。既然外境本身就是"识"的产物,那么,前六识对外境的所谓"了别",其实就是自己认识自己。第二种,是第七识"末那",第三种是第八识"阿赖耶"。"末那"识不与外境联系,其任务只是"恒审思量"第八识,保持前六识与第八识的联系,因此又叫"思量识"。阿赖耶识的作用,是摄藏一切性质的精神"种子"。这些种子又可以派生出"末那"识和前六识,进而派生出万事万物,因此又叫"藏识"。前七识都要随着阿赖耶识转移,受其支配。人死以后,前七识也随之死亡,但是阿赖耶识却不会随之死亡。阿赖耶识可以转世统摄其他生命形式的前七识。唯识宗的这些思想,为佛教宣扬的因果报应、生死轮回等学说提供了理论依据。此外,唯识宗还认为众生有"菩萨定姓"、"独觉定姓"、"声闻定姓"、"三乘不定姓"、"无姓有情"等先天"五种姓",皆由阿赖耶识中的种子所决定,不可改移。唯识宗经常摇摆于主观唯心主义和客观唯心主义之间。玄奘等人把客观认识对象叫作"相分",把主观认识能力叫作"见分"。他们认为"相分"和"见分"都是"识"的产物,叫作"唯识无境"。这是一种主观唯心主义。但是,他们又把阿赖耶识说成可以脱离人而永恒存在的精神本体,这又是一种客观唯心主义。由于玄奘等人照搬印度的佛教理论,富有学究气息,使唯识宗关于成佛的理论过于烦琐、复杂,未能形成适合中国社会的特点,因此不能充分满足统治阶级的需要。唯识宗只在唐初流行了三四十年,就逐渐衰落了。在日本,则成为奈良、平安时期的重要宗派。

华严宗,因以《华严经》立宗而得名,又因其实际创始人法藏(公元643—712年)被武则天赐号"贤首",故又名"贤首宗"。华严宗认为,物质世界不过是主观精神的变现。其创世说和天台宗、唯识宗本质上是一样的,只是华严宗把创造世界的精神本体(如,真如、阿赖耶识等)又叫作"一真法界",宣扬"总界缘起"创造万事万物。法藏说:"尘是心缘,心为尘因,因缘和合,幻相方生。"(《华严义海百门》)"尘",是指客观世界,"心",是指主观精神,也就是"一真法界"。在佛教看来,"因"是主导因素,"缘"是辅助因素。因此,"心"与"尘"虽然相恃而存,处于"缘生"之中,但"心"是第一性的,"尘"是由"心"派生出来的。华严宗认为,客观世界只是"幻相",并不真实。它不能脱离主观精神独主存在,而只能在"心"和"尘"的"因缘和合"中存在。为了说明这一观点,法藏以金狮子为例说:"金无自性,随工巧匠缘,遂有狮子相起,起但是缘,故名缘起。"(《金狮子章》)这是说,狮子由金子制成,金子是狮子的本质,狮子是金子的现象。但是金子并没有自己的本质,只是凭由工匠把它制成狮子而已。这就叫作"缘起"。所以,无论金子、狮子、金狮子,最终都不是真实存在的,真实存在的只是一种神秘抽象的"因缘"关系,或者叫作"法界缘起"。法界缘起论是华严宗的基本理论,法藏在《大华严经略策》中说:"此经以法界缘起……为宗也。法界者,是总相也,包事包理及无障碍……缘起者,称体之大用也。""法界",是包含"理"和"事"及其相互关系的总相、总称。"理"即真理,指事物的本性、本体。"事",即万事万物、现象。"法界缘起",是讲理、事、理和事,以及事和事的相互关系的理论。法界共有四相,即事法界、理法界、理事无碍未能界和事事无碍法界。事法界,指现象世界;理法界,指本体世界,即真如;理事无碍法界,意谓"理"是"事"的本体,"事"是"理"的显现,"理"和"事"相互依存,本体和现象无妨碍、无矛盾,圆融和谐。由于理事无碍,"理"作用于"事","事"与"事"之间也发生联系,这样就由"理事无碍"进到"事事无碍"。前三个法界最后归结于事事无碍法界,以说明宇宙间的一切和各类关系都是圆融无碍的。总之,千差万别的事物都是理的体现,理的本体是同一的,事与事之间也都是相即相融的。例如,任何一颗灰尘,也具足理性,也能和其他万事万物互不相碍、互相包容。华严宗还把法界归于一心,认为"理"和"心"是一回事。事事都是一心的产物,在同一心里,事事都周遍含容,彼此无碍。法藏称"理事无碍"的关系为"一即一切,一切即一"。同一本体显现为各种各样的事物,是"一即一切";千差万殊的事物归结为同一的本体,是"一切即一"。可见,"事事无碍"法也是"一即一切,一切即一"的关系。总之,事事融通,遍摄无碍,重重无尽,宇宙万物处于大调和、大统一之中。这是华严宗哲学思想的主要特色。华严宗这套理论的政治用意是抹杀阶级矛盾,宣扬一切现存的都是合理的。不仅如此,一切现存的东西还都是佛性的体现,是神圣不可侵犯的,成佛的条件就是遵守"事事无碍"的佛法,不要去妨碍现实。比起唯识宗的烦琐哲学,这种理论显然更适合中国封建社会的需要。华严宗的理论代表了中国佛教哲学的最高水平,并且给程朱理学、陆王心学以巨大影响,在中国思想史上占有重要地位。但是,华严宗的发展凭借的是政治势力及其政治活动,一旦失去政治支持就会一蹶不振。唐武宗灭佛,华严宗便遭逢厄运。

二、慧能为代表的佛教禅宗思想

禅宗,是中国佛教史上的一大宗派。其前身是印度的禅学。"禅"是梵语"禅那"的省译,是佛教重要的修行方法。"禅"有两层意思,一是入静,也叫禅定,即用打坐的方式消除心中的一切烦恼和欲念,达到停止一切思维的神秘境界;二是静思,也叫智慧,即在禅定的基础上直悟佛性,修炼成佛。佛教禅宗在梁武帝时由南天竺僧人菩提达摩传入中国。达摩之后,经过慧可、僧架、道信、弘忍五代僧人的不断完善,形成了中国禅学注重"渐悟"的理论体系。所谓"渐悟",就是强调以佛教经典为依据,经过不断念经、坐禅,甚至累世修行,才能悟出佛性,修炼成佛。从达摩到弘忍,被称为禅宗的"东土五祖",都奉行这一理论。

慧能(公元638—713年),一作惠能,俗姓卢,广东南海人,被称为禅宗六祖,实际上是中国禅宗的真正创始人。慧能对传统的禅学理论作了重大改革。他反对禅学的"渐悟"说,开创了禅宗的"顿悟"说。所谓"顿悟",就是主张不必以经典教义为依据,不用累世修行、不用大量布施、不用出家、不用念经坐禅,甚至也不必烧香拜佛,只要树立坚定的信念,直指本心,顿现智慧,当下便能悟出固有的佛性,这就叫"顿悟成佛"。慧能的"顿悟"说,比起"渐修"说,简化了成佛的条件,是一种革新的佛教理论,这就和以神秀代表的传统的"渐悟"说发生了冲突。慧能和神秀为争夺禅宗的法嗣进行了激烈的斗争。慧能虽然胜利了,但禅宗却分成了南北两派。南派以慧能为代表,宣扬"顿悟"说;北派以神秀为代表,坚持"渐悟"说。神秀一派因得到女皇武则天的支持,一度影响很大;慧能的南派曾受到神秀一派的压迫,影响局限于南方几个偏僻省份。慧能死后,他的弟子神会出钱助饷,帮助唐王朝平定安史之乱,得到唐肃宗的支持,影响逐步超过了北派。唐宪宗时,慧能被迫谥为"大鉴禅师",南派终于赢得了禅宗的正统地位。唐朝以后,禅宗逐渐发展为沩仰宗、临济宗、曹洞宗、云门宗、法眼宗五大支派。南宗之所以能战胜北宗,并取得禅宗正统地位,是唐代社会矛盾和阶级斗争在佛教内部的反映。慧能活动的时代,隋唐时期先后兴起的佛教宗派日益贵族化,上层僧侣和世族地主勾结官府、兼并土地、竞逐利禄、奢侈腐化,逐渐失去欺骗人民的作用。天台宗、唯识宗、华严宗都讲究累世修行、布施财物,大搞对佛经的烦琐注释,并把这些作为成佛的条件,使成佛变成了拥有财富和文化特权的贵族与世族地主享有的专利。这样,旧有的佛教宗派不仅越来越难以平息人民的不满,甚至也难以满足庶族地主阶级对佛教的要求,因此不可避免地衰落下去。为了挽救佛教的危机,佛教内部产生了禅宗这样的新宗派。慧能对禅学的改革,反映了庶族地主阶级打破贵族特权(包括成佛)的要求,是与庶族地主阶级的发展紧密联系的。像慧能这样来自社会下层、几乎没有文化的人,一旦成为禅宗头目,对人民的欺骗性就更大。慧能宣扬"顿悟成佛",兜售廉价进入天国的门票,既照顾了地主阶级好逸恶劳的世俗生活,又满足了他们麻痹人民斗志的政治需要,从而适应了封建社会后期上层建筑发展的需要,得到封建王朝及不断增强的官僚地主集团的支持。这是禅宗流行和发展的根本原因。

慧能的思想由其弟子们记录在《坛经》中。据《坛经》记载,弘忍为了选择法嗣,曾命门徒各作一偈,以展示对佛理的认识程度。寺中的"教授师"神秀作偈曰:"身是菩提树,心如明镜台,时时勤拂拭,莫使惹尘埃。"(《坛经》以下引文同此)显然,神秀宣扬的是"新悟"意境。慧能认为神秀"未见本性",于是也作一偈:"菩提本无树,明镜亦非台,本来无一物,何处惹尘埃。"此偈虽从前偈偏化而出,却有不同意境,宣扬的是"顿悟"。慧能反对把人的身心比喻成菩提树、明镜台,直截了当地宣称,包括人的身心在内的一切本来就是虚空,对物质世界作了彻底否定。慧能认为:人心就是佛,心空一切皆空,悟出这个道理,当下就能成佛,根本不用去"拂拭"什么"尘埃"。慧能因作这首偈而争得法嗣,他的思想正是围绕这首偈而展开的。

慧能宣扬的"人心即佛"论,有两方面的含义:首先,它奠定了慧能主观唯心主义世界观的理论基础。慧能说:"一切万法,尽在自身心中,何不从于自心顿现真如本性。""一切万法",是指全部主客观世界。在慧能看来,客观世界是由主观精神派生的,是"心"的产物,人心自然具备佛性、真如,是万能的本体。慧能在广州听人讲经时,见有风吹幡动,一僧曰风动,一僧曰幡动,议论不已。慧能进曰:"不是风动,不是幡动,仁者心动。"他通过否定风吹幡动的客观性,把客观事物的存在和运动,说成是由人的主观意识决定的。他宣称:"心生,种种法生;心灭,种种法灭。"把客观事物发生、发展、灭亡的原因,归结为"心生"、"心动"、"心灭",这是赤裸裸的主观唯心论。其次,它奠定了慧能唯心主义佛性论的理论基础。慧能认为,佛性是人的唯一本性,"心"是成佛的基础。慧能出家时,他的老师弘忍对他说:"汝是岭南人,又是獦獠,若为堪作佛?"慧能说:"人虽有南北,佛性本末南北。獦獠身与和尚不同,佛性有何差别?"凭此高论,弘忍收他做了行者。慧能说:"如是一切法,尽在自性,自性常清净。""自性"就是人的"本心"、"本性","清净"就是"真如"、"佛性"。既然佛性就是自己的本性、本心,那么,成佛就是找到自己的清净本性。他说:"菩提般若之智,世人本自有之,只缘心迷不能自悟。"成佛只要有悟性,见性即可成佛。慧能认为,佛与众生,本无区别,只是人们往往自迷自妄,失去了本性,因而成不了佛。他说:"自性若悟,众生是佛;自性若迷,佛是众生。"所谓"悟",就是确立主观信念,觉悟出自心中的佛性。慧能把人的清净本性比作"日月常明",把各种欲念烦恼比作"为云覆盖,上明下暗,不能了见日月星辰",而人对自身佛性的觉悟,就好比"忽遇惠风吹散,卷尽云雾,万象参罗,一时皆现,世人性净,犹如清天"。据此,他反复强调:"佛向性中作,莫向身外求。"又说:"菩提只向心觅,何劳向外求玄,所说依此修行,西方只在眼前。"慧能认为,一切苦难都是由于自己的错误认识造成的,"不了自性,不识身中净土",就无法摆脱"长劫轮回"的苦难。要解脱苦难又十分容易,只要转变认识,"前念迷即凡,后念悟即佛",一念之间就可以解脱一切苦难。慧能这一套"见性成佛"的理论,继承了竺道生"一阐提人皆具佛性"的思想,又融合了儒家人性论和道德先验论思想,使他的唯心主义佛性论更加精练彻底,更具中国特色。

慧能的唯心主义佛性论,不像华严宗那样烦琐地论证客观世界的虚幻不实,也不像唯识宗那样直接宣称客观世界存在于主观意识之中,而是直讲人心就是佛。认为世界之所以"空",是因为它依赖人心存在;所以要破除一切假象,认识"万法尽在自心"(同上)。这种思想成为陆王心学的理论来源。为了论证"顿悟成佛",慧能提出了"无念"说。他说:"我此法门,从上以来,先立无念为宗,无相为体,无住为本。"(同上)"无念"并不是什么也不想,而是"于念而不念",即无论见到什么事物,全不放在心上,保持"常净自性","来去自由";"无相"并不是闭上眼睛什么都不看,而是"于相而离相",眼即而心离,看见了和没看见一样;"无住"就是不执著,既不执著"法",也不执著"我",这才合于人的清净本性。不难看出,"无念"、"无相"、"无住",实质上是一回事,就是讲心空一切空,只要"以无念为宗",即使处于尘世之中,也能不受外界影响,保持本心清净。因此,慧能特别强调"无念"的意义。他说:"悟无念法者,万法尽通;悟无念法者,见诸佛境界。"(同上)这就把"无念"说提高到了禅宗修行的重要地位。在慧能看来,主观精神既不受客观世界的决定,也不反映客观世界。所谓"无念",就是使主观经常保持独立于客观的境地,这是唯心主义的臆说。慧能宣扬"无念为宗",是为了论证"顿悟成佛"。按照慧能的主观可以脱离客观而独立存在的逻辑,"无念"是作用非凡而又简捷易行的。"前念着境即烦恼,后念离境即菩提"(同上)。尘世的此岸与佛国的彼岸,众生与佛陀的区别,只在一念之间,只要于物"无念",顿现本性,那么当下即可成佛。他说:"若欲修行,在家亦得,不由在寺。在寺不修,如西方心恶之人;在家若修行,如东方人修善。"(同上)成佛的关键是在"无念"中顿现"本性",只要悟得"本性",那么,"运水搬柴,无非妙道"(同上),倘若迷失"本性",即使整日念经、坐禅,也是成不了佛的。慧能的这些论述,对传统佛教教义的权威自然具有相当大的冲击,却并没有否定佛教的教义。按照慧能的说法,阔人、官僚无论做了多少坏事,只要一念不著境、不著相,则前罪已了,后罪不生,便可"放下屠刀,立地成佛",而劳动人民身受压迫,却不能起来反抗,只能逆来顺受,"烦恼即是菩提"(同上)。慧能所想所说可能是真诚的、公允的,但其实质却是为统治者及社会上层作辩护。

　　禅宗是彻底中国化的佛教。它使中国佛教发展到了顶峰。它是中国佛教中流传最久远、影响最深广的宗派。禅宗推进了佛教的生活化,也推进了生活的佛教化,它把更多的俗人变成僧侣,有利于维护封建制度。禅宗在中国思想史上的影响极为深远,其历史作用也很复杂。它曾启迪后来一些进步政治家和思想家,推动他们怀疑传统,反对权威,抨击封建专制制度。唐代李翱的《复性书》,就是禅影响儒的产物。宋、元、明的理学唯心主义代表人物,其思想都受过佛教,特别是禅宗的影响。例如,朱熹的"一旦豁然贯通"的功夫脱胎于禅宗顿悟说。陆九渊的"吾心便是宇宙,宇宙即是吾心"说,王守仁的"心外无物"说也是禅宗"心性生万物"思想的翻版。禅宗思想还是近代资产阶级改良派谭嗣同建立"仁学"体系的思想渊源之一。它对资产阶级革命家章太炎也产生过影响。

第四节 柳宗元和刘禹锡的思想

柳宗元和刘禹锡都是唐代著名的文学家和唯物主义哲学家。他们同为"永贞革新"的核心人物,都以同样的批判锋芒和理论创造,冲击了中唐以前的天命神学世界观,总结了先秦以来关于天人关系问题的长期争论,为我国唯物主义和无神论思想的发展作出了重要贡献。

一、柳宗元的思想

柳宗元(公元773—819年),字子厚,问东(今属山西)人,世称柳河东。著作被编为《柳河东集》,主要哲学著作有《天对》、《天说》、《答刘禹锡天论书》、《封建论》等。柳宗元用唯物主义观点写了《天说》,回答了1000多年前屈原在《天问》中提出的问题,阐述了自己的宇宙构成论。指出:"彼上而玄者,世谓之天;下而黄者,世谓之地;浑然而中处者,世谓之元气;寒而暑者,世谓之阴阳。是虽大,无异果蓏、痈痔、草木";"天地,大果蓏也;大痈痔也;阴阳,大草木也。其乌能赏功而罚祸乎?功者自功,祸者自祸,欲望其赏罚者大谬,呼而怨,欲望其哀且仁者,愈大谬矣。"宇宙是由混沌的元气构成的,没有神的主宰,天地、元气、阴阳像瓜果、痈痒、草木一样都是物质的,没有意志,不能赏功罚祸,如果希望它们赏罚功祸,那是荒谬极了。这就驳斥了韩愈宣扬的能赏功罚祸的儒家传统的天命论。柳宗元还批判了"天人感应",他说:天与人,"二之而已,其各行不相预,而凶丰理乱出焉"(《答刘禹锡天论书》),明确肯定了自然界的发展和社会的发展各有自己的规律,二者互不相干。他这种把自然规律和社会规律区分开来的尝试,对后世唯物主义者有很大的启迪。

柳宗元认为,宇宙的形成是一个物质发展进程,"罟黑晰眇,往来屯屯,庞昧革化,惟元气存,而何为焉"。他反对天命主宰,明确指出宇宙是由元气运动所构成的。他断言,元气所以能自我运动,是因为它包含并统摄着阴阳二气。指出:"合焉而三,一以统同,吁炎吹冷,交错而动。"(《天对》)"一"指元气,"三"指阴、阳、天。阴、阳、天三者结合,受元气支配,冷与热交错地发生作用引起运动。他认为,由物质元气构成的宇宙是无限的。在回答屈原"天极焉加?阳东西南北,其修孰多?"的问题时,他说:"无极之极,漭弥其垠","东西南北,其极无方,夫何鸿洞,而课修长?"(同上);又说:"天地之无倪,阴阳之无穷。"《非国语》这说明:宇宙弥漫无际,无限广大而没有界限。它依靠元气的"自动自休、自峙自流"、"自斗自竭"(《非国语》),不断地运动、变化、发展。柳宗元用元气内部"自动"、"自斗"来说明事物运动的原因,没有给"天命"留下地盘,这是对唯物主义气一元论的一大贡献。

从唯物主义自然观出发,柳宗元阐述了自己的社会历史观。他认为,社会发展中存在着必然趋势。他把这种趋势叫作"势"。历史的发展、社会的进步,都由"势"造成。这个进程是任何帝王和圣人的意志都左右不了的。他说:"封建,非圣人意也,势也。""彼封建者,更古圣王尧、舜、禹、汤、文、武而莫能去之,盖非不欲去之也,势不可也。"(《封建论》)他认为,周朝之被自己的封国秦灭掉,是因为没有用郡县制代替封建制,秦之所以能统一中国,"摄制四海,运于掌操之内",就是因为实行了郡县制。这种肯定历史发展有其必然趋势的思想,是他在历史观上高出前人的地方。基于上述,他明确指出"受命不于天于其人"(《贞符》),直接否认了天命论,并且发出了"使贤者居上,不肖者居下,而后可以理安"(同上)的呼声,有力地抨击了宦官擅权、藩镇割据的现实政治,有较大的进步作用。

柳宗元尊儒却不排除异端,主张即使"狗彘草木,凡有益于世者",皆可吸取。据此,他提出了"统合儒释"的主张。指出:"真乘法印,与有意典并用";"上人之往也,将统合儒释"(《送文畅上人》)。柳宗元自幼好佛,求其道,积30年,对佛学颇有研究。除对佛教"髡而缁,无夫妇父子;不为耕农蚕桑,而活乎人",表示"吾亦不乐"(《送僧浩初序》)外,认为在内容上,佛教有与儒家相通之处。他说:"浮屠诚有不可斥者,往往与《易》、《论语》合。诚乐之,其于性情奭然,不与孔子异道。"(同上)与儒学一样,佛教哲学中有不少思想"有以佐世"。因此,必须"通而同之,搜择融液",做到"咸伸其所长,而黜其奇衺(斜)"(《送元十八山人》)。总之,要力图将外来佛教纳入中国儒家传统思想的轨道并加以改造,走中国化的道路。柳宗元特别喜欢中国化的禅宗,道理也在这里。除在学术上兼收并蓄的原因外,柳宗元好佛的另一个原因,是在政治上的坎坷遭遇。他说:"凡为其道者,不爱官,不争能,乐山水而嗜闲安者为多。吾病世之逐逐者唯印组为务以相轧也,则舍是焉从?吾之好与浮屠游以此。"(《送僧浩初序》)这些,就是唯物主义者柳宗元形式上并不反佛的根本原因。

二、刘禹锡的思想

刘禹锡(公元772—842年),字梦得,因官居太子宾客,世称刘宾客,洛阳(今属河南)人。著作编为《刘禹锡集》,其中的《天论》三篇为其主要哲学著作。刘禹锡继承了荀子以来的唯物主义思想传统,发展了柳宗元《天说》中的唯物主义气一元论思想,在《天论》中比较系统地阐述了气为万物本原的思想。他把气分为清浊、阴阳,认为它们之间的变化和作用,促成了世界万物的生成和变化。指出:"浊为清母,重为轻始。两位既仪,还相为庸。嘘为雨露,嘘为风雷。"(《天论》下)清而轻的"气"形成天,浊而重的"气"形成地,它们相互作用构成世界万物。由"气"生成的世界万物,群分类聚,有植物、有动物,人是动物中最有智慧的。他说:"天,有形之大者也;人,动物之尤者也。"(《天论》上)又说:"乘气而生,群分汇从。植类曰生,动类曰虫,保虫之长,为智最大。"(《天论》下)世界万物都"以不息为体,以日新为道"(《问大钧赋》),繁衍生殖,以至无穷。刘禹锡断言,天地万物都是物质的,即使"空"、"无"也是物质存在的一种形式,而不是绝对的空无。他说:"空者,形之希微者也";"所谓无形,盖无常形耳,必因物而后见耳。"(《天论》中)空也是一种有形的存在,只是因为细小,人感觉不到,而无形只是无常形,无形要通过有形来表现。刘禹锡指出,无论空或无,都不能超越有形物体而独立存在。这种观点虽然没有克服直观的局限,却基本说出了物质世界的特性,并对佛教和道教把"空"或"无"作为世界本体的观点作了批判。

在肯定事物客观实在性的基础上,刘禹锡提出用"数"与"势"两个范畴来说明事物的规定性、规律性和必然性。他认为,宇宙万物都有自己的"数"和"势",指出:"天形恒圆而色恒青,周回可以度得,昼夜可以表候,非数之存乎?恒高而不卑,恒动而不已,非势之乘乎?"(《天论》中)天的形状永远是圆的,颜色永远是青的,运转周期可用度数计算,昼夜长短可用仪器测量,这就说明它有规律存在。天永远在上面而不落下来,永远在运动而不停止,这说明它乘着必然趋势。推而广之,一切事物都有其客观规律和必然趋势,都无法"逃乎数而越乎势"(同上),这叫作"以理揆之,万物一贯"。(《天论》下)这里,刘禹锡已经接触到了物质世界的统一性、多样性及其发展规律的客观性和可知性。

刘禹锡试图区分自然规律和历史规律的不同作用,并且提出了"天人交相胜"的观点。他说:"大凡人形器者,皆有能有不能。""天之能,人固不能也;人之能,天亦有所不能也。故余曰:天与人交相胜尔。"(《天论》上)这里,他明确区分了"天之能"与"人之能",即自然界的功能与人类的功能,二者不能相互替代。进而,他又明确指出:"天之所能者,生万物也;人之所能者,治万物也。""天之道在生殖,其用在强弱;人之道在法制,其用在是非。"(同上)自然界的功能在于生长繁殖万物,生存竞争、优胜劣败的规律在发挥作用,社会的功能在于制定法制,治理万物,在人们判断是非善恶的范围内发挥作用。可见,自然和社会是各"有能",又各"有不能"。天与人的关系是"交相胜而已矣,还相用而已矣"。(《天论》中)这说明,刘禹锡已经认识到"天"与"人"之间的关系是彼此制约、互相作用的,也就是互相斗争又互相依存的对立统一关系。这个"交相胜"、"还相用"的观点,表明了刘禹锡对自然和社会观察的深度,是对柳宗元天人关系"二之而已"思想的发展。在此基础上,他又提出了"人之能胜天"的思想(《天论》上),这是他在哲学史上的一大贡献,是对传统天命论的有力批判。当然,刘禹锡不可能真正认识社会的本质,看不到宗教产生的经济和阶级根源,他的历史观仍然是唯心主义的。

第八章　宋元明时期的思想源流

宋、元、明时期,中国古代哲学的发展进入了一个新的阶段。作为这个时期思想主流的宋明理学,是我国封建社会后期占统治地位的哲学思潮。其影响长达六七百年,不仅对我国经济、政治及文化产生了深刻的影响,而且波及日本、朝鲜、越南等国。因此,探讨宋、元、明时期的思想,特别是理学思想的内涵及其发展逻辑,对了解中国哲学思想的发展规律具有极其重要的意义。

第一节　宋元明时期的社会状况和思想源流简说

宋、元、明时期,中国封建社会进入后期并开始走向衰落。政治上,民族矛盾和阶级矛盾不断激化;经济上,资本主义生产关系开始萌芽。这些经过曲折的途径反映到哲学上来,使中国古代哲学的发展进入了一个新的时期。

一、宋元明时期的社会状况

公元960年,赵匡胤通过陈桥兵变,夺取后周政权,建立宋王朝,结束了唐后长达百年的分裂割据局面,确立了以官僚地主阶级为支柱的专制主义中央集权制。自此,中国进入了封建社会的后期。

宋、元、明时期,虽然土地的地主占有制并没有改变,但社会的经济、政治状况出现了一些新的特点。经过唐末农民大起义,特别是黄巢起义,推翻了唐王朝,摧毁了按等级世袭占有土地的制度。北宋统治者实施的"许民请佃为永业"和"不抑兼并"的政策,虽使土地高度集中,却也有利于个体农民和一般土地地主私有制的发展。在这种情况下,佃农已不再是地主的"私属"而成为编入国家户籍的"客户"。他们虽然租种地主的土地,但交清地租之后,就有一定的自由。由于土地地主所有制同生产过程个体化的矛盾,导致了土地兼并的加剧,使大批农民破产,加剧了农民和地主之间的矛盾。同时,农民在政治上争取平等,在经济上争取均分财产的要求日益强烈。这种土地制度、剥削方式和农民身份的变化,必然引起社会意识形态的改变,要求统治阶级用新的思想体系来规范人们的观念和行为。

影响宋、明思想发展的另一因素,是社会生产力的发展和资本主义生产关系的萌芽。北宋以后,新的生产工具不断出现,中国古代四大发明中的火药、指南针和活字印刷术都是在这个时期涌现的。在明代又出现了李时珍的《本草纲目》、徐光启的《农政全书》、宋应星的《天工开物》三大科技巨著,科技思想的发展促使人们进一步探寻宇宙和人类的底蕴。同时,随着商品经济的发展,在东南沿海出现了资本主义萌芽。这种新的生产关系,不断动摇着以个体农业和家庭手工业相结合为特征的自然经济,反映在思想上出现了重视个人利益和权利的观念。宋明时期特殊的社会经济状况和阶级矛盾的新特点,使得地主阶级比过去任何时候都强调中央集权和确立皇权的绝对性。宋明理学的核心也正是把这种封建规范本体化和先天化,为皇权专制提供了理论基础。

二、宋元明时期的思想源流简说

任何一种思潮的产生和发展,除社会历史条件之外,思想发展本身也存在着一种内在的逻辑。唐代以来,由于农民革命思潮的猛烈冲击和唯物主义思想所作的理论批判,迫使统治阶级寻找新的理论武器以证明自己统治的合理性。魏晋玄学和隋唐佛教虽长于思辨,但玄远空虚。韩愈所提出的"道统"说,试图用仁、义的具体内涵来充实抽象的道德范畴,但他对佛、老思想采取简单否定的态度,没有吸收其中的合理成分,从本体论高度来论证封建纲常伦理的合理性,也不能适应宋明时代的社会现实和思想状况。有鉴于此,宋明时期的思想家吸取前人的思维教训,在经历了"出入于佛老",又复归于儒学的思想历程之后,以儒家思想为主干,通过对儒、释、道的参证,达到三家融合,建立了以儒家纲常伦理为核心、以精巧的哲学思辨为理论基础的唯心主义思想体系——宋明理学。理学家们通过对儒、佛、道三家思想的扬弃,把佛、老不可言说的"空无"之道变为统摄人伦物理的道德本体,把漫无边际的玄虚清谈变成"格物穷理"的理性求知,把佛教的"止观"、"定慧"等宗教修持变为"主敬"、"立诚"的伦理实践。这样就把抽象的"天道"和具体的"人道"统合起来,使具体的道德规范得到本体论的保证。

宋明理学的开创者当推周敦颐。他研究和发挥了《周易》中的宇宙生成论,仿效陈抟的《无极图》,把宇宙的发生用《太极图》表示出来,并作《太极图说》加以说明。周敦颐根据"一动一静,互为其根"的动静转化现象,把事物发展的动力归之于掌握了动静转化之机的"太极气",勾勒出"太极—二气—五行—万物"的宇宙生成模式,成为朱熹宇宙观的雏形。周敦颐还提出了一系列伦理修养的方法,把

"诚"当作人生的最高境界,并认为要成为圣人,必须"主静"、"无欲",开了宋儒天理、人欲之辨的先河。

周敦颐之后,邵雍也提出了一个宇宙生成模式。他认为在天地之先就有一个太极世界。太极本身是永恒的、绝对不变的,但其作用却是神秘莫测的。邵雍把宇宙的生成变化,归结为象数演变的过程。他说:"太极一也,不动;生二,二则神也。神生数,数生象,象生器。"(《皇极经世·观物外篇》)用简单抽象的象数概念,绘成《先天图》,即所谓六十四卦次序图,作为天地万物变化的图式。据此,他断言人类历史是一个不断退化的过程。他附会"皇、帝、王、伯"之说,认为中国从三皇到五帝至三王至五伯,是一个人心日下、世道衰落的过程,并运用儒家的义利观评判皇、帝、王、伯的时代特点。这虽是一种奇谈,但却引出了后来的"主霸、义手"之辨,成为宋明理学的重要内容。

另外一些思想家则从唯物主义的角度提出了他们的宇宙观。王安石主张"道"、"气"一元论,提出了"元气—五行—万物"的宇宙生成模式,使"气"成为最初的宇宙实体。张载发展了这一理论,建立了以"一物两体"关系为基础的"气"一元论体系。并试图以"德性之知"和"气质之性"的区分来解决人性善恶的难题,为程朱理学所采纳。张载提出的"为生民立命,为万世开太平"和"民胞物与"的思想,成为儒家精神境界的典型描述。

但是,正统理学的奠基人应推程颢、程颐兄弟。二程第一次把"理"作为宇宙最高本原。他们并未像周敦颐等人那样煞费苦心地建构一个宇宙演化的图式,而是侧重于对天理进行本体论的探讨,比较自觉地把伦理本体和自然本体结合起来,把人为的道德规范抬高到自然规律的程度。二程的"理"一元论和张载的"气"一元论建立之后,"理"、"气"关系的争论日趋激烈。为了解决这个问题,南宋的朱熹糅合了周敦颐的动静观与张载的"一物两体"说,建立了"一生两"、"理生气"的唯心主义本体论,成为正统理学的集大成者,但却先后遭到了陈亮、叶适和陆九渊、王守仁的反对。

陈亮和叶适是浙东事功学派思想家的基础代表。他们认为"理在事中",反对朱熹所说的万古不变之理,并用一般和个别的关系揭示"理一分殊"的缺失。他们认为,任何事物都是"皆两非一"的。这种既对立又统一的矛盾运动,决定了事物的多样性("一而不同")和统一性("不同而一")。由此出发,他们把理学的精神本体——太极,还原为物质本身及其客观属性,认为有物质才有太极,无物质就无太极。通过对周敦颐的太极说和朱熹"理"本论的批判,把张载"一物两体"的气化论发展成为"一两相济"的物本论。陈亮和叶适生活在浙江。那里是南宋经济、政治、文化的中心。其思想反映了当时商品经济的发展。他们提出了"实事实功"的事功思想,反对儒家"正其义不谋其利,明其道不计其功"的超功利主义,认为治学的中心在于"期于开物成务,酌古理今"(《龙川文集·卷首》)。陈亮认为:儒生秉持重义轻利的思想,终日"闭眉合眼,徐行缓语",置现实问题于不顾,结果一面将"道德性命之说"背得"烂熟",一面却"尽废天下之实",成了"百事不理"、麻木不仁的废物。因此,他倡言"功到成处,便是有德;事到济处,便是有理"(《宋元学案·龙川学案》),把做实事、建实功作为立德树人的目的和标准。陈亮和叶适把"功利之学"作为一面旗帜向正统儒学发起挑战,在当时具有重大的进步意义。

与朱熹同时的陆九渊批评朱熹把"理"归结为超验实体。他认为,元理与信、道与事是不能分割的;提出"心即理",将"理"溶于"心";在修养论上提出了与朱熹不同的"简易工夫"。陆九渊的思想为王守仁继承和发展,在明代成为与程朱理学相颉颃的陆王心学。

程朱理学在宋代虽然遭到了陈亮、叶适和陆九渊的攻击,但并未动摇其支配地位。到了明代中叶,烽火相连的农民起义不仅在政治上震撼了封建统治的基础,而且使被明王朝尊为官方哲学的程朱理学面临严重挑战。当起义农民要求"重开混乱之天"时,实际上表示了对被理学奉为至上主宰的"天理"的蔑视。它表明正统理学对人们的思想与行为的禁锢作用已开始动摇,如何将人们的行为有效地纳入封建规范的轨道,以摆脱日渐严重的社会危机,成为摆在明中叶统治阶级,特别是思想家面前无法回避的问题。王守仁是对此进行自觉探讨的思想家。他在镇压农民起义的过程中,深切地体会到"破山中贼易,破心中贼难",认为社会危机的产生,与人的行为和"天理"脱节有关,而"天理"之所以不能控制人们的行为,在于它没有和心融为一体,普遍的"理"只有与人心结合起来,转化为内在的道德意识,才能有效地规范主体的行为。王守仁把"心"与"理"的结合体称之为"良知",认为良知既内在于个体之中,又构成普遍的规范。人一旦"致良知",一切言行将自觉地合乎封建规范。如果说程朱理学着重于向个体颁布外在的普遍的道德律令,那么陆王心学则试图把这种道德律令与内在的道德意识统一起来。王守仁以"致良知"说摒弃了程朱理学的烦琐说教,倡导简易直捷的体悟,形成了风靡海内的王学,并影响了明代中后期的思想主流。

王学内部也有矛盾,后来还出现了不同的派别。其中最著名的是泰州学派。其创始人王艮是王阳明的及门弟子。然而。他自立门户,倡导"淮南格物"之说。王艮认为:"百姓日用即道",人们日常的行为就是道的体现,并肯定个人意志的作用。这种价值多元化的理论是对孔、孟、程、朱儒学独断论的挑战。泰州学派的思想家何心隐和李贽,被冠以"猖狂无忌惮之小人"的罪名,横遭统治者的虐杀。何心隐提倡"育欲说",与理学家的"存天理、灭人欲"说针锋相对。他认为,人的感官欲望是人性的一部分,应该予以满足,绝对不应禁止。李贽提倡"童心说",认为童心才是真正的人心,道学家们于"童心"之外别立"道心",完全是欺骗和扼杀。他公开宣称"无私则无心",指出:"夫私者,人之心也。人必有私,而后其心乃见。若无私,则无心也。"(《藏书·德业儒臣论》)肯定了个性和个人生理欲望的合理性,反映了形成中的市民阶层的要求,具有积极的启蒙意义。

朴素唯物论思想也在发展。罗钦顺在与王学的斗争中形成了自己的唯物主义思想体系。他继承了张载的"气"一元论思想,批判了王守仁的"心外无物"、"心外无理"观点。这种批判,对唯物主义的发展具有积极的理论意义。他指出:如果天地万物就像陆王所说的那样,都在一个人的心中,那就成了心大而天地小,这是不可能的。他认为事物变化和发展之理,只存在于客观事物之中,绝不是任何人所能左右的。罗钦顺认为,陆王心学的实质就是禅学。他说:象山"就灵觉以为至道,谓非禅学而何……舍灵觉即无以为道矣,为之禅学,夫复何疑……殊不知象山阳避其名,而阴用其实也"(《困知记》下)。认为陆九渊讲的格物穷理,其实是禅宗"用此心气"、"明心见性"那一套。罗钦顺认为,佛教讲的"心生种种法生,心灭种种法灭",实质是强调主观意志决定一切。他还认为,禅宗的顿悟,不过是自己的灵觉,根本不能认识事物的真正道理。

王廷相则在理论思维的更高层次上对宋明理学进行了批判。针对陆王心学片面夸大认识能动性而导致主观唯心论的错误,他从认识论上发展了唯物主义。一方面,他充分肯定感觉在认识过程中的作用,认为能动之心只有在把握客观见闻的基础上才能发挥作用;另一方面,他充分强调理性思维会通物理的能动作用。王廷相论述了"常"与"变"的关系,把矛盾发展不平衡而引起矛盾双方的转化,作为事物发展的内在动力,使矛盾理论从侧重于矛盾依存关系深入到矛盾转化关系。他发展了王安石的"相生相克"、张载的"一物两体"、叶适的"一两相济"等关于矛盾问题的唯物论理论,动摇了宋明理学的理论基础。王廷相的思想建树,有助于使关于客观事物及其发展规律的理论研究,排除掉周敦颐的"太极"、程朱的"天理"、陆王的"良知"等唯心论的干扰,重新回到客观性的基础之上,这就为明清之际启蒙思想家王夫之等人批判和总结宋明理学,将中国古代唯物论思想推上一个新的高峰进行了理论准备。

第二节 张载和王安石的思想

一、张载的思想

张载(公元 1020—1077 年),字子厚,因家住凤翔郿(今陕西郿县)横渠镇,世称横渠先生,又因讲学于关中,其学派被称为"关学"。张载是宋明理学的奠基人之一,主要哲学著作有《正蒙》、《易说》等。

1. 朴素唯物论的世界观

张载继承古代朴素唯物主义传统,建立了"气"本体论的思想体系。这是继王充元"气"自然论之后中国古代唯物主义思想所达到的又一个理论高峰。张载批判了佛教断言客观世界是"唯心所现"的观点,他说:"凡可状皆有也,凡有皆象也,凡象皆气也。"(《正蒙·乾称》,本节下引此书只注篇名)一切存在的东西都是"有","有"是各种现象的统称,一切现象的本质都是"气"。说张载的思想基础是朴素唯物论的,就要看他所说的"气"的本质,如果这个"气"是物质性的,那它的思想基础就是唯物论的,反之就是唯心论的。

张载所说的"气"是物质性的。他指出"太虚无形,气之本体。其聚其散,变化之客形尔","气聚则离明而有形,气不聚则离明无得施而无形"(《太和》)。广阔的天空虽无形可见,但其中充满了物质性的"气",这是"气"的本来状态。张载又说,"气之聚散于太虚,犹冰凝释于水。知太虚即气,即无'无'"(同上)。他强调指出,"气"总是在不断地凝聚和分散,"气"的聚合构成了形形色色的具体事物,"气"的分散使得眼睛看不见而成为"太虚",但是这种"太虚",并非是虚无,"太虚"就是"气"。可见,张载所说的"气"是物质。气的凝聚和分散,是物质存在的不同方式,是气的流行,宇宙中根本不存在绝对的"无"。"有"和"无"是根本不能分离的。因此,"气"作为实体就是有和无、虚和实的统一。由此,宇宙万物除了"气"之外不可能有别的本原。这样,张载把朴素的辩证法和唯物论有机地结合起来,在中国哲学史上具有重要的地位。

2. 朴素辩证法思想

张载认为,运动变化是自然界最根本的性质,指出:"尚变者,天道也。"(《河图洛书义》)变化的根源在于内部的矛盾性。他说:"天地变化,二端而已。"(《正蒙·太和》)"物无孤立之理。"(《动物》)他解释说:"一物两体,气也。一故神,两故化,此天之所以参也。"(《参两》)张载所谓的"两体",是指事物存在的对立双方。他说:"两体者,虚实也,动静也,聚散也,清浊也。"(《太和》)这种对立面的动静相感、"相荡",产生了"气"的运动变化。张载的"一物两体"学说,阐明了宇宙万物的矛盾现象。进而,张载又指出了事物的内部矛盾是事物变化的根本原因。他说:"运行不息,莫或使之"(《参两》),又说:"凡圆转之物,动必有机。既谓之机,则动非自外也。"(同上)"动非自外",事物的运动是自己的运动。这些都是深刻的辩证法思想。张载认为,物质运动包含"变"与"化"两个互相关联的阶段。他说"变言其著,化言其渐"。"著"可理解为突变,即质变;"渐"可理解为渐变即量变。张载认为,突变是由渐变引起的,事物的这种变化因循着一定的规律,即存在着"变化之理"。每一事物的产生,大致要经历对、反、仇三个阶段,最后"仇必和而解",凝聚之气又返归太虚,矛盾消失归于和谐。这表明张载没有把辩证法坚持到底,但却体现了儒家"和为贵"的思想传统。

3. 人性论和认识论思想

张载把他的"气"本体论贯彻到人性中,提出了"天地之性"和"气质之性"的人性论。他说:"由太虚,有天之名;由气化,有道之名;合虚与气,有性之名;合性与知觉,有心之名。"(太和》)所谓"虚",是指"太虚",宇宙间的一切事物都由太虚之气凝结而成。太虚之气的本性,就构成了人和万物共同的本性。张载把这种天地和人物共有的本性,称之为"天地之性"。天地之性从宇宙本体来说,是"气"的对立统一的本质。它一旦成为人的本性,便具有了道德属性,成为人性中善的来源。他继承了孟子的"性善说",指出:"性于人无不善,系其善反不善反而已。"(《乾称》)人体形成时所禀受的"气"因人而异,张载谓之"气质之性"。"天地之性"是普遍的,"气质之性"是特殊的,是每个人所具有的个性。人之所以有善恶、智愚、昏明之差别,正是在于"气质之性"的不同。"气质之性"是人性中恶的来源。张载认为,学习的根本是善于改变气质之性,返回天地之性。他说:"形而后有气质之性,善反之则天地之性存焉。故气质之性,君子有弗性者焉。"(《诚明》)这种变化的关键是"学礼",通过学礼使自己的行为符合"理",才能返回到天地之性。

张载把人的认识分为见闻、穷理、尽性三个阶段,并把见闻作为整个认识的基础。他认为人的认识是"内外之合",并指出:"人谓己有知,由耳目有受也。人之有受,由内外之合也。"(《大心》)这是他认识论中的唯物主义因素。但是,张载认为"闻见之知"有局限性。要认识"天下之物",只能通过"德性之知"。而"德性之知,不萌于见闻"(《大心》)。这又陷入唯心主义。张载发挥了《易传·说卦》中"究理尽性以至于命"的思想,认为穷理尽性以至于命,是道德升华的三个阶段。

《穷理》是第一阶段,通过实践和学习经典达到对天理的体验。然后去穷尽人所禀受的道德品性,达到与"天性"合一,这就是"尽性"。这样,就进入了"至于命"的阶段。这时人的精神世界与万物贯通,达到"为天地主心,为生民主道,为去圣继绝学,为万世开太平"(《张子语录》),即"民胞物与"的境界。这也是儒家的最高境界。

二、王安石的思想

王安石(公元1021—1086年),字介甫,号半山,抚州(今属江西)人。宋仁宗时上书《言事书》,力谏"变更天下之弊法"未被采纳。宋神宗时二度为相,积极推行交战。为了给新法提供理论依据,他与儿子重新训释《诗》、《书》、《周礼》等儒家典籍,称《三经新义》。其学被称为"荆公新学"。其著作被汇集为《临川先生文集》。

王安石通过对五行的新解,阐述了自己的五行"皆各有耦"的宇宙生成论。他说:"五行,天所命万物者也。"(《临川先生文集·洪范传》,本节下引此书只注篇名)"五行"各有自己的属性、特征和对立面。他说:"五行之为物穷","背各有耦"。"耦之中又有耦焉,而万物之变遂至于无穷"(同上)。这就是说,不但作为构成万物的金、木、水、火、土五种物质元素各有自己的对立面。在这种对立面之中,还存在着对立面,对立面之间的相互作用,推动万物的无穷变化。这种把无限的内外矛盾看作事物变化的根本原因的观点,把辩证法关于运动源泉的思想推进到更高的层次。王安石把这种由矛盾引起的变化,看作是新事物不断取代旧事物的过程。他说:"有阴有阳,新故相除者天也;有处有辩,新故相除者人也。"(《字说》)这就是说,新事物代替旧事物,是事物运动变化的普遍规律,自然界和人类社会无一例外。这是王安石实行变法的理论基础。

在王安石的思想体系中,"五行"并非宇宙的最初本原。它们之上的"天"与"道"才是宇宙万物的根本。王安石又认为,天就是道,指出:"道者,天也,万物之所自生,故为天下母。"(《老子注》)他认为道不仅是万物的本原,也是事物运动的规律。他说:"道者,万物莫不由之者也。"(《洪范传》)"有无之变,更出迭入,而未离乎道"(《老子注》)。王安石在确定了"道"作为宇宙本原和万物的规律后,又用"元气"进一步解释、深化宇宙生成论。他认为,"道"的本质就是物质性的"元气"。他说:"道有体有用。体者元气之不动,用者冲气运行于天地之间。"(同上)然后,再把元气和阴阳五行结合起来。他提出:元气产生万物的过程是:"元气"先分化为阴阳二气,"阳极上,阴极下",阴阳交合之"气"就是"冲气"。阴阳交合,冲气流行,五行便产生了。王安石将其概括为"道立于二,成于三,变于五,天地之数具。"(同上)王安石把一切事物看作只是"元气"存在的一种暂时状态,认为在一定条件下,还要复归于产生它们的"元气"。这是一种非人力的自然过程。他称之为"归根复命"。这与张载的"气"一元论有相通之处。具有唯物主义倾向。

在人性论上,王安石提出了"习以成性"的观点,既不同意性恶论,也不同意性善论,而是把自然的生命看作是人性的本质。他认为,性无善恶之分,只有在性产生情之后,善恶才分明起来。"性"与"情"不能混淆,但又密切相关。他说:"性情一也","喜怒哀乐好恶欲,未发于外而存于心,性也。喜怒哀乐好恶欲,发于外而见于行,情也。性者情之本,情者性之用。"(《性情》)他赞同孔子"性相近,习相远"的观点,认为人的天性本无大的差别,只因不同外在环境的影响,由性而发为情时可以为善也可以为不善,这完全是后天修养的结果。王安石认为人的"智"、"愚",取决于教育而非天生。这样,就用唯物主义反映论反驳了当时流行的先验论。

第三节 二程的思想

二程,是指北宋程颢和程颐二兄弟。程颢(公元1032—1085年),字伯淳,洛阳(今属河南)人,人称明道先生。程颐(公元1033—1109年),字正叔,程颢之弟,人称伊川先生。二程曾长期在洛阳讲学,共同开创洛学学派,是北宋影响最大的理学学派。人们习惯将程颢和程颐的思想放在一起来讲,实际上二程的思想有一致的一面,但也存在差异《二程全书·程氏经说》卷第五(本节下引此书只注篇名),有程颢的《改正大学》,又有程颐的《改正大学》,兄弟二人各改各的,说明他们对《大学》的认识不同。二程思想的差异后来发展成为程朱理学和陆王心学。但他们兄弟二人的著作合编为《二程全书》。

一、"理生气化"的唯心论宇宙观

在中国哲学史上,二程首先把"理"和"气"这两个范畴提到宇宙观的高度加以讨论,并作为其哲学体系的最高范畴。只是他们更看重"理",在"理"的前面罩上了"天",叫作"天理"。程颢曾经说过:"吾学虽有所授受,'天理'二字,却是自家体贴出来。"(《外书》卷十二)

二程把"天理"视为宇宙万物的本原。二程认为:"万物一体者,皆有此理,只为从那里来。"又说:"万物皆只是一个天理。"(《遗书》卷二)二程所揭示的"天理"

和万物的关系有三层内容:第一,宇宙万物都是由"天理"产生的;"天理"不仅产生万物,而且支配万物。第二,宇宙万物是相互联系结成一体的,万物的本质是"天理",只有"天理"是唯一真实的存在,万物都是"天理"的体现。第三,"天理"和万物的关系体现着一和多、本和末的关系;"天理"既独立于万物之外,又存在于万物当中。

但是"天理"究竟如何才能派生万物呢?二程为此提出了"理生气化"的理论。为了说明"理"和"万物"的关系问题,二程借鉴并吸收了张载的唯物主义气化论。二程认为,"天理"派生万物需要经过由"气化"到"形化"再到"气化渐消"的过程。他们论证说:"万物之始,皆气化,即形,然而以形相禅,有形化。形化长,则气化渐消。"(《遗书》卷二)二程为论证"天理"派生万物而引进了"气化"和"形化"的概念,在理论上是混乱的,也是有得有失的。从二程的直接用意来看,将事物还未成形的状态称为"气化";形成具体事物之后称为"形化";"形化"成长发展则"气化"逐渐消失,使"气化"、"形化"、"气化渐消"这三个阶段都称为"理"派生"物"的环节,有利于说明事物的发生和发展,克服理论遇到的障碍。但是,这样的逻辑处理是利弊各半的;况且它不仅本身存在漏洞,还引出了新问题。首先,"气化"是从哪里来的?若"理"生"气","理"何不直生万物?第二,当"万物之始,皆气化"之时,"天理"何在?"天理"和"气化"究竟是什么关系?第三,当"形化长,则气化渐消"之后,万物又如何呢?按照二程的思想,"天理"即是宇宙万物的本原,只能认定"有理则有气"。(《粹言》卷二)可见,二程的"气"与张载的"气"是不同的。张载认为,气是自在的本体,只有聚散,没有生灭。二程则认为,当"物"消散时,"气"就随之消失。这样,必须有一个本原不断产生"气",这个本原就是"理"。二程用《易传》中"形而上者为之道,形而下者为之器"的说法,来给"理"和"气"定位:"气"只是形而下的"器",是"理"的具体表现形态,形而上的"理"虽然无形无象,却能使"万象森然已具"(《遗书》卷十五),形而下的"气"有生有灭,形而上的"理"永恒存在。二程讲"理"和万物、"理"和"气"的关系比较简单,这两个方面的关系以及其中的各种问题,要留待朱熹进一步解决。

在二程的思想体系中,"理"作为万物之本,还是客观事物的特征和变化规律。程颐说:"天下万物皆可以理照,有物必有则,一物须有一理"(《遗书》卷十八);又说:"一阴一阳之谓道。道非阴阳也,所以一阴一阳者道也。"(《遗书》卷二)事物必然有它所遵循的规律,这规律就是"理"或"道"。一方面,二程都认为"理"是第一性的,都主张"道非阴阳"。因为"阴阳"是"气",是物质性的;"道"是"天理",所以"道"和阴阳不是一回事。"天理"运作阴阳,是有万物及其规律的。另一方面,二程的"天理"思想中蕴含着矛盾。程颐将"理"看成万物的本原,既是超越宇宙万物的独立存在,又是人类和万物所遵循的规律。他的"理"是一种客观精神,其思想基础近于客观唯心主义,后来也因此成为朱熹理学的理论来源。程颢也认为"理"是宇宙万物的本源,但他同时认为"心是理,理是心"(《遗书》卷十三),主张天地万物皆与"我"浑然一体。他的"理"多一些主观性,其思想基础近于主观唯心主义,后来也因此成为王阳明心学的理论来源。

二程所说的"理"体现着"体"和"用"的一致性。作为"体","理"派生宇宙万物;作为"用","理"又是封建伦理规范的总称。程颢说:"上下之分,尊卑之义,理之当也,礼之本也。"(《周易程氏传》)又说:"君臣父子,天下之定理。"(《遗书》卷五)对君的忠、对父的孝等,是每个人的道德义务,也是人之区别与禽兽的"天理"。否则,"天理不存,则与禽兽何异矣"(《河南程氏粹言》卷二)。二程通过阐述天理和人伦的关系,从理论上论证了封建等级秩序和道德规范的绝对意义。

二、天命之性和气质之性

在人性论的问题上,二程遵从孟子的"性善论"。北宋时期有尊孟和反孟的斗争。司马光和李觏就是反对孟子的。二程尊孟,尤重孟子的"性善论",并借此论证了他们的"性即是理"的思想。他们认为:"孟子所以独出诸儒者,能以明性也。性无不善,而有不善者,才也。性即是理。理则自尧、舜,至于途人一也。方禀于气,气有清浊,禀其清者为贤,禀其浊者为愚。"(《遗书》卷十八)又说:"性与天道,一也。天道降而为人,故谓之性,性者,生生之所固有也。"(《河南程氏经济说》)"理"是至善的,"性"是理在人身上的折射,因而也是至善的。二程把这种至善之性称为"天命之性"。至于有至善之性的人为什么会有善恶之别,二程则用"气质之性"予以解释:"生之谓性,性即气。气即性,生之谓也。人生气禀,理有善恶,然不是性中无有,此二物相对而生也。有自幼而善,有自幼而恶……是气禀使然也。善固性也,然恶亦不可不谓之性也。"(《遗书》卷一)又说:"性无不善,不善者才也。""才"是材料,也就是气。构成人的"气"的"质"有不同:"禀得至清之气而生者为圣人,禀得至浊之气生者为愚人。"(《遗书》卷二十二)人性中的善是天理的体现,表现为喜、怒、哀、乐等情感就符合礼节,而恶则表示对欲望的追求和规范的破坏。二程将之称为"人欲"或"私欲",进而把人欲和天理绝对对立起来。他们描述人欲的危害说:"甚矣,教之害人也。人之不善,欲诱之也。诱之而弗知,则至于天理而不知反。故目则欲色,耳则欲声,以至鼻则欲香,口则欲味,体则欲安。此皆有以使之也。"(《遗书》卷二十五)这就把人的正常生理反映和正常需求,也列为

"人欲"加以排斥。

总之,二程划分出了天命之性和气质之性,是中国古代人性论思想中的新观点。他们认为,人性秉承天理而成,"天理"善,则人的天性善;又指出,人秉承气而生,构成人的才质不同,所以有的善而有的恶,论证了人的善恶、智愚等都是先天形成的。这种人性论为下一步阐述认识论和修养论准备了理论基础。但是二程认为"恶"也是"性"的规定,显现出其唯心论和形而上学思想还有某种不彻底性。

三、"格物致知"的认识论和修养论

二程认为,私欲损害着人们对天理的体认,只有克服私欲、认识天理,才能自觉从善。这种对天理的体认过程,就是"格物致知"的过程。"格物致知"词出《礼记·大学》。二程竭力推崇《大学》,认为:"学莫大于知本末始终,致知格物所谓本也,始也,治天下国家所谓末也,终也。治天下国家必本诸身。"(《粹言》卷一)把"格物致知"看作是立身之本。那么何为格物致知呢?二程解释说:"格犹穷也,物犹理也,犹曰穷其理而已矣。"(《遗书》卷二十五)可见,"格物"就是"穷理"。这种解释包含两方面的含义:首先,"格物致知"就是通过对外物的认识求得事物之理。要认识天理,必须从认识每个事物开始。他们说:"语其大,至天地之高厚;语其小,至一物之所以然。学者皆当理会。"(《遗书》第十八)又说:"格物穷理,非要尽穷天下之物,但于一事上穷尽,其他可以类推。"(《遗书》卷十五)"穷理"就要从一件件具体事物入手,日积月累,进行"类推",最终"脱然贯通",认识事物的本质。二程强调要广泛研究事物之理,进行由个别到一般的"类推",达到"与物浑然一体"。这个思想包含了一定的辩证法。其次,"格物穷理"的最终目的在于恢复人心固有的"天理"。二程说:"人心莫不有知,性蔽于人欲,则忘天理也。"(《遗书》卷十一)由于受"气禀"的影响,很多人被欲望迷,妨碍了对天理的领悟,要认识天理必须"格物"。"知者吾否之所固有,然不致则不能得之,而致知必有道,故曰致知在格物。"(《遗书》卷二十五)"格物"的主要内容是克去私欲,通过自觉恪守礼仪,达到对内心之"理"的体认。这是二程"格物致知"的根本宗旨。但是,仅仅体认到"理"还不够,关键在于保存"理"。为此,二程提出了"以诚敬存之"的修养论,"诚"就是真实和忠贞,"敬"就是专一,只有这样,才能达到"与物浑然一体",自然地遵循天理,无须外在的约束。这就是"脱然贯通"的实质。

二程的理学体系,是北宋理学初始阶段较完备的形态。它所提出的理气观、人性论和"格物致知"的思想,勾勒出理学的基本框架,为朱熹和王守仁思想的产生提供了理论基础。

第四节 朱熹的思想

朱熹（公元1130—1200年），字元晦，一字仲晦，号晦庵，别号考亭、紫阳。徽州婺源（今属江西）人，父辈始侨居建阳（今属福建）。朱熹一生大部分时间在福建讲学，其学被称为"闽学"。朱熹通过老师李侗继承和发展了二程的义理之学，又吸收了周敦颐的"太极说"，以及邵雍、华严宗等人的思想，完成了程朱理学。朱熹的思想体系，成为封建社会后期官方意识形态的理论基础。其思想还影响到了日本、朝鲜、东南亚、欧美等国家和地区。朱熹的著作很多，主要有《四书集注》、《周易本义》、《朱文公文集》、《朱子语类》等。

一、"理在气先"的本体论

朱熹"理在气先"的思想来源于二程的理气说。他说："天地之间，有理有气。理也者，形而上之道也，生物之本也；气也者，形而下之器也，生物之具也。"（《答黄道夫书》卷五十八）也是从形上形下的差异入手分辨"理"和"气"的关系。概括朱熹"理在气先"的本体论思想，主要有以下几点内容。

第一，"理在气先"，"理"是宇宙万物的本体。朱熹认为，一切事物都存在一个理。这个思想本是中性的，可能引出正确的思想，但他又主张："虽未有物而已有物之理"（《朱文公文集》卷六十四），并进一步指出："未有天地之先，毕竟也只是理"（《语类》卷一），这就倒向了唯心论。朱熹用周敦颐的"无极而太极"来概括他的"理"，说："总天地万物之理，便是太极"（《语类》卷九十四）。这个思想也是中性的，本身并不错误；但他又指出："无极而太极，是无之中有个至极之理"（《语类》卷九十四），对此作出了唯心主义的解释。朱熹论述"理"是宇宙万物本体的思想，内容丰富，表述通俗，但是存在许多含糊不清的观点。

第二，"理"和"气"相互联系。朱熹说："人物之生，必禀此理，然后有性。必禀此气，然后有形。其性其形，虽不外乎一身，然其道器之间，分际甚明，不可乱也。"（《文集》卷五十八）又说："疑此气是依傍这理行，及此气之聚，则理亦在焉"；"若理则只是个净洁空阔的世界，无形迹，它却不会造作。气则能酝酿凝聚生物也。但有此气，则理便在其中。"（《语类》卷一）朱熹认为，无论人或物，一体之中，"道"和"器"虽界限分明，"理"和"气"却不能分开，"气"依赖于"理"运行，"理"又存在于"气"中，这是朱熹思想含混不清和不彻底的地方。但朱熹思想的主要倾向是唯心主义。他讲"理在气中"和讲"理在气先"是自相矛盾的。究其原因,一是唯心论思想不彻底,二是无法回避客观事实。因此他不否认"气"比"理"更充满活力,"气"能"凝聚生物","理""却不会造作"。

第三,"理"、"气""决是二物","理终为主"。朱熹进一步指出,"理"和"气"虽然相依,但绝不能将它们混为一物。他说:"所谓理与气,此决是二物。但在物上看,则二物浑沦,不可分开各在一处。然不害二物之各为一物也,若在理上看,则虽未有物,而已有物之理。"(《文集》卷四十六)"理"对于"气"具有支配性,"理不可见,因阴阳而后知,理搭在阴阳上,如人跨马相似。"(《语类》卷九十四)所以:"气之凝聚,理即在焉。然理终为主。"(《文集》卷四十九)所以:"自形而上下言,岂无先后?但推上去时,却如理在先,气在后相似。"这样一个逻辑过程是由朱熹思想的客观唯心主义实质决定的。他劳神费力地绕了一个大圈,结论又重申了"理在气先"的出发点。

朱熹讲"理在气先",但他吸取了中国思想史上唯物主义的"气"范畴,作为"理"派生万物的中介。离开"理"讲"气"的时候,朱熹也讲一些符合经验、常识的观点。他说:"盖气则能凝结造作……且如天地间,人物草木禽兽,其生也莫不有种,定不会无种子,白地生出一个物事,这个都是气。"他对一些自然现象作出了合理的解释。如在解释宇宙起源时,他说:"天地初间,只是阴阳二气,这一个气运行,磨来磨去,磨得急了,便拶许多渣滓,里面无处出,便结成个地在中央。气之清者,便为天、为日月、为星辰,只在外常周环运转,地便只在中央不动,不是在下。"(同上)又说:"这一个气运,磨来磨去……万物之生如磨中撒出。"(同上,卷五十三)日、月、地球、自然万物,都是由阴阳二气的摩擦、运动形成的。这比康德提出星云说要早五六百年。又如,对于地形变化和海陆变迁,他解释说:"登高而望群山,皆为波浪之状,便是水泛如此,只不知因甚么时凝了,初间极软,后来方凝得硬。"(同上)又说:"常见高山有螺蚌壳或生石中,此石旧日之土,螺蚌即水中之物,下者却变而为高,柔者变而为刚。"(同上,卷九十四)再如,他对月食的解释是:"地形倒去,遮了它光。"(同上,卷一)地形倒在月球上,遮了太阳光,便成月食。又说:"月加子午则潮长。"(同上)"薄雨为日所照成影"(同上)而成霓虹等。可见,朱熹对许多自然现象力图按照自然界本来面目加以朴素的了解,不附加任何外来的成分,而这就是唯物主义。在许多道学家鄙视自然科学的当时,在绝大多数哲学家罕言自然科学的中国,哲学家朱熹对自然科学的重视、对自然现象的唯物主义解释,是十分可贵的。可惜的是,朱熹归根结底还是坚持用"理"来统摄"气",再把"气"和"物"联系起来,使"理"借助"气"而派生万物,这个思想路线是违反事实和科学的。

二、"一分为二"和"理一分殊"的方法论

朱熹的方法论思想中有辩证法的内容,主要体现在他的"一分为二"和"理一分殊"的思想中。朱熹"一分为二"的思想,是吸收并发展了张载"一物两体"思想而提出的。朱熹之前,程颐为了论证仁、义、礼、智等四者的关系,讲过从"一分为二"过渡到"二分为四";周敦颐用"一分为二"的方法论证《周易》,也讲到"三十二分为六十四"(《语类》卷六)。朱熹把太极分两仪、两仪分四象等现象,看作连续的一分为二,超越了周、程的局限,并论证了"一分为二"的普遍性,把"一分为二"看成是一个"无穷"的过程。他说:"一分为二,节节如此,以至于无穷,皆是一生两尔。"(《语类》卷六十七)

朱熹的"一分为二"思想主要有两方面的内容。第一,朱熹认为,"一"是对立面的互相依赖、相互渗透和相互统一。他说:"'一'是一个道理,却有二端,用处不同。譬如,阴阳,阴中有阳,阳中有阴,阳极生阴,阴极生阳,所以神化无穷。"(《语类》卷九十八)一方面,"一"中所包含的"二",就是"两端","两端"各有其特点,各有其作用,这是"两端"的差异和矛盾的方面。另一方面,"两端"又是相互渗透、相互依存的;一端消失了,另一端失了依存,也无法存在。朱熹说:"如寒则暑便在其中,昼则夜便在其中,便有'一'寓也。"(《语类》卷九十八)"两端"虽然相互对立,却共处于统一体中。这个统一体就是一分为二中的"一"。朱熹指出了对立双方的相互依赖构成了它们的统一,可见他已经有了矛盾双方互为中介的思想。其次,"二"是相反相成的普遍现象。朱熹认为,事物都是"一分为二"并且无限可分的。他说:"统言阴阳,只是两端。而阳中自分阴阳,阴中亦有阴阳。乾道成男,坤道成女。男虽属阳,而不可谓其无阴。女虽属阴,亦不可谓其无阳。人身、气属阳,而气有阴阳;血属阴,而血有阴阳。"(《语类》卷九十四)对立面中的一方又包含着对立的两个方面,由此构成了事物,蕴含着发展和变化。但是,朱熹的"一分为二"只适用于"气",并不适用于"理";他认为"理"和"太极"是事物的本体,是不可分的,这就破坏了"一分为二"方法统筹特殊性与普遍性的基础。

为了解决"理"、"太极"同具体事物的关系问题,朱熹提出了"理一分殊"的命题。他说:"本只是一太极,而万物各有禀受,又自各全具一太极尔。如月在天,只一而已,及散在江湖,则随处可见,不可谓月已分也。"(《语类》卷九十四)朱熹借助佛教"月印万川"的比喻来说明自己的"理一分殊"。在朱熹看来,宇宙整体有一个"理"或"太极",万物各自都有一个"理"。这种具体事物中的"理"并不分割宇宙的"理",而是每一件事物都包含一个完整的"理",就像天上只有一个月亮,而每条

河流分别印有一个月亮一样。然而朱熹所说的"理"或"太极",是先于宇宙万物并派生出了宇宙万物的。这样一来,每一具体事物和宇宙整体乃至和"理"和"太极"的关系就出现了障碍。由于"一分为二"不适用于"理",则"理一分殊"的"分"就不同于一分为二的"分",实际是"合"。其中的逻辑是自相矛盾的。若讲"理在气先",则这个"理一分殊"将如何实现具体事物所体现的"理在气中"? 若讲"理在气中",则这个"理一分殊"又如何回应整体的"理"是实在的(如月在天),而"分殊"的具体事物却是虚幻的(如水中之月)。总之,朱熹的"理一分殊"说,否认了事物及其矛盾的客观性和普遍性。其"一分为二"辩证思想最终被他所讲的"理"所窒息。

朱熹的另一个缺点,是看不到对立面的转化。他说:"一动一静,互为其根,命之所以流行而不已也。动而生阳,静而生阴,分阴分阳,两仪立焉,分之所以一定而不移也。"(《太极图说解》)在他看来,从自然界的天地上下四方,以及其所对应的人类社会的君臣父子,实质都是"定位不易"的。朱熹指出:"以静制动,理便是静底,事便是动底。"(《语类》卷六十七)这是对老庄思想的发挥,作为"理"的封建秩序是静,作为"气"的社会发展是动,"静为主而动为客"。朱熹这种形而上学的思想是"天不变道亦不变"思想的翻版。

三、"即物穷理"的认识论和"知先行后"的知行观

朱熹认识论的核心思想,是"即物穷理"。他说:"所谓致知在格物者,言欲致吾之知,在即物而穷其理也。盖人心之灵,莫不有知,而天下之物,莫不有理。于理有未穷,故其知有不尽也。是以大学始教,必使学者即凡天下之物,莫不因其已知之理而益穷之,以求至乎其极,至于用力之久。而一旦豁然贯通焉,则众物之表里精粗无不到,而吾心之全体大用无不明矣。"(《大学章句·补格物传》)这是朱熹及其集大成的程朱学派关于"格物致知"、"即物穷理"认识论思想的经典论述。这段论述包含以下几方面的内容:

第一,"人心之灵,莫不有知,而天下之物,莫不有理",朱熹把人心中天赋的知识和"即物穷理"的认识过程并排放在一起,共同指向了认识的目标和终点。反过来看,他又把天理和人心都当作认识的起点,认为认识的局限在于"人心之灵",被情感、物欲所蒙蔽。所以他说:"圣贤千言万语,只是教人明天理、灭人欲。"(《语类》卷十二)只有把蒙蔽天理的人欲去掉,才能使"人心之灵""复其初",才好去"即物穷理"。这是朱熹在认识起点问题上的混乱。

第二，通过"格物"来认识事物之理，既是穷"天理"又是"复其初"。这里又出现了理论混乱。首先，朱熹认为："格物者，格尽也，须是穷尽事物之理。"(《语类》卷十五)就是说，"格物"不是对部分事物的认识，而是使认识达到"极致"。这种"极致"，其实就是恢复"天理"和"人心"的先天一致。其次，朱熹又主张广见博闻，他说："如今人理会学，须是有见闻，岂能舍此？先是于见闻上做工夫，到然后脱贯通。"(《语类》卷九十八)"穷尽事物之理"和"于见闻上做工夫"的矛盾，正好揭示出朱熹在认识过程问题上的混乱。

第三，通过"用力之久"的"格物"，达到对天理的"豁然贯通"。朱熹一面讲认识的结果就是要达到"众物之表理精粗无不到，而吾心之全体大用无不明"；一面又讲："格物非欲穷尽天下之物，但于一事上穷尽，其他可以类推。"(《大学或问》卷二)抓住一事为典型，"推类以通之"，就能达到"脱然有悟处"。这种在经验论和唯理论之间的徘徊，体现了朱熹在认识结果和标准问题上的混乱。

其实，朱熹并不是真正在讲认识论问题。他的"格物致知"其实是为其先验的伦理目标服务的。朱熹说："学者工夫，唯居敬穷理二事，此二事互相发，能穷理则居敬工夫日益进，能居敬则穷理工夫日益密"；又说："涵养中自有穷理工夫，穷其所养之理；穷理中自有涵养工夫，养其所穷之理。"(《语类》卷九)在理学中，"致知"的过程实质是人自我修养的过程。朱熹的认识论的先验论也决定了他的知行观。在这里，合理的认识和错误的认识并存，依然存在着思想的混乱。首先，朱熹肯定了二程提出的"知先于行"的原则，他说："知之为先，行之为后，无可疑者"(《文集》卷四十二)，这是错误的。但他又说："知行常相须，如目无足不行，足无目不见。论先后，知为先，论轻重，行为重。"(《语类》卷九)指出，知和行二者应互相结合，没有知识指导的行动和没有行动意义的知识，都是不存在的。这中间又包含着正确的思想。

四、"天命之性"和"气质之性"的人性论和伦理观

朱熹继承并发展了二程的"性即理"及张载将人性分为"天命之性"和"气质之性"的思想。他说："所谓天命之与气质，亦相衮同。才有天命，便有气质，不能相离。若阙一，便生物不得。既有天命，须是有此气，方能承当得此理。若无此气，则此理如何顿放？"(《语类》卷四)

朱熹认为，天命之性和气质之性的关系与"理"和"气"的关系一样，是互相依存的；但从本质上讲，它们又有形而上和形而下的区别。"理"是完美的，体现在具体事物中也是完满的，直接体现"理"的"性"就是天命之性，是至善的。"气"有清

浊、昏明之别，所以气质之性有善恶之分。人性在"理"的层面是无差异的，人性的差异出在"气"有不同。他说："人之性皆善。然而有生下来善的，有生下来便恶的，此是气禀不同。"（《语类》卷四）这些理论是改头换面的天才论和先验论，其实践价值在于论证了封建等级制度的合理性。朱熹还论证了"性"与"心"不同："心"是具体的，"性"是抽象的；"心"能活动，"性"则不能。但是，只要人"心"活动，就可以推知在其性中存在着相应的"理"。朱熹提出这种"心"和"性"的差别，反映出他的"性即理"和陆王心学的"心即理"的分歧之所在。

朱熹在天命之性和气质之性的基础上，又把"心"相应区分为本体和作用两个方面。他把"心"的本体称为"道心"，"心"的作用叫作"人心"。"道心"和"人心"的区别又借用了形而上和形而下的差异。他说："道心是知觉得道理，人心是知觉得声色臭味。"（《语类》卷七十八）"道心"源于人的"性命之正"即"天命之性"。它所知觉的内容是理，首先是仁义礼智等道德规范，而"人心"来自于"形气之私"即"气质之性"。它所感知的是声色臭味等感官享受的事物，成为产生私欲的基础。由于人都是禀"气"而生成的，每个人又同时具有天命之性和气质之性的成分，而"道心"必须通过"人心"显示出来，所以上智之人也具有气质之性，不会没有"人心"，下愚之人也具备天命之性，不会没有"道心"。这样，朱熹便把"道心"和"人心"与天命之性和气质之性联系起来。"道心"是从纯粹的天命之性发出的，是至善的，"人心"是从气质之性来的，有善与不善。具有"道心"的圣人，能"专一"于天理，做到不被私欲所蒙蔽。其言行举止都符合于天理。有"人心"的人往往偏重于耳目之私，修养的关键在于使"人心"摆脱欲望之私，使"道心"由隐而显，使"人心"服从"道心"的支配。朱熹关于"道心"与"人心"、"天理"与"人欲"的区分不能说不详尽，但他把人的饥渴饮之类都说成是"生于形气之私"，认为它会"流于人欲"，从而断言，一切教育活动和道德修养的根本在于"存天理、灭人欲"。这种禁欲主义的思想极大地禁锢了人们的行为，成为封建统治者"以理杀人"的精神武器。

朱熹以"天理"为中心的哲学思想，在他死后不久被奉为正统，历时700多年。他的《四书集注》成了科举考试的标准答案。朱学成为统治阶级在上层建筑领域中实行政治文化专制主义的理论依据。它强化了"三纲五常"，对后期封建社会的稳定起到积极作用，但同时对社会的变革起到阻碍作用。

第五节 陆九渊的思想

陆九渊（公元1139—1193年），字子静，自号存斋，抚州金溪（今属江西）人。因讲学于江西贵溪象山，又号象山翁，学者称象山先生。他家兄弟6人，其四兄九韶、五兄九龄，都是著名的理学家。受家庭影响，陆九渊少时就养成了思辨的习惯，思想成熟得很早。他以儒家思想为主干，糅合禅宗的内容建构了一套心学体系。就广义而言，陆九渊的思想也属于理学，但他的心学与程朱理学是不一样的。其心学被明代的王守仁所发挥，世称陆王心学。陆九渊主张不立文字，反对著述立说，故只有少量诗文传世，后人辑成《象山先生全集》。

一、"心即理"的宇宙观

陆九渊以继承孟子的地位和思想自诩，推崇孟子"尽心"、"知性"的思想。他说："孟子没，吾道不得其传矣。而老氏之学始于周末，盛于汉，迨晋而衰矣。老氏衰而佛氏之学出焉，佛氏始于梁达摩，盛于唐，至今而衰矣。有大贤者出，吾道兴矣夫。"（《象山先生全集》卷三十五，下引《全集》只注卷数）陆九渊讲道统，除标榜自己的学说是儒学的正宗，还有和朱熹争论的需要。孟子的地位在北宋一直有争议。到了南宋，争论停了下来，孟子的地位被极大地抬高了。朱熹尊孟，陆九渊也尊孟；除要争正统外，还要争高低。

陆九渊十几岁的时候就形成了比较系统的唯心主义思想。他读书读到"四方上下曰宇、往来古今曰宙"时，忽然醒悟："宇宙内事乃己分内事，己分内事乃宇宙内事。"并信手写下："宇宙便是吾心，吾心即是宇宙。"（卷二十二）以后又推论说："东海有圣人出焉，此心同也，此理同也。西海有圣人出焉，此心同焉，此理同焉。南海、北海有圣人出焉，此心同也，此理同也。千百世之上有圣人出焉，此心同也，此理同也。千百世之下有圣人出焉，此心同也，此理同也。"（同上）陆九渊效仿孟子，他所说的"心"也是指仁、义、礼、智四善端，但是他的理论概括性更强，他用"心"来作为宇宙本体，从"心即理"出发建立了心学的思想体系。陆九渊说："心之体甚大，若能尽我之心，便与天同。"（卷三十五）他批评朱熹的"析心理为二"的观点，认为那是一种"糊涂"思想。他说："人皆有是心，心皆具是理，心即理也。"（卷十一）并从主观唯心论的角度发挥了孟子"万物皆备于我"的观点。他说："此心此理，我固有之，所谓'万物皆备于我'，昔之圣贤先得我心之同然者耳。"（卷一）外部世界只是此心的发散。"万物森然于方寸之间,满心而发,充塞宇宙,无非此理。"(卷三十四)陆九渊看出了朱熹思想中存在着"理"和"气"的二元论倾向,所以他讲"心即理"的时候非常强调心的唯一性。他说:"理乃天下之公理,心乃天下之同心";宇宙之理、古今之心都是同一的、绝对的。总之,他说的这个"心即理"具有超越时空的普适性。

二、反省内求、自存本心的认识论和道德观

陆九渊的认识论思想是主观唯心论的,但却说得简单明了。他反对朱熹那种"格物穷理"式的认识。既然"心即理也",那么,"苟此心之存,则此理自明"(卷三十四)。认识归根结底要回复自己的本心。认识的目的就是诗人合于自身善的本性。他说:"人性本善……其不善迁于物也。知物之为害而能自反则知善者,乃吾性之固有,循吾固有而进德,则沛然无他适矣。故曰:复,德之本也。知复则内外合矣。"(卷三十四)通过人事而实现认识者和认识对象的统一,其实是"知此理"、"知复"或"自反",亦即经过修养而复归自己的本心,恢复固有的德性,然后循心而行,使行为自然而然地符合善的本体。关于人性本善、因何会有贤愚及善恶之分的问题?陆九渊说:"仁义者,人之本心……愚不肖者不及焉,则蔽于物欲而失其本心;贤者、智者过之,则蔽于意见而失其本心。"(卷一)陆九渊把一般人和贤者、智者加以区别,认为一般人失却本心的原因在于有"物欲",而贤者和智者则主要被心中的意见所述惑。这种"意见"包括程朱的"格物穷理"、"居敬诚意"的修养方法。陆九渊认为,修养的要点在于教人解蔽去欲,正确的方法是"减"而不是"添"。在他看来,朱熹给很多经典作注,只是增加自己和别人的负担。他因此而提出自己带有禅宗色彩的格物论,指出:"圣人之言自明白,且如弟子入则孝,出则弟,是分明说与你入便孝、出便弟,何须得传注。学者疲精神于此,是以担子越重。到某里,只是与他减担,有此便是格物。"(卷二十五)所谓"减担子"就是消除心上的种种重负,使本心显露出来,只有这样,才能达到孟子"尽心、知性、知天"的境界。由此,陆九渊断言:"闻见愈杂,知识愈迷。"(卷三十二)又说:"高人不取物,下人取物,粘于物。"(卷三十五)因此,他反对感性经验,也无需书本知识,主张"安坐瞑目",达到"内无所累,外无所累,自然自在"(卷三十五)的境界。因此,当学生"问先生何不著书?"对曰:"六经注我,我注六经。"(《全集》卷三十四)又说:"学苟知本,六经皆我注脚。"(同上)可见,陆九渊的"致知"就是彻悟"本心",是一种"一是即皆是,一明即皆明"(卷三十五)的顿悟功夫。这种方法脱胎于禅宗"若识自性,一悟即至佛地"(《坛经》)。陆九渊认为,致知彻悟达到内外无所牵祟时,就能"无事时,只似一

个全无知无能的人,及至事方出来,又却似是无所不知无所不能之人"(卷三十五)。这就把外在的道德规范完全化为内在的本能了。

三、朱、陆争论及其实质

由于陆九渊在认识论和本体论上都与朱熹的观点相左,他们曾进行了多次辩论。公元1175年,吕祖谦约朱熹、陆九渊等人在信州的鹅湖寺集会,试图调和朱陆的分歧。会上,就治学方法展开了争论。陆九渊指责朱熹的"格物穷理"说"支离"烦琐,提倡简易、直捷"切己自反"的直觉方法;朱熹则攻击陆九渊的简易功夫近于"禅学",提倡"心即理呀"则是"天上地下,唯我独尊"。认识论上的分歧,又发展为关于本体论的争论。陆九渊等不同意朱熹"无极而太极"的提法,认为:"太极"是标志"心体"绝对性的最高范畴,"太极"就在心中。因此,有太极就足够了。强调"无极而太极",就是承认在心之外、心之上别有本体。由此认为,朱熹在"太极"之上外加"无极",就如"架屋下之屋",不仅是多余的,而且越说越令人糊涂。朱熹则认为"无极而太极"就是"无形而有理",如果不说无极,则太极就跟一般事物一样,不足以成为万物的根源,强调"无极"只是要说明本体是超时空的绝对本体。

朱陆的两次争论都不了了之。但争论中对有些问题的诘难是击中要害的。这对明清思想家对"理学"和"心学"进行批判改造有一定启发作用。但是,朱陆之争只是唯心主义内部的争论。无论是朱熹的思辨之理,还是陆九渊的本体之心,都是把某种先验的东西作为认识的源泉,二者都力图把仁、义、礼、智本体化、先验化。他们的目的都是为封建统治找理论根据。正如黄宗羲所说:"二先生同植纲常,共扶名教,同宗孔孟,即使意见终于不合,亦不过仁者见仁,智者见智。所谓学焉而得其性之所近,原无有害于圣人。"(《宋元学案》、《象山学案》)可见,他们的分歧是非原则性的分析。陆九渊的思想在宋代影响并不大,到了明代王守仁对其作了发挥,形成显赫一时的陆王心学。

第六节 王守仁的思想

王守仁(公元1472—1528年),字伯安,余姚(今属浙江)人,曾因触犯刘瑾被贬至贵州龙场,后官至南京兵部尚书,封新建伯,一生忠心效力于明王朝。他发展了陆九渊"心即理"的思想,是陆王心学的集大成者。因曾筑室故乡阳明洞,自号阳明子,后创办阳明书院,世称阳明先生。陆王心学虽未曾最终打破程朱理学的独尊局面,但在明中叶以后曾经风靡一时。王阳明的著作由门人辑成《王文成公全书》,其中的《传习录》和《大学问》是他的思想代表作。

一、"心外无物"、"心外无理"、"心外无事"

王守仁早年是朱熹客观唯心主义思想的信徒。他曾面对庭前的竹子认真尝试过朱熹"格物穷理"的功夫,结果自然是失败了。于是便怀疑朱熹学说。在被贬龙场的3年,经过深入思考,终于摒弃了朱熹"析心理为二"的思想,郑重宣言:"天下之物本无可格者,其格物之功,只在身心上做。"(《传习录》下)从此走上了心学的道路。王守仁之前,陈献章(白沙)(公元1428—1500年)主张"以虚为基本,以静为门户"(《明儒学案》),继承了陆九渊的思想,成为王学的先驱。但陈献章的思想远没有王守仁那样的深刻和精致。《明儒学案》说:"有明学术,白沙开其端,至姚江而始大明。"

王守仁的思想,远溯孟子的"万物皆备于我",近承陆九渊的"宇宙便是吾心,吾心即是宇宙",直截了当地提出了"心外无理,心外无事"的命题,把中国古代主观唯心主义思想发展到了最高的水平。后世无论是治唯心说,还是批唯心者,均不可绕开王守仁。在王守仁看来,程朱理学的本体论思想有一个大问题,那就是说不清"理"和"气"、"理"和"事"、"气"和"物"等关系,名为"理在气先",实为"理气纠缠",越说越烦琐,越说越糊涂。陆九渊发现了这个问题,他以"心即是理"的命题来纠正程朱。王守仁是充分肯定其思想方向的,但是,王守仁认为陆九渊的"心即是理"还不够彻底,因为只是这样讲,还没有突出"心"对于"理"及"事"的优先和主导地位。王守仁指出:"虚灵不昧,众理具而万事出,心外无理,心外无事。"(《传习录》上)"心"是包罗万象的,不仅具备"众理",而且万事万物都是依赖于心并存于心内的。身之主宰便是"心","心"之所发便是"意","意"之本体便是"知","意"之所在便是"物"……无心外之"理",无心外之"物"(《传习录》上,《王集》卷一)。

王阳明和他的学生曾有一段关于"岩中花树"的经典对话。"先生游南镇,一友指岩中花树问曰:'天下无心外之物,如此花在深山中自开自落,于我心亦何相关?'先生曰:'你未见此花时,此花与汝同归于寂,你来看此花时,则此花颜色一时明白起来,便知此花不在你心外。'"(《传习录》下)"寂",是佛家用语,这里是指两方面关系的模糊状态。从唯物主义的观点分析王守仁的逻辑,这个"寂",其实是他在回避"花和汝"、"物和心"事实关系的遁词。他认为,如果离开了个人的感觉和意识,花的存在、花的颜色都毫无价值。他说:"今看死的人,他这些精灵游散了,他的天地万物尚在何处?"(《传习录》下)因此断言天下无"心"外之"物"。这明显是在做诡辩:第一,他从认识的客观对象依赖于主体的认识活动出发,推论出物质世界依赖于人的意识,其前提是本末倒置的;其二,他把作为认识主体的人,等同于每个个体的人,这样混淆个别和一般的关系,必然走向唯我论。王守仁为什么要这样做呢?其实他真正要说的是:"人者,天地万物之心也;心者,天地万物之主也。心即天。言心,则天地万物皆举之矣。"(《答季明德》)

既然"心"是一切的主宰,那么不但"心"外无"物",也不存在"心"外之"理"、"心"外之"事"。他说:"夫物理不外于吾心,外吾心而求物理,无物理矣,遗物理而求吾心,吾心又何物耶?"(《传习录》中)他的学生徐爱说:"至善只求心,恐于天下事理,有不能尽。"他回答说:"心即理也,天下岂有心外之事、心外之理乎?"(《传习录》上)又说:"我的灵明,便是天地鬼神的主宰,天没有我的灵明,谁去仰他高,地没有我的灵明,谁去俯他深,鬼神没有我的灵明,谁去辩他吉凶灾祥,天地鬼神万物离却我的灵明,便没有天地鬼神万物了。"(《传习录》下)这样,"我的灵明"便成为唯一的存在,这是最纯粹的唯我论。

二、"致良知"和"知行合一"

王守仁在晚年用"致良知"三字来概括他的全部学说,这时他的思想已经成熟。用"致良知"作为本体,修正"心即理"的理论缺陷,全面深化"心外无物"的思想,标志着陆王心学体系的完成。

"致良知"是王守仁哲学的最高范畴和封建道德的最高修行方法。王守仁认为,"良知"是"心"的本体,是"与物无对"的本体。他说:"良知者,心之本体。"(《传习录》中)他用"良知"排除了"心"中可能蕴含的情感因素,对"心"作出了更加抽象的限定。他说:"良知是天理之昭明灵觉处,故良知即是天理,思是良知之发用。若是良知发用之思,则所思莫非天理矣。"(同上)这就是说,"良知"是对先天存在于人心中的"天理"的觉察和感知,如果人遵从自己的"良知"而展开思维,那么他思考的内容必定符合天理,而致良知就是止于至善。因此他说:"至善者,明德亲民之极则也。天命之性,粹然至善,其虚灵不昧者,此其至善之发见,是乃明德之本体,而即所谓良知者也。"(《大学问》)

在王守仁看来,既然"良知"是人心固有的先天道德标准,那么,判断事物的准则就应当依据自己的良知,而不是必须依赖朱熹乃至孔子的言论。他说:"尔那一点良知,是尔自家的准则。"又说:"夫学贵得之于心,求之于心而非也,虽其言之出于孔子,不敢以为是也,而况未及孔子者乎?求之于心而是也,虽其言之出于庸常,不敢以为非也,而况其出乎孔子者乎。"(《传习录》中)这种强调个体价值的理论,对程朱理学及孔孟思想具有重大的冲击力,也是王门后学走向异端的理论根据。

在王守仁看来,万事万物都只是"良知"的体现,因此人的一切认识活动就不必像程朱那样"博乎其外",而是要复归人心的本体。他反对程朱从外物上体认天理的认识论,并反对耳目见闻等感觉经验。他说:"良知之外更无知,致知之外更无学。外良知以求知者,邪妄之知矣;外致知以为学者,异端之学矣。"(《与马子莘》)这种思想比较程朱理学的"格物穷理",更加堵塞向外求知的通路、破坏科学发展的条件、瓦解人全面发展的基础,对中国社会产生了更坏的影响。

王守仁从"致良知"出发,也讲"致知在格物",但他的"格物"并非对客观事物的认识,而是另有一番解释。首先,从认识的主体和对象的关系看,他认为人的意识影响到什么,什么就是物,即他所说的"意之所在便是物"(《传习录》上)。他说:"故格物者,格其心之物也,格其意之物也,格其知之物也。正心者,正其物之心也;诚意者,诚其物之意也;致知者,致其物之知也。"(《传习录》)又说:"物即事也。如意用之于事亲,即事亲为一物。意用之于治民,即治民为一物。意用之于读书,即读书为一物。意用之于听讼,即听讼为一物。"(《传习录》)这就把人的认识对象完全限定在人的意识范围内。其次,从认识的过程及其功能看,他认为:"格者,正也。正其不正以归之于正之谓也。正其不正者,去恶之谓也。归于正者,为善之谓也。夫是之谓格。"(《大学问》)可见,他的"格物"就是除去内心私欲而回归善之本体。再次,从认识过程中"理"和"事"的关系看,他认为:"吾心之良知,即所谓天理也。致吾心良知之天理于事事物物,则事事物物皆得其理矣。致吾心之良知者,致知也。事事物物皆得其理者,格物也,是合心与理而为一者也。"(《传习录》下)他是要把"致良知"作为封建道德的最高修行方法,结合到事事物物的具体层面,成为人的行动指南。由此,王守仁提出"知行合一"说。

王守仁认为,程朱理学提出的"知先行后",使人"将知行分作二件去做,以为必先知了,然后能行。我如今且去讲习讨论做知的功夫,待知得真了,方去做行的功夫,故遂终身不行。亦遂终身不知,此不是小病痛,其来非一日矣,某今说个知行合一,正是对病之药。"(《传习录》上)王守仁认为,知行是不能分离的,他说:"某尝说知是行的主意,行是知的工夫。知是行之始,行是知之成。若会得时,只说一个知,已自有行在,只说一个行,已自有知在。"(同上)对"行"来说,"知"是主导,对"知"来说,"行"是表现,"行"以"知"为开始,"知"以"行"为完成,二者互相包含。这里面有一定合理因素,但王守仁的"知行合一",并不是知行的辩证统一,因为他强调的是"行"如何去符合"知"的规范。可见,这种"知行合一"实际上是用"知"

来包容"行"。他说:"《大学》指个真知行给人看。说如好好色,如恶恶臭,见好色属知,好好色属行。只见那好色时,已自好了,不是见了后,又立个心去好。闻恶臭属知,恶恶臭属行,只闻那恶臭时,已自恶了,不是闻了后,别立个心去恶。"(同上)这是说,看到美好的颜色是知,喜欢美好的颜色属行。当人们看到美色时,就已经喜欢了。可见,知就是行。由此,他断言:只要人心中有恶念就是恶行了。他进而指出"一念发动处就是行",这就完全把行纳入知的范畴。王守仁提出"知行合一"的目的,并不是为了让人去进行具体的实践活动,而是为了彻底清除潜伏在人心中的恶的念头,即对统治阶级的不满或反抗意识。他说:"我今说个知行合一,正要人晓得一念发动处,便即是行了。发动处有不善,就将这不善的念克倒了,须要彻根彻底。不使那一念不善潜伏在胸中,此是我立言宗旨。"(《传习录》下)这样,王守仁"知行合一"论的实质就一览无余了。

三、"至善者,心之本体"的人性论

从良知论出发,王守仁提出了自己的人性论。他的弟子把他的人性论概括为四句话:"无善无恶是心之体,有善有恶是意之动,知善知恶是良知,为善去恶是格物。"(同上)后人称之为"王门四句教"。在这里,心的本体是绝对的,不受善恶影响,没有善恶之分。人一旦有了意念活动,随即产生出善恶之别。致良知的本质就是知善知恶,致良知的表现就是扬善去恶。

王守仁认为,良知是人人相同的。他说:"良知良能,愚夫愚妇与圣人同。"(《传习录》中)但愚夫愚妇往往被私欲所牵引,使良知受蒙蔽或丧失。这种私欲就产生在由先天良知转化为人的意念之时。因此,要保有本心之良知,就必须在意念上下功夫,进行为善去恶的"格物","将好色、好货、好名等私欲逐一搜寻出来,定要拔去病根,永不复起"(同上)。但是,为善去恶的功夫只是对老百姓讲的,圣人则无此必要。因为"圣人之所以为圣人,只是其心纯乎天理,而无人欲之杂。"(同上)他认为造成圣人和凡人有差别的根本原因是"气质"不同。他说:"人之气质,清浊粹驳,有中人以上,有中人以下。"(同上)圣人的气质是清明纯粹,常人的气质则斑杂无常。因此,凡人要成为圣人,就必须下功夫除去人欲,犹如刮去镜面上的斑垢杂质一样,这个过程就是学习的过程。他说:"虽为凡人,而肯为学,使此心纯乎天理,则亦可为圣人……故曰人皆可以为尧舜……"(同上)王守仁既讲凡人与圣人相同,又讲二者不同,有自相矛盾之处。他讲圣人与凡人的不同,又鼓吹"人皆可以为尧舜",是要自上而下地去破除人民的"心中之贼",这是为统治阶级服务的。他讲在"良知良能"方面圣人与凡人无二,虽然是为了标榜心学"视天下犹一

家,中国犹一人"的亲民风格(《答顾东桥书》,《王集》卷二),却也包含着人与人平等的思想,在等级森严的明代社会无疑具有解放思想的作用,为明末清初的思想启蒙运动奠定了理论基础。

王守仁死后,他的思想分化成很多派。其中以泰州学派的王艮最为著名。王艮学从各个方面发挥了王守仁的思想,使王学成为明代一种普遍的社会思潮。王守仁哲学虽然是在反对程朱理学的基础上展开的,但他只是从另一个侧面来论证封建伦理的合理性,二者在根本上是一致的。

第七节 王廷相的思想

王廷相(公元1474—1544年),字子衡,号竣川,仪封(今河南兰考)人。他是明代中期重要的唯物主义思想家,反对理学的"好高迂腐",提倡实学,是明清实学的先驱。他一生著述宏富,编入《王氏家藏集》和《内台集》,主要哲学著作有《慎言》、《雅述》等。

一、"元气之上无物"的气本论

王廷相的思想,远承荀况、王充等人的唯物论思想,近接张载的气本论思想,自成一家,对于批判宋明理学世界观的理论基础,作用巨大。他说:"元气者,天地万物之宗统。有元气则有生,有生则道显。故气也者,道之体也;道也者,气之具也。"(《慎言·五行》)又说:"天地未判,元气含混,清虚无间,造化之元机也……元气感化,群象显设,天地万物之所由以生也。"(《慎言·道体》)王廷相认为,元气是宇宙万物的本源。理学家所说的"道",其实就是"气"。"道"是"气"运行的规律,也体现着"气"的客观性。人也是秉承元气而生成的,没有什么先于"气"存在的"道"和"理"。他说:"天地未生,只有元气,元气具,则造化人物之道理即此而在。故元气之上无物,无性,无理。"(《雅述》上篇)这种思想直截了当地指出了"气"是"万物所由以生"的根本原因,发展了张载的"知太虚即气、则无'无'"的思想,对于批判程朱理学"理在气先"的唯心主义本体论,有着巨大的理论意义。

王廷相还揭示了程朱理学唯心论的思想渊源。他指出:"世儒所谓理能生气,即老氏道生天地矣。谓'理'可离'气'而论,是形、性不相待而立,即佛氏山河大地为病而别有所谓真性矣。可乎不可乎?由是,本然之性超乎形气之外,太极为理而生动静阴阳,谬幽诬怪之论作矣。"(《慎言·道体》)既揭示了"理能生气"与佛、道思想的渊源关系,又指出了"理能生气"必然导致"太极为理而生动静阴阳"观点的错误性质。

王廷相认为"气"总是处在不断地变化之中,并阐明了"理"和"气"互相依存的辩证关系。他指出,朱熹主张"理"是亘古常存、永恒不变的观点,是错误的观点。他说:"元气即道体,有虚即有气,有气即有道。气有变化,是道有变化。气即道,道即气,不得以离合论者。或谓气有变,道一而不变,是道自道,气自气,歧然二物,非一贯之道也。"(同上)他指出,朱熹观点错误的根源,就在于认定"理"是"气"的本源,颠倒、割裂了"理"和"气"的关系,若"理"在"气"中,"理"自然随"气"而变化,一旦认定"理在气先","理"是"气"的本体,则必使"理"、"气""歧然二物",分裂成截然不同的两个东西,导致违反常识的错误。王廷相还指出:"气者,形之种,而形者气之化,一虚一实,皆气也。神者,形气之妙用。""夫神必籍形气而有者,无形气则神灭矣。"(《答何柏斋造化论》)由此重申了形具而神生,神依形而存的唯物主义形神观,继承了汉魏以来形神关系的唯物论思想传统。

二、"知行兼举"的认识论

王廷相继承了张载从外物到感觉的认识论思想,对认识论问题有一段系统的论述:"心者,栖神之舍。神者,知识之本。思者,神识之妙用也。自圣人以下必待此而后知。故神者在内之灵,见闻者在外之资。物理不见不闻,虽圣哲亦不能索而知之。使婴儿孩提之时,即闭之幽室,不接物焉,长而出之,则日用之物不能辨矣。而况天地之高远,鬼神之幽冥,天下古今事变,杳无端倪,可得而知乎?夫神性虽灵,必藉见闻,思虑而知,积知之久,以类贯通,而上天下地,入于至细至精,而无不达矣,虽至圣莫不由此……夫圣贤之所以为知者,不过思与见闻之会而已。"(《雅述》上篇)王廷相在这段论述中,阐述了认识论的三个问题:第一,肯定外部世界独立存在,"物"和"物理"在人之外。它们构成人的认识对象,然而它们和人的认识并不是一回事,二者有差异。第二,人虽有各种认识器官,具有各种认识能力,但如果不与认识对象接触,即使是圣哲也不能获得知识。人的认识要从接触外物、产生感觉开始。在认识中,外部事物和人的认识可以是统一的。第三,认识是"思与见闻之会",即为感性认识和理性认识的结合,两个方面不可偏废。他把认识看作一个起于"内外相须",再至"思与见闻之会"的过程。这种从感性认识和理性认识结合的高度阐明认识辩证过程的观点和方法,正是王廷相认识论思想的深刻之处。

王廷相阐述了认识的辩证过程,并据此批评了二程、朱熹等人提出的"德性之知"的先验主义认识论。他说:"世之儒者乃曰思虑见闻为有知,不足为知之至。

别出德性之知为无知,以为大知。嗟乎!其禅乎!不思甚矣。殊不知思与见闻必由吾心之神。此内外相须之自然也。德性之知其不为幽闭孩提者几稀矣,禅学之惑人每如此。"(同上)王廷相还批评了王守仁的良知说,指出:"婴儿在胞中,自能饮食。出胞时便能视听,此天性之知,神化之不容已者。自余因习而知,因悟而知,因过而知,因疑而知,皆人道之知也。父母兄弟之亲,亦积习捻熟然耳。"(同上)这就是说,人的知识,有的从直接学习得来,有的从总结经验教训得来,有的则从举一反三得来。总之,只能通过践行获得,而绝不是天赋的。

王廷相从拯救明王朝危机的目的出发,反对空谈性理的理学,提倡经世致用的实学。他认为,认识的目的全在于"明理躬身行之"(《慎言·见闻》)。据此,他提出了"知行兼举"的知行观,认为要获得真正的知识必须"知行兼举"。他说:"学之术有二,曰致知,曰履事,兼之者上也。察于圣途,谙于往范、博文之力也;练于群情,谙于事几,体事之功也。然而师心独见,暗与道合,亦有不博文者也。虽然,精于仁义之为术,优入尧舜之域,必知行兼举者能之矣。"(《慎言·小宗》)就是说,只有"于实践处用功,人事上体验",才能获得"真知"。王廷相根据"知行兼举"的原则,对程朱的"知先行后"和陆、王的"虚静以养心"、"知即是行"的知行观进行了批判,指出:"近世学者之弊有二,一则徒为泛然讲说,一则务为虚静以守其心,皆不于实践处用功,人事上体验。往往遇事之来,徒讲说者,多失时措之宜,盖事变无穷,讲论不能尽故也。徒守心者,茫无作用之妙,盖虚寂寡实,事机不能熟故也。"(《王氏家藏集·与薛君采》)程朱、陆王错误地认识和把握知行关系,自然无法获得能在实践中起作用的"有用之学"。但是,王廷相倡导的实学在明朝中后期毕竟没有程朱理学、陆王心学的影响大。他的呐喊并没有扭转明代知识分子空谈心性的思想颓势。待到明清之际启蒙思想家重提实学之时,天崩地解、改朝换代,而官吏和士子束手无策的事情已经发生了。

总之,王廷相是中国古代唯物主义思想家的重要代表之一。他的思想是由张载走向顾炎武、王夫之、颜元的重要环节。他独立于理学潮流,提倡经世致用之学,是一位勇于独立思考的思想家。

第九章 明清之际与清代的思想源流

明清之际,中国封建社会发生了"天崩地解"式的大动荡。农民革命不仅摧垮了一个封建王朝,而且动摇了作为封建统治思想的唯心主义理学的社会基础。这种社会状况反映在哲学战线上,则有王夫之、黄宗羲、颜元、戴震等人反对心理学唯心主义的斗争。以王夫之为代表的清代唯物主义思想家,围绕着"理"、"气"、"道"、"器"的自然观问题,元气自我运动发展的辩证法问题,以知行关系为核心的认识论问题,以及就"理欲这辨"展开的伦理、道德、政治、历史问题,对唯心主义理学进行了总结性的批判,在哲学的各个领域中都留下了宝贵的思想财富,使我国古代朴素唯物主义在清代发展到了最高阶段。

第一节 明清之际与清代社会状况和思想源流简说

清朝贵族入主中原后,面临着政治上、经济上远比自己先进的对手。为了实现并巩固自己的统治,在残酷进行武装镇压的同时,又严酷地钳制各种进步思想。他们不惜勾结入侵的西方资本主义势力,来实现自己的目的。这一时期的哲学家大都进行过武装抗清斗争,兵败后从事学术研究,猛烈抨击封建专制主义,阐发了早期的启蒙思想,把中国传统哲学推到了顶峰。

一、明清之际与清代的社会状况

1644年,腐败的朱明王朝被李自成、张献忠领导的农民起义推翻。但是,在清朝贵族和汉族地主阶级的联合镇压下,农民起义最终失败。清王朝在血泊中夺取了全国政权。清朝初年,各族人民的武装抗清斗争坚持了几十年,但在清军的残酷镇压下都失败了。随着清朝政权的巩固,全国的土地和财富日益被少数贵族、官僚和大地主所垄断,两极分化十分严重,加上官场腐败,赋役繁苛,各族人民生活困苦不堪,激起了广大人民的反抗。新的农民起义正在孕育之中,清朝社会隐伏着严重的危机。由于明末战乱和清初统治者的压榨,使一些地区已经出现的资本主义萌芽遭到破坏。康熙后期,特别是乾隆、嘉庆时期出现了所谓"太平盛世",随着政局稳定和经济发展,商业和手工业中的资本主义因素又逐步恢复,并超过了明代。清代,我国在地域、人口、经济、文化、科技等方面都有了超过前代的发展。但是,此时欧洲已处于资本主义的早期,封建的中国已经失去了昔日的领先地位,逐步转为落后。清王朝害怕社会进步会动摇其统治根基,加强了专制统治,大兴文字狱,围剿进步思想,实行闭关锁国,压制工商业发展,使本来就脆弱的资本主义萌芽不可能独立发展,使社会愈益没落、腐朽,乾、嘉以后更是江河日下,各种矛盾充分暴露。19 世纪中叶,面对西方资本主义的侵略,清朝政府实行卖国投降政策,勾结列强,镇压革命,妄图苟延残喘,使中国很快沦为半封建、半殖民地社会。明清之际,由于农业和手工业的进步,自然科学有了新的发展。宋应星的《天工开物》、李时珍的《本草纲目》、徐光启的《农政全书》,代表了明末自然科学的水平。方以智的《物理小识》,对天文、地理、数学等"质测之学"作了介绍。焦循的《里堂学算记》,在我国古代数学史上具有重要地位。清代对中国古代文化典籍的整理发掘工作,取得了超过前人的成就,产生了一批著名学者。一些西方技术和思想也陆续传入中国,虽然其中带有宗教唯心主义的糟粕,但却开阔了国人的眼界,客观上有利于我国科技文化的发展。

清代阶级斗争、社会生产和自然科学的发展,推动了哲学思想的发展,特别是推动了唯物主义哲学的发展。

二、明清之际与清代思想源流简说

清代前期产生了一批具有重要影响的思想家。他们大都受过明清之际社会剧烈动荡的直接影响。明朝的灭亡,抗清斗争的失败,清廷的高压政策,强烈地刺激了他们。经历了农民革命和清朝入侵的双重打击,一些汉族知识分子对宋明以来占统治地位的理学唯心主义,产生了怀疑,进而作了程度不同的批判,发展了唯物主义哲学。他们中的一些人带着明亡的切肤之痛,总结前朝的政治得失,清算以往的学术思想,希望从中找出明朝灭亡的原因。他们力倡"经世致用"的实学,并在较深层次上揭露、批判了封建专制主义。清代科技文化的进步,工商业的发展和市民阶层的出现,在一些思想家的思想中得到了反映。本节只对方以智、顾炎武、颜元的哲学思想作一简要介绍,其他重要哲学家黄宗羲、王夫之、戴震,将有专节介绍。

● 方以智(公元 1611—1671 年),字密之,号曼之,桐城(今属安徽)人,早年参加"复社",后任翰林院检讨。明亡后颠沛流离,始终不与清廷合作,晚年出家为僧。他学识渊博,著述宏丰,主要哲学著作有《物理小识》、《东西均》等。方以智的哲学体系,很像他曲折坎坷的经历,既庞杂又多变,既有唯物论和辩证法的精论,又有唯心论和形而上学的杂质;战斗和妥协、科学和迷信交织在一起。他早年曾有水滋生万物,火推动万物的思想,指出:"火与气一也","凡运动皆火之为也,神之属也;凡滋生皆水之为也,精之属也。"(《物理小识》卷一)这虽混淆了具体物质和物质一般的区别,却闪烁着朴素唯物主义的思想光芒。他晚年学佛后,又宣扬"离物无心,离心无物"(《东西均·三征》)的二元论,并最终转向"所以为气,呼之曰心"(同上《尽心》)的主观唯心主义。这种矛盾也反映在他的方法论中。他说:"一切法皆偶也。"(《药地炮庄》)又说:"尽天地古今皆二也"(《东西均·容遁》),看到了矛盾的普遍性。然而,他又认为事物是"无二无别"(同上)的,宣扬超越差异和矛盾的绝对同一。这既反映了当时的社会矛盾,也反映了知识分子思想中的矛盾,在当时是很有代表性的。方以智在哲学上的突出贡献,是指出了哲学应建立在自然科学的基础之上。他称传入中国的西方实证科学为"质测",称哲学为"通几",认为"或质测,或通几,不相坏也"(《物理小识·总论》),指明了哲学和自然科学的一致性。又说:"质测即藏通几者也"(同上),强调哲学思想存在于具体科学之中。方以智不仅研究国故历史、辞章考掘,还广泛涉猎天文地理、鸟兽草木、医药饮食等自然科学知识。他认为,人不仅要学习"立文字"的知识,更要学习"不立文字"的知识。指出:"真不立文字者乃真读书,真读书乃能真不立文字。"(《东西均·不立文字》)他主张以大自然为老师并把这种方法提到认识论的高度,提出"贵质测,征者确然者"(《物理小识·编录缘起》),强调哲学要由自然科学来证明。这个思想是很深刻的。方以智重视自然知识的思想,和他早年与西方传教士的接触分不开。他不迷信西人西学,在消化吸收西方某些科学思想的同时,又坚决反对基督教的上帝创世说和他心说,但因阶级和历史的局限,加上传入中国的西学本身已落后于当时的西方社会,其据此作出的某些判断难免会有偏差。如,他认为西人"详于质测而拙于通几"(同上,《总论》),就有一定的片面性。尽管方以智这个思想和晚晴洋务派的"中体西用"不同,但他对西学的评价和事实的差距,毕竟反映出当时中国和西方资本主义国家之间正在日益拉开的历史距离。

● 顾炎武(公元1613—1682年),字宁人,学者称亭林先生,吴郡昆山(今属江苏)人,早年加入"复社",反对宦官权贵。清兵入关后,曾参加武装抗清;失败后,奔走于大江南北,联络同道,以图复明。一生著述甚丰,代表作有《日知录》等。哲学上,他受张载"太虚即气"的影响,提出"盈天地之间者皆气也"的命题,并概括出唯物、唯变的思想。他指出:气"聚而有体谓之物,散而无形谓之变,唯物也,故散必于其所聚,唯变也,故聚不必于其所散,是故聚以气聚,散以气散。"(《日知录》卷一)肯定"气"是物质性的实体,世界万物的存亡皆由"气"之聚散而成。在道器问题上,顾炎武指出:"非器则道无所寓。"(同上)抽象的"道"存在于具体有形的事物"器"之中。可见,顾炎武在自然观上的基本倾向是唯物主义的。在认识论上,他倡行"下学而上达",即通过考察实际的有形的具体事物,以贯通具体事物中的道理和原则。这里,他已接触到了感性认识与理性认识的关系问题。他力倡"修己治人之实学",主张"六经之旨"要与"当世之务"相结合,并认为学问应成为"国家治乱之源,生民根本之计"(《与黄宗羲书》)。他指责当时空谈良知心性的学风,认为宋明理学已堕为禅学,指出:"古之所谓理学,经学也。""今之所谓理学,禅学也。"(《与施愚山书》)在政治上,顾炎武是个爱国主义者。后人将他提出的"保天下者,匹夫之贱,与有责焉耳矣"(《日知录》卷十三),提炼为"天下兴亡,匹夫有责",成为爱国主义者的座右铭。顾炎武富有民主主义的启蒙精神。他提出"天子与公侯伯子男一也",皇帝不应至高无上。他与公侯伯子男只有地位高低之分。他主张"以天下之权,寄天下之人"(同上,卷七)。要求君主分权而治。他提出"自私自为"的主张,认为:"天下之人各怀其家,各私其子,其常情也。"(《亭林文集》卷一)这些带有时代气息的思想,反映了处于萌芽状态的市民阶层的要求,包含着符合历史潮流的进步因素。当然,由于阶级和历史的局限,他没能摆脱"法古用复"、"则古称先"的旧框框。其历史观仍是唯心主义的。

● 颜元(公元1634—1704年),字易直,号习斋,博野(今属河北)人。他的著作连同其学生李塨的著作,由后人合编为《颜李丛书》,主要著作有《四存编》、《四书正误》、《朱子语类评》等。颜元在自然观上坚持唯物主义的理气统一论,反对程朱学派鼓吹的"理在气先"说,指出:"为寒热风雨生成万物者,气也"(《颜习斋先生言行录》)。"气"是生成万物的本原,它与"理"(规律)是不可分离的。他说:"气即理之气,理即气之理"(《存性编》卷一),绝不能把"理"和"气"当成两种东西而分开,说明他已直觉到物质、运动及其规律的内在联系。颜元反对程朱学派制造的"义理之性"和"气质之性"的对立,指出:"若无气质,理将安附"(同上),批判锋芒直指"存天理,灭人欲"的谬论。这在大兴文字狱的当时是十分可贵的。

在认识论上,颜元从"理在气中"的思想出发,指出"迨见理于事,则已彻上彻下矣"(同上,卷二)。只有通过具体事物去认识"理"、"气"才是彻底的认识。据此,他建构了注重"习行"的认识论。指出:"知无体,以物为体"、"人目虽明,非视黑视白,明无由用也,人心虽灵,非玩东玩西,灵无由施也。"(《四书正误》卷一)认识必须以客观对象为依据,否则感觉和思维都无从严生,也就没有认识。这既坚持了反映论,又批判了程朱、陆王的先验论。颜元对"格物"做了新的解释,指出:"格物,谓犯手做其事"(《颜习斋先生言行录》卷上),就是亲自动手做实事,近于今人所说的实践。这种对"格物"的唯物主义解释,表明他已看到主体对客体具有能动性。他举例说:你要知道蔬菜的味道,就要亲口尝一尝;你要懂得医道,就要从事诊脉、制药、针灸、摩砭等医疗活动。颜元反对脱离实际死啃书本,指出:"读书无他道,只要在行字上著力。"(同上)他痛斥理学家们率天下人故纸堆中,耗尽身心气力,成为病弱无用之人,发出了"浮屠之祸,甚于焚坑"(《存学编》卷一)的呐喊。他主张"别创一派",以清算空疏无用之学。他提倡"经济实用"的"实学",指出:"救弊之道,在实学,不在空言。"(同上)只有实学,才能达到富强天下之目的。因此,他十分重视"习行"在认识中的作用,指出:"讲之功有限,习之功无已。"他主张"身实学之,身实习之"(同上)。很明显,这里包含着实践高于理论的思想萌芽。但是,颜元所说的"习行"并不是社会实践。他并不了解"认识"对"社会实践"的依赖关系;在强调直接经验的作用时,轻视间接经验、贬低书本知识。这些就是颜元哲学思想的主要局限。

第二节 黄宗羲的思想

黄宗羲(公元1610—1695年),字太冲,号南雷,学者称梨洲先生,余姚(今属浙江)人。自幼深受东林党人影响,积极参加反对阉党的政治斗争。明亡后,他招募义兵进行武装抗清,失败后隐居著书。主要著作有《明夷待访录》、《孟子师说》、《明儒学案》、《宋元学案》等。

一、"气外无理"和"心即是气"的思想

"理气"、"心性"的性质及其关系,是宋明以来唯物主义和唯心主义争论的重要问题。黄宗羲在"理气"关系上继承了张载、王廷相的唯物主义传统。他的自然观是以"气本论"为基础的。他说:"天地之间只有一气充周,生人、生物,人禀气以生。"(《孟子师说》卷二)宇宙由物质元气构成,世界万物统一于"气";"气"是无限的、永恒的,即使"空虚",其实也是"气"。他说:"盈宇宙间一气也。即使天地混沌人物消尽,只一空虚,亦属气耳。此至真之气本无终始,不可以先后天言。"(《明儒学案》卷二十)物质之气在空间上没有边际,在时间上没有始终,没有先天和后天之分。这是对程朱理气二元论的批判。程朱学派宜扬"理"和"气"都是世界的本

原,但是"理在气先"、"理能生气"。黄宗羲认为,没有先于"气"独立存在的"理"。他访问道:"若谓别有先天在形气之外,不知此理安顿何处?"(同上,卷二十二)可见,理气二元论必然把客观世界说成虚幻不实,否认"气"和"理"的客观性,从而导致和佛教唯心主义一样的错误结论。这一论断是击中要害的。程朱学派犯这一错误的原因,是把"理"当成物质实体。黄宗羲说:"宋儒言理能生气,亦只误认理为一物。"(同上,卷五十)事实上,"天地之间只有气,更无理,所谓理者,以气自有条理,故立此名耳"。他认为"理"和"气"是"一物而两名,非两物而一体也"。人们用"气"来表示物质及其运动,故"自其浮沉升降者而言,则谓之气";用"理"来表示物质运动规律,故"自其浮沉升降不失其则者而言,则谓之理"(同上)。黄宗羲强调只有"气"是唯一的物质实体,"理"只是这一实体中的条理、规则。他的结论是:"理为气之理,无气则无理"(同上,卷九)。这就在理气问题上批判了唯心主义,坚持了唯物主义。

但是,黄宗羲并没有把这一思想贯穿到底,在解释心性问题时又陷入了唯心主义。他说:"盈天地皆心也,变化不测,不能不万殊。心无本体,功夫所至,即其本体。故穷理者,穷此心之万殊,非穷万物之万殊也。"(同上,《自序》)在这里,他把"心"和"气"并列起来,认为世界既是"气"的,又是"心"的,他虽说"心"本身不是本体,但又说"心"的功能是本体。这种功能发挥出来就是世界上的万事万物。认识的任务不在于认识各种客观事物及其规律,而是认识"心"的各种变化。这样,黄宗羲又否定了世界的客观性,陷入了"心外无物"的主观唯心主义。黄宗羲很欣赏陆九渊、王守仁的"心即理"的命题,并宣扬"心即气"说,阐发了心学的主观唯心主义思想。他说:"人禀是气以生,心即气之灵处,理不可见,见之于气。性不可见,见之于心。心即气也。"(同上,卷二)"心"是"气"的"灵处",即认识作用。这里,黄宗羲把"理"和"气"、"性"和"心"对应起来。如果他仅仅用"理"是"气"的条理、规则来论证"性"是"心"的条理、规则,从而得出"心即气"的结论,那只是犯了把精神混同于物质这一古代朴素唯物主义者常犯的错误,但是,他却把气的"灵处"无限夸大,说:"气未有不灵者,气之行处皆是心,不仅腔子内始是心也,即脏子内亦未始不是气耳。"(同上,卷七)黄宗羲的"气之灵处"和王守仁的"心的灵明",都是主宰宇宙万物的主观精神。陆王讲"心即理",是说"心"外无"理",黄宗羲讲"心即气",是说"心"外无"气",都把物质世界看成主观精神的产物。

黄宗羲所以在本体论上动摇于唯物主义和唯心主义之间,并且最终陷于唯心主义,除其他原因之外,和他与陆王心学的师承关系是分不开的。由于坚持陆王心学的门户之见,使他对理学唯心主义的批判并不彻底。此外,黄宗羲企图从心学的立场出发,调和理气、心性关系中唯物主义与唯心主义的矛盾,这也是造成其理论失误的重要原因。

黄宗羲在方法论与认识论方面的思想,和在本体论中一样,也是充满矛盾的。黄宗羲在方法论方面,既存在形而上学的缺陷,也有不少可贵的辩证法思想。例如,程朱学派认为,以仁、义、礼、智为内涵的"天理"是永恒不变的,它永远主宰着人类世界和整个宇宙。黄宗羲从"理为气之理"的前提出发,认为就整个宇宙的存在而言,是"气无穷尽,理无穷尽",就宇宙的发展而言,是"日新不已,不以已往之气为方来之气,亦不以已往之理为方来之理"(同上)。"理"与"气"一样,都是"日新不已"的,随着事物的变化必然会随之产生新的"理",所以不能"以已往之理为方来之理"。总之,程朱的"已往之理",已不适用于明末清初"天崩地解"式的社会现实。这些都反映了黄宗羲可贵的辩证法思想,是他全部思想中的合理因素。黄宗羲在认识论方面,既存在唯心主义先验论的错误,也有一些合理的思想。如他所说:"穷天地万物之理,即在吾心之中。"(同上,《序言》)但是在知识来源上,他认为"耳主于听,目主于视,皆不离事上"。在知行关系上,他力倡"学贵践履"、"学贵适用"、"经术所以经世"、以"实践为主",认为"学问之道,以各人自用得著者为真"、"大者以治天下,小者以为民用"等。他的《明夷待访录》,就是这种经世致用精神的集中体现。

二、"君臣共治"、"工商皆本"的启蒙思想

黄宗羲在中国思想史上的地位,主要表现在他提出了超出前人的启蒙主义思想。这些思想集中表现在《明夷待访录》中。其主要内容是:

第一,对封建专制主义君权论的系统批判。在《原君》、《原臣》等篇中,黄宗羲对封建制度进行了系统的批判。指出:"为天下之大害者,君而已矣。"因为封建君主"以为天下利害之权皆出于我,我以天下之利尽归于己,以天下之害尽归于人,亦无不可,使天下之人不敢自私,不敢自利,以我之大私为天下之大公。"君主为了满足自己的"大私","其未得之也,荼毒天下之肝脑,离散天下之子女,以博我一人之产业,曾不惨然,曰:'我固为子孙创业也。'其既得之也,敲剥天下之骨髓,离散天下之子女,以奉我一人之淫乐,视为当然,曰:'此我产业之花息也。'"在这里,黄宗羲紧紧抓住君主"以我之大私为天下之大公"这个要害,揭露了封建君主剥削压迫的残酷本质。由此出发,对官僚制度、封建法制、土地制度、财税制度等进行了全面的揭露和批判,有力地证明封建制度是个使"天下之无地而得安宁"的罪恶制度。因此,黄宗羲坚决反对理学家们"君臣之义无所逃于天地之间"的说教,认为"今也

天下之人怨恶其君,视之如寇仇,名之为独夫,固其所也"。他大声疾呼:"岂天地之大,于兆人万姓之中,独私其一人一姓乎!"这里,黄宗羲实际上是在呼唤反封建的革命。在现实政治中,"臣"只是君的爪牙。黄宗羲把这种"出而仕于君也,不以天下为事"的人臣称为"君之仆妾"。他们和君主一样把人民视为马牛,只知效忠于君主一姓,对人民搞"治之牧之之术"。只要能保住自己的乌纱帽,即便是"四方之劳忧,民生之憔悴",也视为"纤芥之疾"。黄宗羲对"臣"的评价,也是对明末清初封建官僚队伍的揭露。他反对君主把天下看作"囊中之私物"。他理想中的政治制度是"君臣共治",认为只要以天下为己任,君臣可能建立起"师友"关系。他说:"天下之大,非一人之所治,非一人之所能治,而分治之以群工。故我之出而仕也,为天下,非为一姓也。"他认为君臣可以联合起来,分工治理天下。这虽然仍是一种空想,但深刻批判了"唯以一人治天下,岂为天下奉一人"的帝王独裁思想。他提出的为臣的目的"不在一姓之兴亡,而在万民之忧乐"的思想,更是具有进步意义。他认为,治天下好比君臣一起拉大木头,只有配合得当才能顺利前进。他说:"岂知臣与君,名异而实同耶。"君与臣的名分虽不同而地位却应是平等的。他反对臣是"为君而设",更反对臣应"杀其身以事其君"的传统道德。这是对"君为臣纲"的积极否定。

第二,对民主主义政治法律思想的阐发。黄宗羲提出这一思想的基本前提,是"以天下为主,君为客,凡君之所毕世而经营者,为天下也"。(《原君》)这里的"天下"即"兆人万姓"的人民,"天下为主"即以人民为主。"君"应"不以一己之利为利,而使天下受其利"(同上)。"臣"之"出而仕也,为天下,非为君也"。(《原臣》)可见,君臣都应是万民之公仆。这是一种民主主义的政治主张。由此出发,黄宗羲主张废除专制主义的"一家之法",而代之以"天下之法"。他指出,君主因为害怕自己的统治"祚命之不长,子孙之不保",炮制了"一家之法"。"一家之法"危害天下万民,实际是"非法之法",必须废除。只有这样,才能建立起"天下之法",以保护人民"各得其私,各得其利",使"贵不在朝廷也,贱不在草莽也"(《原法》)。可见,这种"天下之法"的基本要求是保护私有财产和法律上的平等。在《学校》篇中,黄宗羲提出了近似议会政治的设想,认为学校不仅是为了"养士",还应成为"公其是非"的机关。在封建社会里,"天下之是非一出于朝廷。天子荣之,则群趋以为是,天子辱之,则群擿以为非"。事实上,"天子之所是,未必是,天子之所非,未必非"。只有"公其非是于学校","必使治天下之具皆出于学校",使"在朝廷者,以其所非是为非是",才能发扬正气,做到"君安而国可保"。总之,学校应成为议论"天下之是非"的机关,朝廷应根据学校评定的是非为准则。这样的学校,和西方资本主义的议会有相近之处。

第三，提出了要求发展资本主义的经济思想。黄宗羲谴责明代的土地和租税制度是"乱世苟且之术"(《田制》一)，"是有天下者之以斯民为仇也"(《田制》三)。他主张"每户授田五十亩"，全国授田多余者，"以听富民之所占"(《田制》二)。赋税则"授田于民，以什一为则，未授之田，以二十一为则；其户口则以为出兵养兵之赋，国用自无不足，又何事于暴税乎！"(《田制》三)只有这样，才能"遂民之生，使其繁庶"(《田制》二)。对于工商业，黄宗羲一反农本商末的传统思想，提出了工商皆本的观点。指出："世儒不察，以工商为末，妄议抑之，夫工固圣王之所欲来，商又使其愿出于途者，盖皆本也。"(《财计》三)。在流通和货币问题上，黄宗羲主张"使封域之内常有千万财用流转无穷，此久远之利也"(《财计》二)。他反对封建统治者"尽敛天下之金银"，不让其"往而复还"的做法，主张以铜钱作为统一货币，"铸钱以通有无"，"使货物之衡尽归于钱"，"除田土赋粟帛外，凡盐酒徵榷，一切以钱为税"(同上)。他反对政府利用政治特权没有准备金而滥发纸币，认为不可"罔民而收其利"(《财计》一)，而主张发行"钞与钱货不可相离"(《财计》二)的纸币。这种统一货币使"千万财用流转无穷"的观点，是很接近近代资本主义经济思想的。

总之，《明夷待坊录》对封建制度的抨击和对民主主义的阐发，给处在"天崩也解"形势下寻找出路的先进思想家以极大振奋。顾炎武在读了此书后断言："百王之敝可以复起，而三代之盛可以徐还。"(《明夷待访录·顾宁人书》)，梁启超、谭嗣同等人在倡民权共和说时，将其书节钞，印数万本，秘密散布，推进了晚清思想骤变之势。于中可见《明夷待访录》及其作者黄宗羲，在中国思想史上所具有的划时代意义和不朽地位。

第三节　王夫之的思想

王夫之(公元1619—1692年)，字而农，号薑斋。衡阳(今湖南)人。晚年居衡阳石船山，学者称船山先生。清兵入关后，在人民抗清斗争推动下，他举兵抗清，但拒绝与张献忠的农民起义军合作，孤军作战，不久失败。后在湘西山洞里著书立说，在十分艰苦的条件下，以40年的努力著书100多种、400多卷，主要哲学著作有《张子正蒙注》、《周易外传》、《老子衍》、《尚书引义》、《读四书大全说》、《思问录》等。他对以往的哲学思想采取了"入其垒，袭其辙，暴其恃，而见其瑕"(《老子行·自序》)的方法，建立了自己的朴素唯物主义和辩证法思想体系，把中国古代唯物主义思想推向顶峰。

一、"理依于气"、"太虚一实"的宇宙观

王夫之继承张载"虚空即气"的观点,指出:"凡虚空,皆气也。""阴阳二气充满太虚","人之所见为太虚者,气也,非虚也。虚涵气,气充虚,无有所谓'无'者。"(《张子正蒙注·太和》)批判了释、道以"无"为本的观点,肯定"气"是一种希微不可见的物质实体,是世界万物的本原。"气聚则显,显则人谓之'有',散则隐,隐则人谓之'无'。"(同上)那么,作为世界本原的"气",与"理"的关系怎么样呢?王夫之认为,理气是统一的,"气"是世界的物质本体,"理"是气本身的规律。他说:"两间无离气之理","理不是一物,与气为两……理只在气上见,其一阴一阳,多少分合,主持调剂者即理也,凡气皆有理在。"(《读四书大全说》卷五)"理"是"气"的规律,有"气"就有"理","理"和"气"一样是普遍存在的。但是,"理"的普遍性只能通过"气"的物质性来体现。在宇宙构成上,"理"绝不能作为本体与"气"并存。他强调说:"气者,理之依也。"(《思问录·内篇》)"气"是第一性的,"理"统一于"气"。

在道器关系上,王夫之进一步阐发了"天下惟器"的唯物主义思想。他说:"盈天地之间,皆器矣。"(《周易外传》卷五)所谓"器",就是各种具体的实物。宇宙中实际存在的无一不是具体的实物。他又说:"道者器之道,器者不可谓之道之器也。"(同上)所谓"道",就是具体事物的规律。它只能存在于具体事物之中,"据器而道存,离器而道毁"(同上,卷二),绝不能本末倒置。他举例说:"未有弓矢而无射道,未有车马而无御道,未有牢醴璧币、钟磬管弦而无礼乐之道。则未有子无父道,未有弟无兄道。道之可有而且无者多矣。"王夫之所举的这些事实中贯穿着一个基本思想:无其器则无其道;"一般"只能存在于"个别"之中。进而,他对传统的"形而上者谓之道,形而下者谓之器"的命题,作了唯物主义解释,指出"形而上"和"形而下"是"一般"和"个别"的关系。他说:"道者,物所众著而共繇者也。"(同上)"道"是事物的普遍规律,即是"一般"。但是,"道"并不像朱熹所说是"无形无影"的形而上,"道"只能存在于有形的、具体的"器"中,"器"即是"个别"。说到底,"器"和"形"是根本。"器而后有形,形而后有上"(同上)。"道"不能脱离"器"而存在,"一般"不能脱离"个别"而存在。王夫之"天下惟器"的思想,有力地批判了程朱学派"悬道于气外"的唯心主义观点,是对中国古代朴素唯物主义的发展。

王夫之认为,"气"是不生不灭的,把物质的永恒性作为自己自然观的重要内容。他认为"气"处在不断变化中,"聚而成形,散而归于太虚,气犹是气也"(《张子

正蒙注·太和》)。"运动"只能改变"气"的存在形式,却不能消灭"气"本身。他举例说:"车薪之火,一烈已尽,而为炎,为烟,为烬,木者仍为木,水者仍为水,土者仍归土,特希微而人不见尔。"事物变化时总量不变,一物减少即他物自多,木柴燃尽转化成了其他形式的存在,只是这些变化形式"希微",人们看不见。又如,水银也是这样:"见火则飞,不知何往?而究归于地。"(《俟解》)像木柴、水银这类有形的东西尚且不会因运动而消灭,何况"气"呢?王夫之指出,道教宣扬"以无为本"、佛教宣扬"虚净本体化生万物",都是异端邪说。他要用唯物主义"僻佛老而正人心"。王夫之说:气"聚散变化,而其本体不为之损益";这是因为,"气"是宇宙的物质本体。它的本然之状就是实有。它自己运动,用不着外来的主宰。他反问说:"傥如散尽无余之说,则此太极浑沦之内,何处为其禽受消归之府乎?又云造化日新而不用其故,则此太虚之内,亦何从而得此无尽之储,以终古趋于不匮耶?"(《张子正蒙住·太和》)意思是说,如果宇宙能创造,创造者所用之物何来?如果宇宙能消灭,消灭者所灭之物何去?这是对张载物质不灭学说的发展,揭示出佛道唯心主义是理学唯心主义的思想渊源。

　　王夫之还直觉到世界是多样性的统一,努力避免把"气"说成某种具体的物质形态。张载等曾把"气"比喻成升降飞扬的游气野马,其物质抽象的认识尚未摆脱直观性。为了克服这一缺陷,王夫之从《中庸》中取出了"诚"这一范畴,并做了唯物主义的解释。他说:"夫诚者,实有者也。"(《尚书引义》卷三)把"诚"改造为标志"实有"的唯物主义范畴。又说:"实有者,天下之公有,有目所共见,有耳所共闻也。"(同上)"实有"就是人们都能够感受到的客观世界及其规律,天下各种形式的事物,都统一于这个"公有",即"实有"。王夫之指出"诚"所标志的"实有"是宇宙的根本,"说到一个诚字,是极顶字,更无一字可以代释"(《读四书大全说》卷九)。他把"诚"作为标志客观"实有"的最高范畴,以揭示客观世界最本质的属性。

　　王夫之的唯物主义思想体系代表着我国古代朴素唯物主义哲学的最高成就。但是,由于历史的和阶级的局限,他的唯物主义还是不彻底的。当他把"理"作为封建伦理道德的普遍依据时,又陷入唯心主义。这是一切旧唯物主义者的必然归宿。

二、"太虚本动"、"气化日新"的辩证法

　　王夫之哲学的最大贡献,在于他研究《易》理、改造老庄、发展张载的辩证法思想,在对当时自然科学新成果,特别是对当时社会矛盾进行哲学概括的基础上,把中国古代朴素的唯物辩证法思想推向高峰。

第一,"动静皆动"、"天地之化日新"的变化观。王夫之指出:"太虚者,本动也。动以入动,不息不滞。"(《周易外传》卷六)物质与运动不可分割,运动是物质的固有属性,世界上不存在没有物质的运动。他说:"动静者乃阴阳之动静也。"(《张子正蒙注·大易》)"运动"是阴阳两种物质之"气"的运动,绝对不能把物质和运动割裂开来。据此,他批驳了周敦颐宣扬的"太极动而生阳,静而生阴"《太极图说》),认为这种离开物质奢谈运动的理论,只能是唯心主义的妄说。王夫之说:"太极动而生阳,动之动也;静而生阴,动之静也。"(《思问录·内篇》)

物质是运动的,运动是绝对的。王夫之指出:"天地之气,恒生于动而不生于静。"(《读四书大全说》卷十)"静即含动,动不含静";"静者静动,非不动也"(《思问录·内篇》)。静止是运动中的静止,是运动的特殊状态,两者是"互涵"的,世界上不存在"废然无动"之物。所以,王夫之说:"动静皆动也,由动之静,亦动也。"(《读四书大全说》卷十)那么,处于绝对运动中的静止,对于事物的存在和发展有什么作用呢?王夫之指出:"动而成象则静"(《张子正蒙注·木和》),"二气之动,交感而生,凝滞而成物我之万象。"(同上)相对静止是物质分化、形成"物我之万象"的根本条件。这是物质运动过程中的重要环节。这说明,"动有动之用,静有静之质"(同上)。运动和静止,在事物存在和发展过程中,各有自己特殊的作用,正是运动和静止互相渗透、相互转化,才构成了事物发展的全过程。王夫之指出:"动静互涵,以为万变之宗。"(《周易外传》卷四)王夫之关于运动和静止辩证关系的思想,既否定了宋明理学的主静论,也驳斥了道、释割裂运动和静止辩证关系的各种谬说。

第二,"天下之变万,而要归于两端"的发展观。王夫之继承张载"动非自外"的思想,提出了事物运动的根本原因,在于事物内部对立面的相互作用。他说:"一气之中,二端既肇,摩之荡之,而变化无穷。"(《张子正蒙注·太和》)又说:"天下之变万,而要归于两端。"(《老子衍》)"两端",就是事物内部固有的对立面。事物的运动变化,就是由于事物内部对立面之间相摩、相荡的结果。这样,王夫之明确提出了事物变化的源泉在于事物内部的矛盾性。那么,作为事物发展源泉的矛盾对立面之间的关系又是怎么样的呢?王夫之认为,矛盾双方的关系是辩证的。一方面,矛盾双方是"相峙而并立的"。每一方"判然各为一物,其性情、才质、功效,皆不可强之而同"(《周易内传》卷五)。这是它们之间的对立。另一方面,矛盾双方又是"相倚而不相离"(同上),即相互依存的,正如呼之必有吸,吸之必有呼一样,失去了一方,另一方就不能存在。矛盾双方这种既对立又依存,构成了整个世界的"变化无穷"。因此,人们必须正视矛盾,"不畏其争","乐观而利用之"(《周易外传》卷七)。他自己就"利用"矛盾对立面斗争的观点,分析了当时的社会现象,指出:"豪强兼并之家"与"流离失所"的"小民",是尖锐对立的社会两极,"所聚者盈溢,所损者空矣。"(《诗广传》卷四)统治者"迫民于死地,民乃视之如仇雠","货积于上,而怨流于下","民安得不饥寒而攘臂以起哉?"(《读通鉴论》卷二十)可见,他的辩证法思想已在某种程度上成为论证农民起义合理性的工具。王夫之已朦胧地意识到对立阶级之间的斗争是不可避免的,进而又指出:"革命者,应乎天,顺乎人。"(《尚书引义》、《泰誓》、《牧誓》)这是早期启蒙思想中最富于革命性的思想,是他超越前人的地方。

由内部矛盾引起的事物发展的总趋势是什么呢?王夫之认为是"日新"。他说:"天地之德不易,而天地之化日新。今日之风雷非昨日之风雷,是以知今日之日月非昨日之日月也。"(《思问录·外篇》)他举例说:"江河之水,今犹古也,而非今水之即古水,燈烛之光,昨犹今也,而非昨火之即今火。水火近而易知,日月远而不察耳。"王夫之认为,发展并不是重复,而是"推故而别致其新"。《周易外传·妄》)他说:"婴儿可壮,壮不可稚,无极可有,有不可无;朴可琢,琢不可朴。"(《老子衍》)婴儿长大了不会复幼;现实的无限发展进程也不会变为虚无;雕刻好的玉器再不能恢复天然的状态。任何事物在发展中都不可能倒退回去,而只能向前发展,变化日新。这就划清了辩证法和循环论的原则界限。

但是,王夫之虽然强调对立面的斗争是推动事物发展的原因,却又夸大了对立面统一的意义,认为对立面斗争的结局,只能是"互以相成,无终相敌之理"(《张子正蒙·太和》),重犯了张载"仇必和而解"的形而上学错误。他虽然认识到运动的绝对性,却不认识引起运动的矛盾斗争同样具有绝对性。这说明他的方法论中存在形而上学的杂质。

三、"能必副所"、"行可兼知"的认识论

王夫之把主体和客体、知和行的关系作为认识论的主要问题,克服了以心物关系研究认识论的局限性,把唯物主义认识论推向一个新的高度。

王夫之认为,佛教把认识主体叫作"能",把认识客体叫作"所",有些类似中国古代哲学中的"所以知"和"所知"。其本身并没有错。但是,佛教认为"所知"不能离开"能知"而独立存在,这是主观唯心主义的。沿着这条认识路线走下去,最终必定要"消所以入能,而谓能为所"(《尚书引义》卷五),导致违背常识的结论。王夫之说:"所不在内,能不在外"。(同上)认识客体不依赖于认识主体,它在主体之外独立存在。主体的认识活动只能反映客观对象,不能创造客观对象。这是客观

世界和主观活动的基本区别。他指出:"所登者山,不得谓登为山。所涉者水,不得谓涉为本。"(同上)山和水是客观对象,登和涉是人的活动,两者不能颠倒、混淆。王夫之借助体和用的关系,对所和能的关系作了唯物主义的解释。他指出:"所知"是体,即物质实体,"实有其体",才能成为被主体认识的客观对象,"能知"是用,即主体的作用,"实有其用",才能认识客观对象。人的认识是由客观对象引起的,故主体必须和客体相符合,才能产生正确的认识。他把这个认识原则概括为"因所以发能,能必副其所",坚持了物质第一性和意识第二性的唯物主义认识论前提。

王夫之分析了认识发生的条件,指出:"形也,神也,物也,三相遇而知觉乃发。"(《张子正蒙注·太和》)"形",指感觉器官;"神",指抽象思维;"物",指客观对象,三者结合才能发生认识。感觉和思维是形成认识的主观条件,但单有主观条件还不能形成认识,只有通过主观条件接触客观对象,并作出反应,才能产生认识。这是反映论的基本原理。王夫之说:"无目而心不辨色,无耳而心不知声,无手足而心无能指使,一官失用,而心之灵已废矣。"(《尚书引义》卷六,认识起源于对外物的感觉,没有感觉,思维就不能起任何作用。进而,王夫之又指出,思维的作用优于感觉。他说:"星日之明,雷霆之声,为耳目所可听睹,而无能穷其高远。"(《张子正蒙注·大心》)耳目感官可以从外界直接获取信息,但不能对信息进行鉴别比较。"耳目受物,而心治物"(《庄子通·人间世》),对感性材料作进一步的加工整理,这个工作要靠思维来完成。

王夫之还利用"格物"和"致知"的传统范畴,阐述了感性认识和理性认识的关系。他说:"大抵格物之功,心官与耳目均用,学问为主,而思辨辅助之,所思所辨者皆其学问之事。致知之功,则唯在心官,思辨为主,而学问辅之,所学问者乃以决其思辨之疑。"(《读四书大全说》卷一)"格物"属于感性认识,是通过考察征询等途径,获取关于物质世界的感性材料。这些必须借助于思维的指导。"致知"属于理性认识,是通过分析比较等途径,揭示出隐藏在感性对象中的规律。这些必须借助于感性材料,甚至还要借助感官来辨别疑问。王夫之认为,感性认识和理性认识既有区别又有联系,既不能割裂也不能混淆,二者相互作用,以"格物"为基础去达到"致知",才能得到正确的认识。他的结论是:"格致相因,而致知在格物。"(同上)这些唯物主义认识思想包含着辩证法因素。但是,王夫之有时又讲"致知"可以不需要"格物",这是他认识论中的唯心主义杂质。

王夫之对唯物主义认识论的突出贡献,是创立了"行先知后"的知行统一论,清算了理学唯心主义在知行关系问题上的谬论。他指出,陆王宣扬"知行合一",

混淆了知行的区别,结果是"销行以归知",程朱提出"知先行后",割裂了知行的统一,结果是"先知以废行"。二者形式不同,实质都是以知代行,是根本错误的。在批判程朱、陆王错误的过程中,王夫之提出了"行先知后"、"行可兼知"、"知行相资以为用","知行并进而有功"的唯物主义知行统一观。这个统一的基础则是"行"。这是因为:

第一,"行"是"知"的来源。王夫之说:"饮食之有味,即在饮食之中也……饮之食之,而味乃知。"(《四书训义》卷二)又说:"力行而后知之真。"(同上,卷十三)

第二,"行"是检验"知"的标准。王夫之说:"利害之机,善不善之辨,贵于能知也,而非但知之为贵也,身试其中而后得失判矣。"(同上,卷二)判断是否把握了事物之理的标准,在于"身试其中",这就肯定了"行"有检验认识的作用。

第三,"行"是"知"的目的。王夫之说:"知之尽,则实践之而已。实践之,乃心所素知,行焉皆顺,故乐莫大焉。"(《张子正蒙注·太和》)所谓"实践",就是"存于心而推行于物"(同上),亦即使主观的"知"见之于"身任天下"的"行"。王夫之认为,"知"与"行"是"相资以为用"、"并进而有功"的,其过程是"由知而知所行,由行而行则知之"(《读四书大全说》卷四)。行—知—行,"日进于高明而无穷"(《思问录·内篇》)。可见,王夫之的知行观不仅是唯物的,而且是辩证的。当然,由于他的"行"还不是群众性的社会实践,而主要是指个人的道德践履,因而还不能真正科学地说明"知"与"行"的关系。

综上可见,王夫之把中国古代认识论提高到了朴素的能动的反映论高度,这又是他的突出贡献。但他肯定"德性之知",认为它不依赖于感性认识,而是"所得于天"的,甚至说:"德性诚有而自喻,如暗中自指其口鼻,不待镜而悉。"(同上)这样的认识又陷入了神秘主义。

四、"理势相成"、"即民见天"的进步历史观

在历史观上,王夫之系统批判了神学史观和复古谬论,把对当时湘桂少数民族生活的实地观察与历史文献的研究结合起来,驳斥了"泥古薄今"、美化三代的观点,阐述了人类由野蛮到文明进化的历史过程,提出了"理势相成"的历史规律论和"即民见天"的历史动力说。

理学家认为历史是退化的。他们把"三代"作为中国历史的黄金时代,向往三代,甚至"轩辕以前"、"太昊以上"的盛世。王夫之反对这种复古论调,指出:"吾所知者,中国之天下,轩辕以前,其犹夷狄乎?太昊以上,其犹禽兽乎?……所谓饥则呴呴,饱则弃余者,亦直立之兽而已矣。"(《思问录·外篇》)轩辕以前、太昊以上究

竟是什么样子,谁也不知道,也就不必讲了。三代的情况也是如此,因此不能用"三代之治"作为现在社会生活的样板。他说:"三代之中国也,既人力所不通,而方彼之盛、此之衰而不能征之,迨此之盛则彼又衰,而弗能述以授人,故亦蔑从知之也。"(同上)他依据"理依于气"、"道器相须"的一贯思想,提出了自己对历史发展规律和动力的看法。

王夫之认为,历史的发展有其必然的趋势,在这个发展趋势中有其内在的规律。据此,他提出了"理势相成"的理论。指出:"其始之有理,即于气上见理,迨已得理,则自然成势,又只在势之必然处见理。"(《读四书大全说》卷九)这里的"势",是历史发展的必然趋势和现实过程;"理"是体现在历史发展趋势和现实过程中的规律。他肯定"理势相成",两者不得分离,所谓"理势不可以两截沟分"(同上)。一方面,"得理自然成势",合理的历史活动形成历史事变的必然;另一方面,"势之顺者即理之当然"(同上)。不可逆转的历史趋势正是规律的体现。由于人们的历史实践有各种复杂的情况,形成历史事变的复杂性,人们必须从"理成势"、"势成理"等多方面去探讨,才能阐明历史发展的必然趋势和内在规律。王夫之认为,"理"与"势"都具有"不得不然"的客观性。他说:"势既然而不得不然,则即此为理矣。"(同上)那么,人的主观动机与这种理势的客观性关系如何呢?王夫之说,"秦以私天下之心而罢侯置守,而天假其私以行其大公,存乎神者之不测有如是夫!"(《读通鉴论》卷一)秦始皇改分封制为郡县制,是为了维护秦王朝一家一姓的统治,完全出于私心,然而,这一举动在客观上却符合历史发展的"势",因而推动了历史的发展。王夫之把产生这个矛盾的原因概括为"天假其私以行其大公",说明他已经猜测到隐藏在主观动机背后的客观趋势,这是很有见地的。

历史的发展是有规律的,那么这个规律是如何起作用的呢?王夫之继承柳宗元"生人之意"的历史观,提出了"即天见民"的历史动力说。他把"理势合一"的"天"看作支配历史发展的决定力量,并根据"天视自我民视"等古老命题,把"天"直接归结为"人之所同然者"、"民心之大同者",赋予"天"以现实的客观内容。他说:"可以行之千年而不易,人也,即天也,'天视自我民视'者也。拂于理则违天,必革之而后安……以理律天,而不知在天者即为理,以天制人,而不知人之所同然者即为天。"(《读通鉴论》卷七)又说:"天无特立之体,即其神化以为本;'民之视听明威',皆天之神也。故民心之大同者,理在是,天即在是,而吉凶应之。"(同上,卷十七)在这里,王夫之把历史发展的客观动力称为"天",又把"天"归结为一种可视可听的现实的客观力量,基本上摆脱了神学史观,也力图摆脱英雄史观,坚持了"即民以见天"的进步历史见解,肯定了广大人民群众的"视听明威",对历史发展是不可忽视的力量。王夫之认为,大多数人民的要求是合理的,人民的视听是精明的。谁要想推动历史前进,谁就必须重视并体察民情,了解民心的好恶和向背。他说:"有视听而有聪明,有聪明而有好恶,有好恶而有德怨,情所必逮,事所必兴矣,莫不有理存焉。故民之德怨,理所察也,谨所恶以宜聪明者所必察也。"(《尚书引义》卷四)这样,王夫之在肯定人民的"视听"、"聪明"、"好恶"、"德怨"、"莫不有理"的前提下,为强调必须"畏民"、"重民"而提出了"即民以见天"、"举天而属之民",意识到了民心向背的巨大历史作用。

王夫之的历史规律论和历史动力说,是他历史观中的核心内容,也是其精华之所在。但是,实践条件的限制,使他不知道历史必然性是如何产生的,没有也不可能从历史本身去寻找这种必然性,而是把它归结为"天"这种神秘的力量。他的"即民见天"的动力说,虽然包含着人文主义和民主思想的萌芽,却仍带有轻视、歧视劳动人民的色彩,甚至鼓吹"庶民禽兽论"和"夷狄禽兽论"。这些说明,他的历史观本质上仍然是唯心主义的。

总之,王夫之对我国古代哲学作出了多方面的贡献。他把从王充到张载的气一元论,从墨翟、荀况到王廷相的知行观,从《易》学开始的朴素辩证法系统,自觉地纳入一个具有总结意义的哲学体系,把中国古代朴素唯物论和辩证法推向顶峰,他不愧为中国古典哲学的集大成者。他的哲学思想是 17 世纪中国时代精神的精华,对晚清的近代民主思潮起着奇特的酵母作用,并成为近代启蒙思潮的重要思想源泉之一。戊戌变法运动中的激进派谭嗣同、梁启超、资产阶级革命派章太炎,都曾在他那儿吸取过营养,甚至毛泽东哲学思想中也可看到王夫之哲学的痕迹。其影响之深远,由此可见一斑。

第四节　戴震的思想

戴震(公元 1724—1777 年),字慎修,又字东原,休宁(今安徽屯溪)人,早年随父做过小商贩,后通经史、训诂,因厌恶程朱理学,屡试不第,教书为生,乾隆时立为纂修官,修《四库全书》,卒于任上。一生著述颇丰,后人编为《戴氏遗书》,主要哲学著作有《原善》、《孟子字义疏证》等。

一、"气化即道"的自然观

戴震自然观的基本思想是"气化即道"。他反对程朱学派把"道"说成天理,明确肯定"道"是物质实体。他说:"道指其实体实事之名","故谓道于天地,举其实体实事之名而道自见"(《孟子字义疏证》卷下,以下简称《疏证》)。所谓实体实事,就是阴阳五行之气,"阴阳五行,道之实体也"(同上卷中)。由此,他断言:"天地间百物生生,无非推本阴阳。"(同上)阴阳五行之气是变化的主体,处于不断运动变化中。"道"就是"气化流行"。戴震说:"道言乎化之不已也。"(《原善》上)又说:"道犹行也,气化流行,生生不息,是故谓之道。"(《疏证》卷中)"化"和"行"是指"气"的运动变化。戴震把"气"和"气"的运动作为"道"的实际内容,概括出"气化即道"的命题,朴素地表述了世界的物质性以及物质和运动不可分割的思想。

戴震认为,气化过程"惟条理是以生生,条理苟失,则生生之道绝"(同主)。气化是"生生不息"的物质运动,气化的客观规律叫作"条理"。正因为有规律,运动过程才能持续不断,一旦失去规律,运动过程也就完结了?这是对运动和规律内在联系的合理猜测。戴震在强调规律客观性的同时,还注意到它的多样性。这种多样性表现为"人道"、"理"、"分理"。其中"道"是根本规律。它制约着各种具体规律,所谓"道主统,理主分"(《绪言》)。"道"在自然中体现为"天道",在人事中体现为"人道","理"、"分理"是具体事物的具体规律或属性。戴震说:"理者,察之而几微必区以别之名也。是故谓之分理。在物之质,曰肌理,曰腠理,曰文理。""得其分,则有条而不紊,谓之条理。"(《疏证》卷上)千差万别的事物各有自己的特殊规律。这样,就批判了朱熹宣扬的"理在气先"和"理一分殊"的唯心主义观点。

二、"有血气才有心知"的认识论

在认识论上,戴震坚持"血气心知"的反映论,反对程朱"理具于心"的先验论。他认为自然界先于人而存在,人之有认识能力,是因为人秉受了阴阳五行之气,组成了活的形体"血气","有血气,夫然后有心知"(《原善》中)。戴震强调物质性的"血气"是精神性的"心知"的基础,坚持了反映论的基本前提。戴震还指出,感性认识和理性认识的对象都是客观世界。客观存在的声、色、臭、味,"在物而接于我之血气",使产生了不同的感觉,人的耳目口鼻等感官,可使"外内相通",从而辨别声、色、臭、味,形成感性认识。然而,客观世界中还存在"理义",这是感官不能直接辨别的。戴震说:"义理在事而接于我之心知",只有"心能辨夫理义"(《疏证》卷上)。"心"是思维器官,它能"主乎耳目百体"(《原毒》中)。在戴震看来,心高于感官,因为它能辨理义。"理义"即客观规律,是"心"所"照察"的对象。他说:"理义非他,所照所察者之不谬也。""察",就是主观对客观的反映;"不谬",就是主观与客观相符合,即把握规律。戴震反对把"理义"看成主观自生的。他说:"就人心言,非别有理以予之而具于心。"(《疏证》卷上)这是对"理具于心"和"心即理"等先验论的批判。戴震还区分了"理"和"意见"的含义,他说:"心之所同然,始谓之理,谓之义,则未至于同然,存乎其人之意见,非理也,非义也。"(同上)戴震反对以主观意见代替客观真理,但又把多数人的意见作为真理的标准,说明他的真理论不完全是客观的。

三、"理存乎欲"的理欲观

戴震是清代批判理学唯心主义理欲观的激进代表。他反对程朱学派把人性分为"义理之性"和"气质之性",明确提出了"理存于欲"、"遂欲达情"的观点。他说:"性唯本于天道","舍气类,更无性之名"(同上)。人与动物所以"各成其性",是因为禀气不同,人有"血气心知"。"血气心知,性之实体也"(同上,卷中)。有了血气心知,人自然就有欲。戴震说:"生而有欲,有情,有知。三者,血气心知之自然也。""欲者,血气之自然。"(同上)欲出于自然。"理者,存乎欲者也。"(同上)"理"存于"欲"中,不过分的人欲就是"理"。所谓"天理者,节其欲而不穷人欲也,是故欲不可穷,非不可有"(同上)。是说人欲不可过分,却不能没有。仁、义、礼、智四种先天善端,被解释为随血气心知而生的自然进程。对孟子性善说的这种疏证,实质是一次改造。戴震强调人是从自然界中分化出来的,反对人性论上的先验论,这是有积极意义的。戴震反对程朱学派宣扬的"以理禁欲"、"去欲存理"的谬论,认为人有欲望,才有作为,所谓"理",是指行为恰当而使欲望得到适度的满足。有欲望才有作为,有作为才有节制,"无欲无为,又焉有理?"(同上,卷下)程朱以"去欲"作为"存理"的先决条件,这是本末倒置,是完全错误的。戴震尖锐地指出,程朱宣扬"去欲存理",主要把天理作为统治人民的工具,使"尊者以理责卑,长者以理责幼,贵者以理责贱,虽失,谓之胜"。相反,"卑者幼者贱者以争之,虽得,谓之逆"(同上,卷上)。可见,程朱学派宣扬这套理论的目的,是为了维护"三纲五常"等封建礼教。戴震悲愤地控诉说,程朱学派的"所谓理者,同于酷吏之所谓法。酷吏以法杀人,后儒以理杀人"(《与某书》),并发出了"人死于法,犹有怜之者,死于理,其谁怜之?"(《疏证》上)的呐喊声,揭示了理学"以理杀人"的反动本质,在当时具有积极的启蒙意义。但是,戴震只看到了人的自然属性,还没有看到人的社会属性。他的理欲观,以至整个历史观仍然是唯心主义的。

第十章　晚清及近代的思想源流

从1840年鸦片战争前到1919年"五四"运动前,虽然只有短短不足百年的时间,却是中国思想发展的一个关键时期。这期间,世界进入了资本主义、帝国主义时代,中国的封建社会行将走向终结,而两者的结合决定了中国历史发展到了半殖民地半封建的近代史阶段。中国各派政治势力在这个大舞台上充分展现了自己的思想和政治主张。这段时间出现的各派思想,既体现着对中国2000多年封建社会传统思想的初步总结,又体现着思想界各派代表应对中国"数千年未有之大变局"以及思考中国民族未来之前途命运的理论探讨。

第一节　晚清及近代社会状况和思想源流简说

近代中国社会,是半殖民地、半封建的社会。与此相适应,这一社会的阶级关系、矛盾运动、革命内容都带有不同于以往封建社会的新内容和新特点,而近代各派思想的产生和发展,首先是直接服从和服务于当时的政治斗争及思想斗争。

一、晚清及近代的社会状况

1840年第一次鸦片战争后,中国逐步沦为半殖民地半封建社会。随着社会性质的变化,近代中国在经济、政治诸方面发生了一系列新的变化。

经济方面,外国资本主义的入侵对于中国的社会经济起了很大的分解作用。一方面,破坏了中国自给自足的自然经济基础,破坏了城市的手工业和农民的家庭手工业。另一方面,则促进了中国城乡商品经济的发展。中国形成了外国资本主义经济、本国的官僚资本主义和民族资本主义经济、封建土地所有制下的自然经济等多种经济成分并存的半殖民地半封建社会的经济结构。与这种复杂的经济结构相适应,形成了近代中国复杂的阶级关系和社会矛盾。由于资本主义经济的发展,中国形成了新的阶级——无产阶级和资产阶级。无产阶级深受帝国主义、封建主义和官僚资产阶级三重压迫,是最先进、最革命的阶级。但在"五四"运动以前,无产阶级还没有成为独立的革命力量。民族资产阶级和帝国主义、封建主义之间有矛盾,但也存在着密切的联系。他们在政治上有反帝反封建的要求,却缺乏革命的彻底性。地主阶级要维持自己的权利,农民阶级则处在封建主义和帝国主义的双重压榨之下,在贫困、破产的过程中逐渐分化。概括这一时期中国社会的各种矛盾,帝国主义和中华民族的矛盾、封建主义和人民大众的矛盾无疑是主要矛盾,而前一个矛盾是更迫切需要解决的矛盾。

中国早期反帝反封建的革命斗争,同时具有探索国家出路的性质。在地主阶级方面,有救亡派反侵略的爱国斗争,有洋务运动。在农民革命方面,主要有太平天国革命战争和义和团群众反帝爱国运动等。农民革命虽然最终都失败了,但却沉重打击了封建专制主义和帝国主义。在资产阶级方面,在继续洋务运动的基础上,先后有"戊戌变法"的改良主义运动和资产阶级革命运动。资产阶级改良派试图通过自上而下的变法实现救亡图存,建立资本主义的君主立宪政体,避免革命和流血,使中国走上资本主义的发展道路。但其得到的是流血失败的结果。孙中山领导的资产阶级革命派发动"辛亥革命",用武装的手段推翻了清政府,结束了2000多年的君主专制统治。但是,辛亥革命并没有完成反帝反封建的历史任务。"五四"运动以后,马克思列宁主义和中国工人运动相结合,产生了中国共产党。在中国共产党的领导下,工人阶级和广大人民群众通过新民主主义革命,终于完成了反对帝国主义、封建主义和官僚资本主义的民族民主革命任务,建立了中华人民共和国。

二、晚清及近代思想源流简说

近代哲学思想的发展进程,是先进的中国人围绕着反帝反封建的主题,寻找救国救民思想的发展过程,也是他们为此借鉴和总结中国古代思想并学习和借鉴西方思想的过程。在近代中国,各派政治势力面对西方资本主义、帝国主义的入侵,面对国内的各种矛盾,都在积极诠释并尝试自己的救国思想和政治主张。因此,这个思想发展过程经历了不同的阶段,有着不同的内容。

地主阶级自强派的开明思想中虽然也有一些真知灼见,但是总体来说其思想是陈旧的,不可能担起救亡图存的历史使命。鸦片战争之前,爱国主义者、地主阶级改革派的思想家龚自珍(公元1791—1841年)、魏源(公元1794—1857年)就进行过挽救国家命运的理论思考。龚自珍思考大清王朝的时局,曾慷慨写下"气寒西北何人剑,声满东南几处箫"的诗句,深刻预见到国家在南方沿海和北部边陲,将面临前所未见的压力,必须及早进行准备。龚自珍坚决主张抵抗外国列强的侵略,反对投降政策。他支持好友林则徐禁鸦片、反侵略的正义行动。对于国内的问题,他认为社会危机的根源在于"贫富不相济",贫富若"大不相济,即至丧天下"(《平均篇》)。他还提出"平均"论的经济改革主张。当然,作为地主阶级开明派思想家的龚自珍,只是主张以宗法等级规范来限定贫富悬殊,不可能提出彻底消灭贫富不均的主张。龚自珍有辩证法思想,他认为"事无不变",无论是自然还是社会,无不处在不停顿的变化之中。但其变化思想有循环论的倾向。他认为事物变化的趋势是"一而立,再而反,三而如初"(《壬癸之际胎观第五》)。据此,他希望清廷进行自上而下的"更法",以缓和社会矛盾,应对外敌入侵。为此,他主张大力培养人才。特别是面对清朝还在实行的然而早已失掉了生命力的科举制度。他大声疾呼要"不拘一格降人才"(《己亥杂诗》)。他以朴素唯物主义的态度猛烈批判触痛天人感应论,认为社会的治乱、人事的祸福完全是由人自己决定的,天象的变化有自己的规律,与人事吉凶是没有关系的。但是,龚自珍反对天人感应和主张事在人为的世界观基础却是唯心主义的。他痛恨当时朝廷和权贵的无所事事,想为国家和民族有所作为,然而却夸大了"心力"的作用。他认为世界为"心力"所造,"谋大事,学大道,皆以心之力"(《壬癸之际胎观第四》)。这种思想的性质是主观唯心主义的。

面对西方列强的侵略,魏源提出了"变古"的主张。他认为,人不应泥古守旧,而应积极"变古","变古愈尽,便民愈甚"(《默觚下·治篇五》)。对待西方势力的入侵,他不仅力主抵抗外敌,还提出了"师夷之长技以制夷"(《海国图志叙》)的策略思想。他是中国最早拥有世界眼光的思想家,曾编辑过系统介绍西方知识的科学书籍。他反对闭关自守,认为中国应该学习西方资本主义国家,建立民族工业,以求富国强兵。魏源在政治上已初步具有了近代民主思想。他羡慕西方"不设君位"、"不立王侯"的政治制度。魏源看到了矛盾的普遍存在,提出了矛盾双方相互转化推动事物发展的思想。他的"变古"主张正是在此基础上提出来的。在认识论上,魏源反对"生而知之"的先验论,提出"反而后知,履而后艰"的观点(《默觚上·学篇二》)。不过,魏源的哲学思想也是动摇于唯物主义和唯心主义之间的,他晚年夸大"心力"的作用,陷入了主观唯心主义。夸大"心力"无疑是一种主观唯心论的思想,但在程朱理学占统治地位的封建意识形态领域中,当时的进步人士要发出带有进步性的不同声音,可以借鉴的传统思想实在是很少的;像龚自珍、魏源,以及后来的谭嗣同这些人,为了冲决封建的思想罗网,都曾不谋而合地从陆王心学甚至佛教思想中去寻找思想武器,这种借鉴有一定的积极意义,是不应苛求于前人的。

洪秀全(公元1814—1864年),是太平天国农民革命运动的领袖、思想家,也是近代向西方寻求真理的先进中国人之一。他继承了中国农民革命"均贫富、等贵贱"的传统理想,又吸收了西方基督教教义中关于人人"平等"的思想,梦想"造亿万万年太平天国于弓刀锋镝之间",通过农民革命,建立一个"无处不均匀,无人不饱暖"的新世界(《太平天国轶事》第一册)。洪秀全这种空想社会蓝图的理论基础是朴素唯物主义和辩证法的哲学思想。他认为"气"是世界万物的本原,而且"天人一气理无二"(《原道救世训》),并试图用中国古代思想中的"精气"来说明上帝的万能及其与现实世界的联系。他说:世界万物"皆秉承上帝一元之气,以生以出,所谓一本散为万殊,万殊总归一本"(《原道觉世训》)。他又以"物极必反"来说明自然界和社会都是不断运动变化的,指出:"乱极则治,暗极则光,天之道也。"(《原道醒世训》)他强调人的主观能动性,认为"天地之中人为贵,万物之中人为灵"(《原道觉世训》)。他主张事在人为,强调"古来事业皆由人做",反对"不自贵而贵于物,不自灵而灵于物"的消极思想(同上)。洪秀全反对天命论,主张暴力革命论。他认为只要人人努力奋斗,就能建立一个像《天朝田亩制度》所描绘的理想社会。洪秀全所概括和创立的农民革命思想,达到了中国农民革命理论创造的最高水平,虽然仍然没有彻底与封建思想划清界限,却已经孕育着带有资本主义性质的历史突破。但是,洪秀全发动和组织农民革命的主要思想武器,是西方的基督教思想,尽管他对基督教的某些教义进行了中国化的改造,但最终不能摆脱宗教思想的束缚。这是造成太平天国革命失败的一个原因。

起于地主阶级自强派的洋务运动,随后便融入了中国民族资产阶级的"股份"。洋务运动的思想基础主要由三部分组成:一是来自中国传统的封建思想;二是来自西方的机械唯物论和进化论思想;三是来自中国地主阶级和资产阶级鼓吹的"中学为体、西学为用"的思想。反映中国新兴资产阶级历史要求的先进思想家们,为了适应本阶级"实业救国"、"变法改良"及进行革命的需要,艰辛地在古今中外各个领域中寻找理论依据。他们所借鉴和吸收的思想,包括中国古代朴素唯物论和辩证法、佛教思想、西方资产阶级的各种思想。但是,洋务派的思想是浅薄和不成体系的。

中国各派政治势力面对西方资本主义、帝国主义的入侵,面对国内的各种矛盾,都在积极诠释并尝试自己的救国思想和政治主张。由于这一时期中国新的生产方式尚未充分发展,新兴阶级及其各派政治势力尚在酝酿和分化之中,资产阶级的洋务派、维新派和革命派为了适应本阶级、本派别进行改良或革命的需要,都在积极进行着思想的更新和创造。"戊戌变法"时期,资产阶级改良派以"西学"、"新学"为武器,批判"中学"、"旧学",论证变法维新的合理性。他们以"世变事亦变"

的历史进化论,反对形而上学的不变论,以具有朴素唯物主义倾向的自然观,批判程朱理学。以西方资产阶级的天赋人权论和自由、平等、博爱思想,否定"存天理、去人欲"之类的封建教条等。由于改良派政治上的软弱性和妥协性,他们把变法的希望寄托于皇帝的权力,看不到人民的力量。所以,他们的思想最终都陷入了夸大"仁爱"、"心力"作用的唯心主义。"辛亥革命"时期,是资产阶级民主革命的高涨时期,革命民主派的思想建设整体超越了改良派。他们在和改良派(有些已堕落为保皇派)的论战中,充分论证了以革命的手段推翻清朝政府的必要性;以具有唯物主义倾向的自然观,批判了上帝创世说,宣传无神论。孙中山还提出了"知难行易"的认识论和民生史观等富有创造性的思想。但是,由于资产阶级的历史局限性,革命民主派的思想也是不彻底的、充满矛盾的。这批人所建构的思想体系,虽然反映了他们那个时期的时代精神,其中不乏真知灼见和思想闪光,但在总体上却是芜杂、矛盾,缺乏理论深度和彻底精神的。这当然是由他们的阶级地位和政治态度决定的。他们在自己的哲学思想指导下,进行了相应的政治斗争。

综上所述,我们看到在近代哲学的发展中,无论是地主阶级改革派还是资产阶级改良派;无论是农民起义军还是资产阶级革命派,在思想上的共同点是反对"天命论"和"天不变,道亦不变"的思想,都强调运动变化的必然性。在谈到社会改良或革命的动力时,他们强调发挥人的主观能动性,因而也都不同程度地陷入了夸大精神作用的主观唯心主义。由此形成了近代思想发展的另一个共同点,就是各派哲学思想都是芜杂、矛盾,甚至肤浅的,均未形成比较彻底的唯物主义思想,特别是历史唯物主义的思想。

第二节 严复的哲学思想

严复(公元1853—1921年),原名宗光,字几道、又陵,福建侯官(今闽侯)人,是我国近代史上向西方寻找真理的先进中国人之一。甲午战争后,严复发表了《论世变之亟》、《原强》、《救亡决论》、《辟韩》等重要文章,甚至上书皇帝,鼓吹变法维新,并提出了具体纲领。他翻译《天演论》、《原富》、《名学》、《法意》等西方名著,并写下了许多"按语"、"评注"、"夹注",不仅向中国人系统介绍西方思想,而且阐发了自己的哲学思想。他主张"教育救国",梦想通过教育达到"鼓民力"、"开民智"、"新民德"的目的。"戊戌变法"失败后,他的立场倾向保守,反对辛亥革命,鼓吹尊孔读经,成为时代的落伍者。

一、"物竞天择"的进化论思想

严复推崇达尔文的进化论。他把达尔文的《进化论与伦理学》译述为《天演论》,加入了自己的思想予以发挥,对中国思想发展产生了巨大的影响。严复宣传进化论的目的,是为了论证变法维新的必要性,以求"自强保种"。他说:"天演之秘,可一言而尽也……进者存而传焉,不进者病而亡焉。"(《天演论·导言》十五按语)。认为进化的规律是"物竞天择",指出:"物竞者,物争自存也;天择者,存其宜种也。"(《原强》)万物要在竞争中求生存,为了生存必须使自己成为宜者、优者、强者,否则就要被淘汰。今日中国之所以屡遭瓜分,濒临亡国灭种之境,原因就在于落后于西方列强。因此,我们要"自强保种",就必须实行变法维新。严复很重视生存斗争的观点,认为宇宙间妨碍生存的因素很多,"人欲图存,必用其才力心思,以与是妨生者为斗,负者日退,而胜者日昌。"(《天演论·导言》十五按语)因此,一个民族面对外来侵略,"深闭固拒非良法。要当强立不反,出与力争"《有如三保》),才能不被灭亡。他还认为,民族的优与劣,不是固定不变的,只要不甘落后,善于改造和发扬本民族的民力、民智、民德,就能变劣为优,成为强者。可见,尽管严复接受了一些社会达尔文主义思想,但并不同意帝国主义侵略有理的反动观点。

严复通过进化论的宣传,向人们敲起了落后就要灭亡的警钟,激发了人们变法图强的意识,在变法期间发挥了重要的启蒙作用。但是,他认为万物进化只有量变而无质变,社会进化亦然。他赞赏斯宾塞"民之可化,至于无穷,惟不可期之以骤"(《原强》)的观点,说明他的进化论思想中包含有庸俗进化论的片面性。

二、机械唯物主义的自然观

在阐发进化论的过程中,严复形成了具有机械唯物主义倾向的自然观。首先,他承认客观世界的物质性,认为天地万物的形成和变化根源于自身的进化发展。他说:"天演者,翕以聚质,辟以散力。方其用事也,物由纯而之杂,由流而之凝,由浑而之画,质力杂糅,相剂为变者也。"(《天演论·广义》二按语)所谓"翕以聚质",是指由于质点相互吸引凝结成了物体。他以太阳系的形成为例作了说明:"太始"之时,因质点的"抵力"大于"吸力",太空只是一团星云,后因"吸力"的作用"各个聚质",形成了太阳和行星。他认为,宇宙万物"由纯而之杂"(即由简单到复杂),都由"质力杂糅,相剂为变"而来。其次,严复认为物质和运动不可分割,没有物质就没有运动,没有运动也就无法呈现物质。他说:"非质无以见力,非力无以呈质"(译《天演论自序》,"力既定质,而质亦范力"(《天演论·导言》二按语)。他还论证了物质不灭、运动总量不变的思想。

根据上述观点,严复批判了上帝创世说。认为天地万物存亡兴衰皆因"自己而已,无所谓创造者","教宗团土之说,必不可信"(《天演论·察变》一按语)。在《原强》中,他阐述了生命起源于细胞,由于不断演化发展,最后由类人猿进化为人类的道理。他据此批判了朱熹的"理在气先"论:无气无以见理,"若自本体而言,亦不能外天而言理也"(《天演论·论性》十三按语)。

当然,严复的唯物论毕竟属于机械唯物论范畴。他把机械运动的规律视为宇宙万物的普遍规律,以"质力相推"来解释自然社会以至思维的一切变化和过程。因此,他就无法说明物质运动的多样性。

三、经验主义的认识论

严复在介绍西方近代自然科学万能论的过程中,阐发了自己经验论的认识论,批判了中国古代唯心主义的先验论。不过,他的认识论中还包含有不可知论的成分。

严复认为,200年来,西方科学突飞猛进发展的根本原因在于经验主义的方法论,首功应推培根的归纳逻辑。因此,他著文介绍西方的逻辑学,又翻译了《穆勒名学》和《名学浅说》。他认为,西方逻辑方法的正确性,首先在于它强调学术研究必须"本于即物实测"(《原强》),要接触客观事物直接观察研究,"读无字之书"。要判断一个认识是否正确,"必验之物物事事而皆然"(《救亡决论》),所谓"其证在乎事实"(《原富》译事例言)。严复认为,逻辑方法的优点,"贵自得而贱因人,喜善疑而慎信古",即提倡独立思考,大胆创新的精神。相比之下,中国的学术研究是每事"必求古训",研究学问往往"不察事实",结论的得出全靠"向壁虚造"。他批判陆王心学说:"陆王氏之学,质而言之,则直师心自用而已,自以为不出户可以知天下……自以为闭门造车,出而合辙。"(《救亡决论》)认为这种认识论"其为祸也,始于学术,终于国家"(同上)。这对封建顽固派的思想基础是个沉重的打击。

严复在对"西学"和"中学"的比较研究中,形成了自己的认识论思想。他接受洛克的"白板"说,认为认识来源于经验。他说:"心体为白甘,而阅历为采和"(《穆勒名学》部乙篇之按语)。他把认识分为"元知"(相当于感性认识)和"推知"(相当于理性认识),肯定"元知"是"智慧之本始,一切知识,皆由此推"(《穆勒名学》引论),明确肯定了认识来源于感性经验。严复虽然重视感性认识的作用,但在赫胥黎、穆勒及笛卡尔等人的影响下,他提出感觉是主观自生的观点。他举"圆赤石子一枚"为例,断言人们产生的红色、圆形、质坚等感觉,都是主观自生的。比如,石子的颜色,常人看来是红色,在色盲者看来却是绿色,而石子本身绝不可能是既红又绿的,可见"色从觉变"。其他如圆、坚等无一例外,结论是:感觉"皆由我起","纯意所为,于物无与"(同上)。他甚至断言"意验相符",对经验作了唯心主义的解释。严复受康德思想的影响,从唯心主义经验论出发,认为"天地之本,造化真宰,万物二体"都是不可认识的,并断言:"可知者止于感觉。"这样,他就陷入了不可知论。

综上可见,当严复推崇西方的"即物实侧"、"读无字之书"的方法论时,当他尖锐批判陆王先验论时,他的经验论是唯物主义的;当他把经验说成是主观自生的,把认识局限于感觉经验时,又是个主观唯心主义和不可知论者。这种哲学上的矛盾,正是他所代表的阶级在政治上软弱和妥协的表现。

第三节 康有为的哲学思想

康有为(公元1858—1927年),原名祖诒,字广厦,号长素,广东南海人,人称康南海。康有为的政治生涯和哲学思想以1898年戊戌变法的失败为界,可分为两个时期:前期,他作为"戊戌变法"运动的领袖,是站在历史潮流前面的先进人物。这一时期,他的具有唯物论辩证法倾向的思想成为指导变法的理论基础。后期,他坚持改良主义立场,反对资产阶级革命,为保皇、复辟奔走呼号,成了阻挡革命潮流的顽固派。这一时期,他的思想转向了唯心主义。这里,我们简要介绍他的前期思想。康有为一生著述甚多,主要哲学著作有《新学伪经考》、《孔子改制考》、《戊戌奏稿》、《大同书》、《论语注》、《孟子微》等。

一、康有为的变法思想

康有为的变法思想,主要集中在他给光绪皇帝的7次上书和变法期间的诸多奏折中。他坚持"全变"的变法原则,反对洋务派的"变其甲不变其乙,举其一而遗其二,枝枝节节而为之,逐末偏端而举之"。因这只是"变事而已,非变法也"。"于救国之大体无成"(《敬谢天恩并统筹全局折》)。要通过变法救亡图强,则"势必全变"。他指出:"观万国之势,能变则全,不变则亡,全变则强,小变仍亡。"(《上清帝第六书》)"全变"就要从政治、经济、文化教育和科学技术等各方面推行变法。

政治上,康有为提出变法的根本目的,是变君主专制为君主立宪。他请求光绪皇帝"立行宪法,大开国会,以庶政与国民共之,行三权鼎立之制"(《请定立宪开国会折》)。他认为,"中国败弱之由",根本在于封建专制。洋务派搞的所谓"变法"、"新政",由于没有触及根本,所以"徒糜巨款,无救危败"(《上清帝第四书》),是难以为继、没有出路的。

经济上,康有为提出中国应"以工立国",大力发展近代工业。他每次上书几乎都要陈述自己关于中国经济发展"致富致强"的主张,在《公车上书》中更是详细具体地论述了"富国之法"和"养民之法"。在给光绪皇帝的奏折《请厉工艺奖创新折》中特别强调了发展民族资本主义工业的重要性。他说:"国尚农则守旧日愚,国尚工则日新日智。""今已入工业之世界矣,已为日新尚智之宇宙矣,而吾国尚以其农固守旧愚民之治与之竞,不亦惧乎?"故我国应"审古今之时变……弃守旧,尚日新,定为工国",实行资本主义工业化。

在文化教育上,康有为主张改八股,废科举,兴学校,育人才。他提出中国应仿效资本主义的教育制度,乡立小学,县立中学,省和中央立大学,改变陈腐的科举制度,为国家富强培养人才。康有为认为:"国事艰危,人才乏绝,推原其由,皆因科举仅试八股之故。""公卿大夫,皆从八股出身,农商工贾,皆为生童所教,故士子读书数十年,尚不知汉、唐为何代,郡县为何名,况能通万国之情形,考中外之治法哉?"(《请改八股为策论折》)康有为提倡开办各类专门学校,培养专门人才,提倡学习西方的科学、技术。为此,他主张广译西书,派人出国留学、游历。

这些主张在一定程度上反映了当时中国社会发展的客观要求,具有积极意义,但也有明显的局限性。他虽然主张"全变",却不敢根本变革封建制度,只试图进行某些局部的改良;他推行变法的依靠力量只是光绪皇帝,"以君权变法",实行自上而下的改良,完全脱离人民群众;他想通过变法实行资产阶级新政,但又没有勇气公开亮出资产阶级的旗帜,只好借"托古改制"来发挥孔子著作中的"微言大义",暗中加入资产阶级的思想;他适应中国资产阶级不和地主阶级决裂的需要,把孔子美化为"托古改制"的祖师,说什么立宪民主、平等自由等在孔子的思想中早已有之。这样,维新变法就不是对孔子的背叛,反而是发扬了孔子的"改制"精神。至于那些对他的变法不利的古文经学,则被说成是背离了孔子之道的"伪经"。康有为打着孔子的旗号,来宣传自己的变法主张,这说明维新派在思想上远不能摆脱儒家思想的支配,说明以康有为为代表的资产阶级上层在政治上的软弱性及其封建势力的妥协性。

二、庸俗进化论思想

康有为变法维新的理论根据,是他的朴素辩证法和历史进化论思想。在康有为的早期论著中,朴素辩证法思想占有突出的地位,认为"变"是宇宙万物的普遍规律。他说:"盖变者,天道也。"世间万物,"无一不变,无刻不变"(《进呈〈俄罗斯大彼得政变记〉序》)。"笃守旧法而不知变"是错误的,"法既积久,弊必丛生,故无百年不变之法"(《上清帝第六书》)。应该"时移而法亦移矣"(《日本书目志序》)。康有为这种变化观是对"天不变,道亦不变"的守旧派观点的有力批判。

康有为又提出,事物的变化是一个"舍旧图新"的过程。他认为:"天道,后起者胜于先起也;人道,后人逸于前人也。"(同上)康有为还提出了事物内部矛盾对立的存在和"有对争而后能进"的思想。他论证一分为二说:"物必有两,故以阴阳括天下之物理,未有能出其外者。"(《春秋董氏学》)进而论证合二而一说:"物不可不定于一,有统一而后能成物;不可不对为二,有对争而后能进。"(《论语注》)他试图从矛盾双方的统一来说明事物的存在,从矛盾双方的斗争说明事物的发展。这表明康有为的变易进化思想中包含着辩证法思想。但是他的辩证法思想并不彻底。他看到矛盾斗争,却更重视矛盾的调和。他认为矛盾斗争的结果一定是"物必有合"。他向往"万物并育而不相害,道并行而不相背"(《孟子微序》)的境界,企图把辩证法嫁接于形而上学之树,但这显然是违背实际的。

关于人类社会的进化过程,康有为提出了"公羊三世"说的历史进化论。"公羊三世"说,是今文经学派从《春秋公羊传》中附会出来的,认为历史的演变过程就是由"据乱世"进入"升平世",再进入"太平世"。显然,这是对历史过程的杜撰。康有为接过"公羊三世"说,并把它和《礼记·礼运》中的"小康"、"大同"的说法捏在一起,认为在据乱世—升平世—太平世的人类进化过中,"据乱者,文教未明也;升平者,渐有文教,小康也;太平者……文教全备也"(《春秋董氏学》)。他还用资产阶级历史进化论的观点重新解释"公羊三世"说,把它比附为君主专制、君主立宪制和民主共和制三件政治制度。认为据乱世即君主专制时期,升平世即君主立宪时期,太平世即民主共和时期。"太平世"即"大同"社会,乃是人类最理想的社会。

康有为的进化思想曾有力地打击了封建顽固派和洋务派,成为变法维新的理论基础。但是,他的进化论本质上是资产阶级庸俗进化论。他虽然强调进化,却认为"进化有渐进……欲骤变而未能者"(《论语注》),只承认渐进、量变,而否认突变、质变。他还认为,人类社会的演变只能是"据乱世"—"升平世"—"太平世",即君主专制—君主立宪—民主共和"循序渐进",并断言"三世不能飞越"。也就是说,若要推翻清朝统治,就只能实行君主立宪,若实行民主共和就是"乱次"。在这种思想支配下,当"戊戌变法"、资产阶级民主派起来进行民主革命时,康有为就变成了反对资产阶级革命的保皇派。

三、唯心主义世界观

在康有为的早期哲学思想中,由于吸收了一些古代朴素唯物主义的观点和自然科学知识,具有一定的唯物主义因素。如,在"理""气"的关系上,他认为:"凡物皆始于气,既有气,然后有理。生人生物者,气也。朱子以'理在气之前',其说非。"(《万木草堂口说》)提出了"气"生万物,"气"在"理"先的观点,否定了理学"理气先"的唯心主义观点。关于对"气"的理解,康有为是矛盾的,但仅就其把"气"理解为"天地空中之细物"、"天地之间,若虚而实"这一点来说,是具有朴素唯物主义倾向的。在研究了当时已传入中国的一些西方近代自然科学后,康有为的哲学思想又有了一些机械唯物主义的特征。如,他在《诸天讲》中,讲到天体演化和一些天文、地理现象时,都能从自然界本身给以解释,并对宗教唯心主义的天道观进行了批判。在《日本书目志》中,他还认为:"物起于所积,积气而成天,积质点而成人,积沙石而成山,积涓滴而成海,由小而至大,由卑而至高。"这里,他明确地把物质和运动相联系,以物质自身的运动来解释物质世界的形成。但是,康有为对近代自然科学知识的了解毕竟是有限的、肤浅的,加上深受儒家传统的熏陶,使他不能把自己的唯物主义思想形成体系,只是把某些自然科学内容与儒家传统思想进行比附,如,把"电"、"以太"与"仁"、"神"等同起来,否认物质与精神的区别,使其哲学思想混杂了一些庸俗唯物主义的成分。又如,他说:"不忍人之心,仁也,电也,以太也。""神者,有知之电也,光电能无所不传,神气能无所不感。"(《大同书》)康有为把两者等同起来,是为了以电之变化莫测、"无所不传",比附精神的神奇和"无所不感"。所以,他的哲学思想虽有某些唯物主义因素,但本质上仍是唯心主义的。

在唯心主义的大前提下,康有为先后提出了"以元为本"和"以仁为本"的思想,使他的哲学又经历了一个由客观唯心主义转向主观唯心主义的过程。康有为是为了说明宇宙万物的本原,才提出"以元为本"观点的。他认为:"元为万物之本,人与天同本于元。"(《春秋董氏学》)他又解释"元"说,这是一种"无臭、无声、至大、至奥"的东西,和道家的"道"、婆罗门教的"大梵天王"、基督教的"耶和华"是同一个东西。这里的"元",显然是一种精神性的实体,而它却是人和天地万物的本原。可见,"以元为本"的观点是客观唯心主义的。但是,康有为哲学的基本倾向不是客观唯心主义而是主观唯心主义。康有为认为,"元"体现于人便是"不忍人之心",而"不忍人之心"就是人人皆有的"仁"。这样,由"元"开始,经过"心"过渡到"仁",康有为哲学就由"以元为本"落脚到了"以仁为本"。他说:"不忍人之心,仁也……为万化之海,为一切根,为一切源,一核而成参天之树,一滴而成大海之水。"(《孟子微》)梁启超在总结他的老师的哲学思想时说:"先生之论理,以'仁'字为唯一之宗旨,以为世界之所以立,众生之所以生,家国之所以存,礼义之所以起,无一不本于仁,苟无爱力,则乾坤应时而灭矣。"(《南海康先生传》)这就是说"仁"就是"元",是自然界和人类社会的"根"、"源",有了"仁",才有世界、社会、国家、伦理道德,如果没有了"仁气"天地万物就立即灭亡。于是,"以元为本"的客观唯心主义哲学被"以仁为本"的主观唯心主义取代了。

康有为主观唯心主义哲学的产生不是偶然的。首先,认识论上的相对主义使他看不到物质的规定性,以为客观事物的性质是由人的主观意志随意决定的。其次,资产阶级的动摇立场使他害怕人民、害怕革命,以为仅凭发扬"仁爱"精神就可以推动社会进步。再次,地主阶级世界观的影响,孔孟思想、陆王心学的熏陶,使他陷入儒家传统思想而不能自拔。这些都是他"以仁为本"哲学思想确立的深刻根源。

四、康有为的"大同"思想

康有为的"大同"思想,集中在他的《大同书》中。这本书包括两部分内容:一是关于"去苦求乐"的人道主义思想,一是关于"大同"社会蓝图的描绘。前者是后者的理论基础,后者是前者的理想大厦。

康有为的人道主义是以地主、资产阶级的自然人性论为前提的。他认为,人性就是饮食男女等自然属性。他反对理学"存天理,灭人欲"的说教,承认"人欲"是与生俱来的人类本性,是天然合理的,所谓"人生而有欲,天之性也!"(《大同书》,下引此书,不再注明)这样,人欲就成了人的本性。人有欲望就有苦乐。因此,康有为认为:"人道者……苦乐而已。为人谋者,去苦以求乐而已。"这就是他的"去苦求乐"的人道主义思想。在康有为看来,"去苦求乐"是人类的普遍规律,"普天之下,有生之徒,皆以求乐免苦而已"。"去苦求乐"也是古今中外一切先哲"立法创教"的根本目的,是判断"礼乐政教"善恶、好坏的标准。进而,他又断言"去苦求乐"是推动社会进化的根本动力。人们为了"去苦求乐",就要不断满足自己的欲望,于是就去创造、去奋斗;人们的欲望没有止境,创造也就永不停歇,因此推动了社会的发展。所以,梁启超称康有为的哲学为"主乐派哲学"。

康有为从"去苦求乐"的人道主义立场出发,对当时的社会现实进行了大胆揭露。认为生活在这个社会的人们,"忧患苦恼之交迫而并至",实在是苦难深重,这世界不过是"一大杀场大牢狱而已"。那么,怎样才能出"苦海"而致"极乐"呢?他认为只有"去九界"而行"大同"。因为"总诸苦之根源,皆因九界而已"。一旦破除了"国界"、"级界"、"种界"、"形界"、"家界"、"产界"、"乱界"、"类界"、"苦界"等"九界",人类就能实现"大同",到达"至平、至公、至仁、治之至"的"极乐世界"。

在《大同书》中,康有为对他的"大同"社会作了具体描绘:大同社会要"去国界合大地",全球为一"公政府",无军队、监狱、刑罚;要"去级界平民族";取消贵贱、主奴等级之族;"去种界同人类",泯灭人种的优劣差别;"去形界保独立",实行男女平等;"去家界为天民",使人解脱家庭束缚,恢复天予的独立之权;"去产界公生业",百工之业皆归公有,废除产业私有;"去乱界治太平",举全球经纬分为百度,每度设一"自治政府",全球设一"公政府",使无国土之分、种族之异;"去类界爱众生",去生物种类间的对立,以仁爱对众生;"去苦界至极乐",生产高度发展,使人人尽享物质、精神之乐,以达"大同"社会。康有为的"去九界"论,有了初步的社会分析思想,比较地主阶级的传统社会思想有了新的成分。除一点儒家和佛教的理想外,比较系统地融合了西方资产阶级思想。这套设想有其合理的方面,主要是:首先,对封建制度作了一定的批判。他历数人间的种种苦难,揭露了封建制度的黑暗和残酷;批判了封建专制的国家制度、等级制度、封建礼教及宗法制度等。其次,对资本主义制度作了一定的批判。在考察了欧美各国后,他指出资本主义制度不是尽善尽美的。他批判欧美各国"贫富之不均远若天渊",指出其在生产中"自由竞争"、"不能统算"的无政府状态,揭露了多党制的弊端及各党派在竞选中的丑态等。再次,他关于大同社会的构想具有某些空想社会主义的成分。如,他主张实行公有制,人人都要劳动,消灭城乡差别,废除国家等。

但是,康有为毕竟是资产阶级改良主义的思想家,又和封建统治阶级有着千丝万缕的联系。他阐述"大同"思想,是为了鼓吹改良,反对革命。毛泽东指出:"康有为写了《大同书》,他没有也不可能找到一条到达'大同'的路。"(《毛泽东选集》第四卷,第1471页)康有为关于大同社会的描绘,不可能反映劳动人民的要求。他强调人人都苦,却掩盖了"苦"的阶级根源。他主观地推导出"去九界"的途径,却仍无法实现"天予人权、平等独立"。

第四节　谭嗣同的哲学思想

谭嗣同(公元1866—1898年),字复生,号壮飞。湖南浏阳人,近代资产阶级改良派中的急进人物,戊戌蒙难"六君子"之一。他的著作编为《谭嗣同全集》,主要哲学著作有《仁学》、《以太学》、《报贝元征》等。

一、"冲决网罗"的反封建斗士

谭嗣同在代表作《仁学》序中大声疾呼"冲决网罗"。在他看来,封建主义的思想、文化、纲常礼教就像一张无形的网罗。不冲决这张罗网,社会就不能进步。他站在资产阶级立场上对封建主义进行了猛烈批判。首先,他否定君权的神圣性和"忠君"思想,指出"君末也,民本也",君是由民"共举"的,既曰"共举之,则非君择民,而民择君也";"君也者,为民办事者也";"夫曰共举之,则且可共废之"(《仁学》,凡引此书,不再注明)。"君"是为民办事的,"民"对"君"有共举、共废的权利;很明确提出了保障民权、限制君权的思想。谭嗣同是变法阵营中的激进派。他把君主分为贤君和暴君,认为:"君为独夫民贼,而犹以忠事之,是辅桀也,是助纣也。""彼君之不善,人人得而戮之,初为所谓叛逆也。叛逆者,君主创之以恫喝天下之名。"这种否定"忠君",肯定"叛逆"的理论具有"造反有理"的精神,其矛头直指清帝,不仅为变法维新制造了舆论,而且对后来的资产阶级革命派产生了积极影响。

谭嗣同本是封建官僚,但他敢于背叛并反对自己的阶级,尖锐地批判封建纲常礼教。他指出:"数千年来三纲五常之惨祸烈毒,由是酷焉矣。君以名桎臣,官以名轭民,父以名压子,夫以名困妻,兄弟朋友各挟一名以相抗拒。"三纲五常是套在人民头上的精神枷锁,"三纲之摄人,足以破其胆而杀其灵魂"。既然这些旧伦理如此黑暗,变法就应从冲决"君主之网罗"、"伦常之网罗"入手。他还倡导用儒家的"仁"来概括资产阶级的自由、平等、博爱。他认为"仁"就是"通","通"就是要"平等"。"仁"的含义就是"上下通"、"中外通"、"男女内外通"、"人我通"。在夫妇、父子、君臣、朋友、兄弟这五种旧的伦常关系中,他只赞成其中的"朋友"一伦,认为朋友关系充分体现了"仁"的精神,也就是自由、平等、博爱的精神。谭嗣同的思想及其主张热烈而坚决,但缺乏深度和韧性。

在对帝国主义的态度上,谭嗣同是充满矛盾的。面对帝国主义对中国的"瓜分豆剖",他痛感亡国灭种之险,呼吁救亡图存。但他仍以社会达尔文主义的观点看问题,认为中国落后于人,"弱肉强食"是不可抗拒的。这从激励人们变法自强来说是有道理的,但却掩盖了帝国主义的侵略本质。他还错误地认为,帝国主义的侵略可以促进中国发展资本主义,甚至于把变法维新的希望寄托在帝国主义的帮助和支持上。这是他软弱和不成熟的表现。

二、"变化日新"和相对主义

谭嗣同继承王夫之"天地之化日新"的论点,提出了"变化日新"的思想,这是他的思想精华。他认为万物正因变化日新才生生不息。他说:"天地以日新,生物无一瞬不新也。今日之神奇,明日即以腐臭。"(《上欧阳中鹄》)又说:"天不新,何以生?地不新,何以运行?日月不新,何以光明?四时不新,何以寒暑发敛之迭更?草木不新,丰缛者歇矣,血气不新,经络堵绝矣,以太不新,三界万法皆灭矣。"他还指出,变化日新是一个发展进化的过程,并且以此为世界进化出现了人类为例作了论证。他吸收了西方的科学和思想,为自己的哲学体系充实了辩证法思想。例如,他用雷电"有正有负","有异有同","异同攻取",来论证世间的日新之事,并用"异则相攻、同则相取"等对立统一的思想来分析人类社会。他看到了今与古、新与旧的对立,认为要变化日新,就必须和好古守旧的"至愚"作斗争,推进革故鼎新的变化。

谭嗣同曾用"变化日新"的思想作为论证维新变法的理论武器,发挥过积极作用。但是,他并没有把这一积极的思想贯彻到底,而是走向相对主义和形而上学。谭嗣同承认矛盾,但却认为对立双方都是主观自生的,因而否认了矛盾的客观性。他说:"对待生于彼此,彼此生于有我",把矛盾看成是"我"的观念的产物。他虽承认事物变化的绝对性,却因此否认事物的相对静止,认为事物是"旋生旋灭"的。进而提出生即灭,灭即生;"动即静,静即动"的观点,从而陷入了相对主义。他只承认量变、渐进,否认质变、突变,认为事物"生灭相授之际"是"微之又微"的,变化的结果是使生灭"融化为一",消除对立。他还把物质不灭与相对主义混同起来,认为事物"但有回环,却无成毁","但有变易,何复存亡"。事物的变化是周而复始的循环,没有新陈代谢的发展,这种形而上学的观点,正是改良派只讲改良、反对革命的理论根据。

三、"仁学"的哲学体系

《仁学》一书,基本上概括了谭嗣同的哲学思想。他指出:"凡为仁学者,于佛书当通《华严》及心宗、相宗之书;于西书当通《新约》及算学、格致、社会学之书,于中国当通《易》、《春秋公羊传》、《论语》、《礼记》、《孟子》、《庄子》、《墨子》、《史记》及陶渊明、周茂叔、张横渠、陆子静、王阳明、王船山、黄黎洲之书。"可见,谭嗣同通过对科学和宗教、西学和中学、唯物论和唯心论的兼收并蓄,形成了自己的哲学体系。他用"以太"和"仁"这两个最基本的概念作为这个体系的基础,将"以太"的思想与佛教及儒学的世界观结合起来进行了论述。认为"以太"就是"遍法界、虚空界、众生界",是无处不有的东西。它"无形焉,而为万物之所丽;无心焉,而为万心之所感"(《以太说》)。"以太"是宇宙万物的最后本原,是世界统一的基础,从无机界到有机界,从微生物到人类,大到宇宙,小到"原质",都根源于"以太"。谭嗣同认为,"以太"并非物质。他在《仁学》和《以太说》中,反复说明"以太"就是"仁","以太"和"仁",是"体"与"用"的关系,并把"以太"、"仁"、"心力"、"性"、"兼爱"、"灵魂"等主观性的概念等同起来,认为:"以太"者"精而言之,夫亦'仁'而已矣";而依据"仁为天地万物之源"的前提,则"以太"实质是一种精神。关于"仁",他认为是一种"如电线四达,无远弗届","通天地万物人我为一身"的东西。这样,"仁"的主观性规定终结了"以太"的主、客观的模糊性,二者的结合最终构成了万物的本原。在论述社会现象时,谭嗣同又把"仁"等同于佛教的"心力",认为"心力"是社会发展的根本动力。他说:"心力最大者,无不可为。"只要人们大发慈悲之心力,就可以"泯机心"、"挽劫运"、"救中国,度众生"。这样,"心力"又和"仁"一样成了决定一切的力量。

谭嗣同还有"贵知不贵行"的认识论观点。在他看来,世界是"无量无边"的,而人的认识能力则是有限的。要获得对世界的认识,靠感觉不行,也不必去实践。因为"知者,灵魂之事也,行者,体魄之事也","行之不能及知"。"知出乎心",只要发挥"悟性"的作用,"思之,思之,神鬼通之",冥思苦想,就可获得知识。这种虽然是唯心主义的,但它也蕴含着重视革命理论的思想。后来被孙中山所继承并发展。

综上可见,谭嗣同在甲午战争以前曾是个唯物主义者,尖锐地批判过佛教的虚无主义和程朱的唯心主义。但是,当他由封建士大夫转变为急进资产阶级改良派后,哲学上反而退变为崇尚佛学、鼓吹"心力"的主观唯心主义者。其中的根本原因在于改良派脱离群众,找不到实现变革的物质力量,于是寄希望于"心力",想通过"心力"的"骤增",推动社会改良。把现实的改革寄托于超现实的力量,这正是谭嗣同等人政治上软弱的理论表现。

第五节 章太炎的哲学思想

章太炎(公元1869—1936年),名炳麟,字枚叔,号太炎;浙江余杭人,近代资产阶级民主革命的著名理论家和革命家。章太炎一生政治经历曲折,哲学思想前后矛盾。他早年受到康有为、梁启超的影响,投身变法维新运动,后与改良派发生矛盾且愈来愈尖锐。1902年,章太炎在日本结识了孙中山以后,逐步转变为革命民主主义者。其间,他发表了《驳康有为论革命书》等大批文章,宣传革命。后在日本参加同盟会,担任《民报》主编,和改良派进行了激烈的论战,为辛亥革命做了舆论准备。辛亥革命后,章太炎政治立场左右摇摆,逐渐趋于保守和消沉。哲学上,他早年是唯物论者和无神论者。1906年后演变为主观唯心主义者,并宣扬佛教唯心主义。他的著作编为《章太炎全集》,其中主要哲学著作有《訄书》、《驳康有为论革命书》等。

一、资产阶级民主革命的思想

章太炎的资产阶级民主革命思想,来源于明末清初启蒙思想家的学说,又受孙中山思想的影响,其革命主张之猛烈、坚决,其革命性之坚定、彻底,在当时几乎是无人可比的。他坚持以暴力革命推翻清政府、建立民主共和国的主张,反对改良主义。他驳斥了改良派的种种谬论,全面论证了资产阶级革命的必然性和可能性。以康有为为首的改良派竭力鼓吹"中国只可立宪,不能革命",吹捧光绪皇帝"圣仁英武",只要"圣君"重新掌权,以"君权变法",中国即可实行立宪,走向富强。章太炎针锋相对地驳斥说,光绪决不可能真心拥护变法,实行立宪。他讽刺康有为相信皇帝能"立宪",就像相信"能酿四海水以为酒"一样幼稚。断言不能依赖皇帝"以君权变法",必须起来革命。康有为等人又认为,革命必然造成"流血成河,死人如麻",而立宪则可避免流血。章太炎指出,革命固然要"流血",但以为立宪就可不"流血",也是幻想。他列举东、西方各国实行立宪的历史经验正告国人:不经过武装革命,封建统治者不会交出政权。章太炎还驳斥了改良派所主张的今日中国"民智未开"、革命必招"内乱"的反动观点,深刻指出:"公理之未明,即以革命明之,旧俗之俱在,即以革命去之。革命非天雄、大黄之猛剂,而实补泻兼备之良药矣。"(《驳康有为论革命书》)章太炎还驳斥了改良派的"革命将会引起外国干涉,导致亡国"等谬论。

章太炎具有强烈的民族主义思想,突出表现在"反清排满"和反对帝国主义两个方面。他清楚地认识到,清政府已经完全投靠帝国主义,正在靠着出卖民族利益而苟延残喘。只有推翻清朝政府,才能挽救中华民族。这一思想最初表现为民族复仇主义,把"满清"等同于满族,把"排满"理解为"驱除异族",暴露出他的思想局限性。这种思想后在孙中山的影响下得以转变。在反帝方面,章太炎认为,只有赶走帝国主义,中国才能彻底独立。他据实指出:帝国主义"寝食不忘者常在劫杀,虽磨牙吮血,赤地千里,而以为义所当然……今世所谓文明之国,其屠戮异洲异色种人,盖有甚于桀纣"(《五无论》),深刻揭露了帝国主义"劫杀"成性的反动本质。章太炎认为,帝国主义和大清王朝相比,其危害更大。

章太炎针对康梁等人吹捧资本主义的两院制,深刻揭露了资本主义议会制度的虚伪性和欺骗性,指出,其"名为代表人民",其实"出于豪家";"名曰国会",实则"受贿之奸府"(《五无论》)。"凡为代议士者,营求入选所费金无虑巨万,斯与行贿得官何异?"(《官制索隐》)可见,议会实际上只是富民豪族争权夺利的工具。他认为,中国只能实现"直接民权",不应实行代议制。

在孙中山的影响下,章太炎还提出了"均配土田"的主张。他认为,如果农民不占有土地,只是"佃奴"而已,不可能真正享有民权,也就不能实现民主共和政体。因此,他主张废除封建土地占有制,使"耕者有其田"。如何实现呢?他认为应由政府收买地主的土地分给农民,而不是发动农民起来推翻地主阶级,反映出他政治思想上的不彻底性。

二、机械唯物论和无神论思想

章太炎早年有无神论和机械唯物主义思想,《訄书》是他这一时期的理论代表作。在《訄书》中,章太炎坚持和发展了中国传统的唯物主义天道观,运用近代自然科学知识论证了世界的物质统一性,否定了有神论的"天气"、"帝"、"鬼神"思想。章太炎认为,所谓"天"只是包裹着地球的一层"蒙气","在地曰气,仰瞻则曰天"。不仅太阳系是这样,其他星系也是如此。他说:"恒星皆是日,日皆有地,地皆有蒙气。"他还明确了"天"、"地"、"日"之间的关系,即"天萃于气,气生于地,地生于日"。就是说,地球及世界万物都是由太阳产生的,这就根本否定了神秘之"天"。"天"不存在了,上帝也"无家可归"。这样,上帝的存在,上帝创造天地的神话也就被打破了。章太炎否定了"鬼神"的说法。他说,常有人说自己见到了"鬼神"。其实这是人们的"耳目有愆"、"心惑着寐",即感官有病、神志不清情况下见到的"假相",现实中是根本不存在鬼神的。

章太炎接触了西方科学思想之后,运用生物进化论思想批判了上帝创世说。他指出,世界上最初并没有生物,只有"赭石赤铜"。后来出现了生命,产生了水草一类植物,又进化到鱼类,发展到古猿,最后才出现了人类。他说:"人之始,皆一尺之鳞也。"他发展了王充的"天道自然"、"万物自生"的观点,指出:"万物之生灭消长,皆由太阳之光热致之,而苍苍者无与焉。"并以"物竞天择,适者生存"的生物进化规律,来说明万物的发展必须适应环境的变化。他说:"日无所自出,何必曰上帝。""物生于日……若夫天与上帝则未尝有矣。"章太炎否定上帝,是要否定封建思想的神学理论基础。这在当时的中国具有极大的思想解放意义和革命意义。

章太炎还探讨了哲学的认识论问题。他已有了认识可分为感性和理性两个认识阶段的思想,并分析论证了两个阶段的关系。他认为,感觉的对象是客观的、确定的,感受是对它的反映,不是主观自生的。感觉是感官对客观事物的反映,是认识活动的开端。人类以目辨色、以耳辨声、以舌辨味、以鼻辨气、以身辨热冷软硬,只要感官正常,就可以获得共同的感觉。例如,有眼疾者视火为青色,是因为火作为光本来就包含有青色在内的七种颜色,此人有眼疾,不能感觉其他六色,所以就视火为青色。这虽异于常人,但也是有客观根据的。由此批判了唯心主义的先验论,捍卫了唯物主义的反映论。章太炎还论证了理性认识的重要性及其与感性认识的关系。他指出:"目之察色,不过墨丈寻常之间;耳之察清浊,不过一人之所胜",认为感性认识必须经过"譬称"(即逻辑推理)上升到理性认识,形成"大共名"(一般概念)。具体感觉是对客观对象的直接反映,一般概念则是一种抽象,二者是有区别的。但二者又有共同的根据和标准,就是客观事物。章太炎曾批评颜元的思想偏重于经验论,但自己的认识论却带有唯理论的色彩。他有时为了强调理性认识的重要性,甚至对"玄言理学"、宗教预言都加以肯定,这就排斥了实践和科学,陷于唯心论了。

三、主观唯心主义和"无神教"

1906年以后,章太炎的哲学思想逐渐滑向了主观唯心论。他开始宣传唯心主义的无神论,并试图建立无神宗教。章太炎的主观唯心论是糅合佛教唯识宗和西方近代主观唯心论的产物。他认为主观意识才是世界的本原。指出:"宇宙本非实有,要待意想安立为有。若众生意想尽归灭绝,谁知有宇宙者?"(《齐物论释》)万物要由意识"安立",意识不存在了,宇宙也就不存在了。他还学着唯识宗的腔调,断言整个世界都由"阿赖耶识"产生,"舍阿赖耶识而外,更无他物"(《建立宗教论》)。章太炎否认感觉是客观事物作用于感官的结果认为感觉和概念、范畴等理性认识都是主观自生的。他还否认时间空间的客观性,认为时空去"舍阿赖耶识"的产物,说什么"时由心造"、"时非实有"(《齐物论释》)。他还搬来了休谟的怀疑论,否认因果律和自然规律的客观性,断言这些都是"原型观念"的产物。这都说明章太炎哲学的实质是主观唯心主义。

章太炎后期的思想是主观唯心论的,但仍然反对有神论。他说:"此心是真,此神是幻。"(《建立宗教论》)他专门写了《无神论》尖锐批判了基督教和婆罗门教。他对上帝"无始无终,全智全能,绝对无二,无所不备,故为众生之父"的说法,从逻辑上逐条进行了反驳,如,对"全智全能",他反驳说:既然上帝"全智全能",那他就应该造出尽善尽美的人,但他造出的人经不起魔鬼的诱惑,可见他不是"全智全能"的。那么魔鬼是不是上帝造的呢？如果不是,说明它并非"全能",因为还有他不能的,如果是,也说明它并非"全智全能",因为他创造了自己不能驾驭的东西。

章太炎对基督教的批判,在当时有力地打击了帝国主义的文化侵略。同时,他批判有神论是为了倡导平等。他说:"唯神之说,崇奉一尊,则与平等绝远也。欲使众生平等,不得不先破神教。"(《无神论》)说明他批判有神论,是服务于资产阶级革命派的政治斗争的。不过,这时他对有神论的批判只是以主观唯心论批客观唯心论,目的是为了破有神教,立无神教。章太炎认为,宗教具有"高下胜劣"之别。对那种"上不失真,下有益生民之道德"的宗教,就是应该提倡(《建立宗教论》)。他认为"最可用的"是佛教,因为,其强调"自我",是主张"自贵其心,不以鬼神为奥主"的"无神教"。它"最重平等",提倡"舍己救人","普度众生",主张"自贵其心,不依他力"等。如果人们都能发扬这种精神,就可"以勇猛无畏治懦怯心,以头陀净行治浮华心,以唯我独尊治猥贱心,以力戒诳语治诈伪心"(《答铁铮》)。果能如此,则革命何愁不成？可见,他鼓吹建立"无神教",是想以佛教精神作为革命动力。在现实中,章太炎看到了中国资产阶级的软弱、怯懦、自私,看到了欧美资本主义制度的种种丑恶现象,使他的民主革命思想找不到坚实的支点。于是,在迷惘、徬徨、不知进退的心理支配下,转而怀疑、否定进化论。他说:"进化之恶,又甚于未进化也。"(《四惑论》)进化不如退化,退化的目标是无政府、无聚落、无人类、无众生、无世界,让一切都在退化中消亡。这样,章太炎的后期哲学就在佛教精神的引导下,由"勇猛无畏"走进了虚无主义的死胡同。

第六节　孙中山的哲学思想

孙中山(公元1866—1925年),名文,字逸仙,广东香山县(今中山市)人,"中华民国"的缔造者,资产阶级革命领袖,中国革命的伟大先行者。孙中山青年时期即抱定并践行救国救民的远大理想,1894年上书李鸿章主张革新政治未果,即彻底放弃改良主张走上了革命道路,组建了中国第一个革命组织"兴中会",并在国内外不断发展革命组织。1905年,他在日本组织中国同盟会,确定了"驱除鞑虏,恢复中华,建立民国,平均地权"的资产阶级革命政纲,被推为总理。创办《民报》,阐述三民主义理论,并同改良派进行论战。从1906年开始,多次发动武装起义。

1911年爆发武昌起义,推翻了清王朝,建立了"中华民国"。他被推选为临时大总统。辛亥革命失败后,他重举革命旗帜,仍遭失败。1918年,他写了《孙文学说》,对革命失败的教训做了总结,试图从哲学上寻找重建共和国的答案。"五四"运动的爆发,中国共产党成立,使孙中山看到了救国的希望。在中国共产党的帮助下,他改组了国民党,召开了中国国民党第一次全国代表大会,确定了"联俄、联共、扶助农工"三大政策,把旧三民主义发展为新三民主义,确立了明确的反帝反封建的资产阶级民主革命纲领。著作有《孙中山选集》、《孙中山全集》等,台湾方面还出版有《总理全集》。《孙文学说》是孙中山先生的哲学代表作。

一、进化论的宇宙观

孙中山早年接受过儒家教育,熟悉公羊学派的"三世说",后来又接受过系统的近代西方教育,掌握了先进的科学知识和方法。这使他的宇宙观具有中西结合的特征。他是进化论的拥护者,据此论证了自然界和人类社会发展的客观性和普遍性。他的宇宙观,以辛亥革命为界,可以分为前后两个时期。

• 辛亥革命前,孙中山论证革命的客观性、必要性、合理性,重点在于驳斥资产阶级改良派否认"骤变",只持"渐进"的庸俗进化论。他赋予进化论以社会革命的新意,认为人类社会的进化是一个不断地革故鼎新的过程。因此,他深刻论证并大力宣传发动革命,推翻封建专制、建立民主共和的必要性和合理性。他提出"突驾"说,主张革命要"取法于上","从最上之改革着手",即彻底推翻清廷的统治。反对康有为等人鼓吹的中国只能由君主专制至君主立宪,再到民主共和的"循序而行"理论。历史证明孙中山的理论和实践是正确的。

• 辛亥革命后,孙中山总结了革命正反两方面的经验,系统论证了自己的哲学思想,以为革命的理论基础。比较辛亥革命前,他的思想有了很大的发展。在宇宙观方面,孙中山提出了物质世界发展三阶段的重要思想。

第一阶段,是物质进化。这时还没有出现生命。他说:"原始之时,太极(此用以译西名以太也)动而生电子,电子凝而成元素,元素合而成物质,物质聚而成地球。"(《孙中山选集》第141页),他以中国古代思想中的"太极"解释西方物理学中的"以太",认为二者都是物质性的。它们构成了客观世界。这个世界又是运动的:"地球本来是气体,和太阳本是一样的,始初太阳和气体都是在空中,成一团星云,到太阳收缩的时候,分开许多气体,日久凝成液体,再由液体固结成为石头。"(同上,第662~663页)他的宇宙生成运动论脱胎于西方的科学假说,并带有机械唯物主义的印记,但却具有了中国思想的固有特征,是那时中国最先进和正确的思想。

第二阶段,是物种进化。这时出现了生物进化。他说:"由生元之始生而至于成人,则为第二期之进化,物种由微而显,由简而繁,本物竞天择之原则,经几许优胜劣败,生存淘汰,新陈代谢,千百万年,而人类乃成。"(同上,第141页)首先,他根据细胞学说来解释生命的起源,其哲学方向是正确的。其次,他提炼了细胞学说,赋予其中国的哲学内容。他称细胞为"生元":"生元者,何物也?曰:其为物也,精矣,微矣,神矣,妙矣,不可思议者矣!按今日科学所能窥者,则生元之为物也,乃有知觉灵敏者也,乃有动作思为者也,乃有主意计划者也……孟子所谓良知良能者非他,即生元之知,生元之能而已。"(同上,第110页)再次,生元内涵丰富,其思想有待开掘,但他论述不精,并且未同西方的物活论划清界限。

第三阶段,是人类进化时期,即生命发展到出现了人类。他说:"人类初出之时,亦与禽兽无异。再经过几许万年之进化,而始终成人性,而人类之进化,于是乎起源。此期之进化原则,则与物种的进化原则不同。物种以竞争为原则,人类则以互助为原则。"(同上,第141页)一方面,他基于人类是由古猿进化而来的科学成果,在自然观方面汲取了当时最为先进的科学及思想成果,在哲学方向上是正确的。另一方面,他基于中华民族自立于世界的历史、现实及趋势,提出了人类进化以互助为原则的思想,批判了社会达尔文主义,为三民主义提供了理论支持。但是,由于他没有接受唯物史观,因此也未能真正揭示人类社会的发展规律。

综上所述,可见孙中山的三段论式的宇宙进化发展观具有两面性。他认为人类社会和自然界一样,是客观的,也是不断进化和无限发展的,所以人们要自觉顺应历史进化和发展的潮流,这是正确的,是有利于革命的,是其主要方面。但是,这种理论存在着把自然界规律的普遍性混同于人类社会规律的特殊性的片面趋势,有错误的部分。这些错误最终也限制了他的革命思想。

二、"知难行易"的认识论

知行关系是中国的一个经典的思想命题。《左传·昭公十年》有"非知之实难,将在行之"的命题,《尚书·说命》有"非知之艰,行之惟艰"的命题。"知易行难"和"知难行易"各有其侧重。这个问题争论了2000多年。知和行到底哪一个更难,并不是一个仅仅需要争论的问题。它更需要检验和落实,特别是在广大的人民群众中间去检验和落实。孙中山是在中国第一个这样来做的人。他提出"知难行易"的认识论思想主要针对着两个目标:第一个是直接目标,针对着党内的理论信念不坚定,以及由此造成的贯彻革命思想的实际行动不统一、不坚决的问题;这是为了统一党内同志的思想,宣传三民主义的革命理论,推进中国的国民革命。第二个则是更广泛的目标,针对着中国人民几千年来被剥夺了理论思考的权利,因而造成缺乏思考、行动盲目的缺点。这是为了唤起民众,把理论思维及其思考行动的权利从少数权贵和精英扩展到广大人民群众中去,彻底颠覆"君子德风、小人德草"的封建主义意识形态基础。

孙中山"知难行易"思想主要有三个方面的内容:

第一,运用唯物论反映论的思想,正确回答了"名实"关系,进而论述了知行关系。首先,孙中山认为:"宇宙间的道理,都是先有事实,然后才发生言论,并不是先有言论,然后才发生事实。"(同上,第702页)他坚持了实先名后、名副其实的正确思想路线。其次,他认为人经过长期实践摸索之后,才能获得"真知",所以"真知"是非常宝贵的。他说:"古人之得真知也,初或费千百年之时间以行之,而后乃能知之;或费千万人之苦心孤诣,经试验而后知之。"(同上,第145页)再次,知和行的关系基础在行,在实践,实践不仅是产生认识的客观根据,还是完成认识的目的,又是检验认识的客观标准。他说:"不去行,便无法可以证明所求的学问对与不对;不去行,于是所求的学问没有用处。"(《孙中山全集》第六卷,第71页)

第二,概括了"行"和"知"的辩证关系。他把人类文明的进化史分为"不知而行"、"行而后知"、"知而后行"三个时期,并运用个别和一般的道理,将这个大过程具体化为个体认识的小过程。首先,"不知而行"是人凭本能而求目的的行动过程。如,神农氏尝百草,多次中毒而知茶可以解毒;鲁班晨起登山,被刺叶拉破手掌而悟出锯子可破开木头的道理,都具有"不知而行"的意味。其次,"不知而行"包含着"行而后知"的趋势和可能。正如他所说:"夫习练也,试验也,探索也,冒险也,之四事者,乃文明之动机也。生徒之习练也,即行其所不知以达其欲能也。科学家之试验也,即行其所不知以致其所知也。探索家之探索也,即行其所不知以求其发见也。伟大杰人之冒险也,即行其所不知以建其功业也。"(《孙中山选集》,第185页)在他看来,前面的两个时期恰恰为人类"先行后知"、"以行求知"做了证明。第三个时期,是"知而后行"的时期。他说:"当今科学昌明之世,凡造作事物者,必先求知而后乃敢从事于行。"(同上,第165页)科学的发展和普及提供了"因知以进行"的条件,使人们可以在科学知识的指导下来自觉地行动。这样的"行"将"更易行之",亦将"收事半功倍之效"。(同上)孙中山关于知行关系三个时期的划分,无疑有着机械论的思想倾向,而且缺乏实践和认识,以及感性认识和理性认识的辩证思想,因而没有说明三个阶段究竟如何体现在某个具体认识过程之中,但在这种思想当时是具有巨大进步意义的。

第三,强调精神具有能动的反作用。首先,孙中山认为主观能动性是人类区别于动物的根本特性。他说:"世界上仅有物质之体,而无精神之用者,必非人矣。"(《孙中山全集》第六卷,第12~13页)其次,孙中山的认识论思想是实践的和革命的,因此他必然会将辩证法引入认识论。他说:"革命在乎精神,革命精神者,革命事业之所由产生也。"(《孙中山全集》第六卷,第12~13页)在革命的过程中强调思想、理论、精神的作用,无疑是有巨大的指导和激励作用的。然而,如此强调革命精神对于革命事业的作用,一方面具有积极意义,另一方面却可能讲过了头,导致事物走向反面。这也是把辩证法引入认识论的另一种后果。果然,孙中山就遇到了这样的问题。他说:"物质力量小,精神力量大",(同上)以至断言"心也者,万事之本源也。"(《孙中山选集》第105页)这说明,他有时认为精神可以超过物质,夸大了精神的反作用,表述也不十分清楚,存在着陷入唯心主义的危险。

三、民生史观

孙中山把自己的社会历史观概括为民生史观。孙中山说:"民生就是人民的生活,社会的生存,国家的生计,群众的生命。"(《孙中山选集》第765页)民生史观是孙中山思想中的一大创造。

第一,孙中山论述了物质生活与精神生活的联系。他说:"物质文明与心性文明亦相待而后能进步。中国近代物质文明不进步,因之心性文明之进步亦为之稽迟。"(同上,第863页)他用唯物论的宇宙观说明社会历史问题,肯定物质文明决定精神文明。他指出:"治本为先,救穷宜急,衣食足而知礼节,仓廪实而知荣辱,实业发达,民生畅遂,此时普及教育乃可实行矣。"(同上)这是因为:"吃饭是民生的第一个重要问题,穿衣是民生的第二个问题。"(同上)"要全国四万万人都得衣食的需要,要四万万人都丰衣足食。"(同上)因此,他主张从生产和分配着手来解决民生问题。他指出:"要完全解决民生问题,不但是要解决生产的问题,就是分配的问题,也是要同时注重的。"(同上,第860页)而要发展经济,就必须有独立自主的政治,帝国主义不允许中国独立自主,所以中国人民必须起来反对帝国主义,争得自己的地位和权利。他说:"我们要解决民生问题,如果专从经济范围来着手,一定是解决不通。要民生问题能够解决得通,便要先从政治上来着手,打破一切不平等条约。"(同上,第836页)他主张:"发展之权,操之在我则存,操之在人则亡。"(同上,第212页)孙中山把人类的历史看作人民的生活。这是具有中国特色的社会历史观。其最宝贵的思想就是认定要解决民生问题就要先进行反对帝国主义和封建主义的民族、民主革命。这些理论具有唯物史观的思想元素,是正确的。但是,孙中山把历史概括为民生、生活,还是一种流于表面形式的认识。他离开社会生产方式及其上层建筑中的矛盾来谈民生问题,并未揭示出人类社会生活和民生问题的本质,在理论上也没有彻底同当时西方资产阶级庸俗社会学理论划清界限。这是他的一个缺陷。

第二,孙中山看到了人民群众的作用,在一定程度上也充分肯定这种作用。他把西方的民主思想和中国古代的民本思想结合起来,主张在革命实践中积极发挥人民群众的作用。他说:"中国专制政治之毒,至二百余年来而滋甚,一旦以国民之力,踣而去之,起事不过数旬,光复已十余行省,自有历史以来,成功未有若是之速也。"(同上,第82页)可见人民群众的力量之大,所以他革命几十年,越到晚年越是坚持实行革命"必须唤起民众"的主张(《遗嘱》)。

第三,孙中山对资本主义社会有一些正确的认识。他承认工人是社会财富的创造者,说:"当今世界一切之产物,莫不为工人血汗所构成。故工人者,不但为发达资本之功臣,亦即为人类世界之功臣也。"(《总理全集》第二集,第155~156页)根据这种认识,他认为"持民生主义者,非反对资本,反对资本家耳,反对少数人占经济之势力,垄断社会之富源耳"(《孙中山全集》第二卷,第338页)。这些思想中含有唯物史观的思想元素,同时具有阶级调和论的倾向。孙中山认为:"阶级斗争不是社会进化的原因,阶级斗争是当社会进化的时候,所发生的一种病症。"(《孙中山全集》第九卷,第309、371页)他不赞同马克思主义的阶级斗争和无产阶级专政学说,认为:"马克思研究社会问题所有的心得,只见到社会进化的毛病,没有见到社会进化的原理;所以马克思只可说是一个社会病理家,不能说是一个社会生理家。"(同上)他根据"人类以互助为原则"的民生史观论述了自己的国家学说。他说:"社会国家者,互助之体也。"(同上)他的一家之言有独到之处,但归根结底是分析了表面的现象,却没有触及问题的本质。

发生这些问题的根源在于孙中山并没有掌握唯物史观,特别是对其中阶级分析的方法还有所排斥。如前所述,孙中山有时片面夸大精神的作用。这种思想路线势必引出天才论和英雄史观,最终得出社会意识决定社会存在的结论。孙中山的历史唯心主义思想分为两种情况:第一,是他在宣传和鼓动革命的过程中思想表述不清。例如,他说:"一国之趋势,为万众心理所造成",又说:"革命成功,创造民国,原是先觉先知奋斗出来的,普通人民还不知其所以然。"(《民权主义》)这样讲话就不如直说革命"必须唤起民众"更准确和明白。第二,是他没有摆脱唯心史观的影响,站在唯心史观的立场说话。例如,他坚持英雄史观,把人分为"先知先觉"、"后知后觉"、"不知不觉"三种,认为"先知先觉的人,是世界上的创造者,是人类中的发明家。"甚至说出"四万万人都是像阿斗"这样决绝的话(同上)。毛泽东指出:"像很多站在正面指导时代潮流的伟大历史人物大都有他们的缺点一样,孙先生也有他的缺点方面。这是要从历史条件加以说明,使人理解,不可以苛求于前人的。"(《毛泽东选集》第五卷,第312页)作为孙中山先生的后人和继承者,我们应遵循这种唯物史观的态度,正确对待孙中山的思想。

总之,从1840年鸦片战争开始,中国一步步沦为半殖民地半封建社会,帝国主义与中华民族的矛盾、封建主义与人民大众的矛盾成为近代中国社会的主要矛盾。这种矛盾和斗争反映在哲学上,表现为旧学与新学的对立和斗争。新学基本上是资产阶级所需要的自然科学和社会政治学说。这些是由洪秀全、康有为、严复,特别是孙中山等先进的中国人,通过千辛万苦,向西方国家寻找来的。它是为资产阶级的改良运动和革命斗争服务的,在反帝反封建的斗争中,起了革命作用。但是,近代资产阶级的新学,在同帝国主义的奴化思想和中国封建主义的复古思想打了几个回合以后,还是被这个反动的思想同盟军所击败。"沉舟侧畔千帆过,病树前头万木春",中国的革命进程和思想发展进程并没有因此停顿,一个以"五四"新文化运动为标志的新时代随之拉开了大幕。

结　语

通过对中国古代思想源流的回顾与分析,我们应当认识到:第一,中国古代有着光辉灿烂的思想遗产。我们的前人曾对人类的思想发展作出过重大贡献。第二,在中国古代思想发展过程中,始终存在着唯物论和唯心论,辩证法和形而上学思想的争论和斗争。许多问题一面不断解决,一面又不断产生,思想的发展始终充满着矛盾。这些矛盾是当时社会生活及其矛盾的反映和折射,也凝聚着古代思想家们的实践总结和深刻反思。这个过程还会继续发展下去。第三,中国古代思想中虽有极其丰富的科学的与合理的思想元素,而且至今仍有巨大的活力和影响,但它们与科学的世界观和方法论毕竟还有距离。了解和掌握中国古代的思想源流及其规律,对于总结古代中国各方面的历史经验,把握今日中国在世界的位置和发展趋势,是很有必要的。我们还应当进一步认识到,马克思主义是科学的世界观和方法论;中国古代哲学思想中一些基本内容和风格与马克思主义有相通之处。这一整套思想体要在与马克思主义结合的过程中继续发展。我们应当认真学习和把握马克思主义及中国哲学的发展趋势,在社会实践中继续有所发现、有所创造、有所前进。

后 记

本书是由作者所编《中国哲学史》讲义稿修订而成。这个讲义从1985年开始使用,至今已近30年了。1993年,原讲义稿的部分内容曾用于全国外语院校合编的《简明中国哲学史》教材,那次成书使作者对本讲义稿做了一次大的改动。近十几年来,对应的课程时开时停,这套讲义稿也没有再做过系统的修改。本书和讲义稿相比,整体没有很多的改变,但部分内容有所修改扩充,主要是在前面增加了古代民间神话与传说的内容,以及对一些具体问题的评价有所改变。书中倘有讹误之处,还望读者指正。本书受益于前辈及同行的研究成果,在此一并表示衷心感谢!

作者,2013年7月于北京第二外国语学院

策　　划：李荣强
责任编辑：张　毅

图书在版编目（CIP）数据

中国古代思想源流评介 / 郭赤婴著. -- 北京：旅游教育出版社，2013.12
　ISBN 978-7-5637-2853-4

　Ⅰ.①中… Ⅱ.①郭… Ⅲ.①思想史—研究—中国—古代 Ⅳ.①B21

中国版本图书馆CIP数据核字（2013）第295372号

中国古代思想源流评介

郭赤婴　著

出版单位	旅游教育出版社
地　　址	北京市朝阳区定福庄南里1号
邮　　编	100024
发行电话	(010)65778403 65728372 65767462(传真)
本社网址	www.tepcb.com
E - mail	tepfx@163.com
印刷单位	北京京华虎彩印刷有限公司
经销单位	新华书店
开　　本	787毫米×960毫米　1/16
印　　张	14.25
字　　数	207千字
版　　次	2013年12月第1版
印　　次	2013年12月第1次印刷
定　　价	32.00元

（图书如有装订差错请与发行部联系）